HARALD KREUZ

Der Grundsatz der Verhältnismäßigkeit im Arbeitskampfrecht

Schriften zum Sozial- und Arbeitsrecht

Band 93

Der Grundsatz der Verhältnismäßigkeit im Arbeitskampfrecht

Von

Dr. Harald Kreuz

Duncker & Humblot · Berlin

CIP-Titelaufnahme der Deutschen Bibliothek

Kreuz, Harald:
Der Grundsatz der Verhältnismäßigkeit im Arbeitskampfrecht /
von Harald Kreuz. – Berlin: Duncker u. Humblot, 1988
(Schriften zum Sozial- und Arbeitsrecht; Bd. 93)
Zugl.: Bochum, Univ., Diss., 1987
ISBN 3-428-06478-X
NE: GT

Druck: Berliner Buchdruckerei Union GmbH, Berlin 61
Printed in Germany

ISBN 3-428-06478-X

Meinen Eltern

Vorwort

Die vorliegende Arbeit wurde im Sommersemester 1987 von der Juristischen Fakultät der Ruhr-Universität Bochum als Dissertation angenommen. Ihre Entstehung hat der Arbeitskreis Wirtschaft und Recht im Stifterverband der Deutschen Wissenschaft in dankenswerter Weise durch ein Stipendium gefördert.

Die Anregung zu dieser Untersuchung erhielt ich von meinem verehrten Lehrer, Herrn Professor Dr. Rolf Wank. Ihm möchte ich hierfür, vor allem aber für seinen Rat und die stets hilfreichen Gespräche sowie für weitere vielfältige und großzügige Förderung besonders danken. Daneben gilt mein Dank Herrn Professor Dr. Klaus Schreiber für die zügige Zweitberichterstattung.

Zum Dank verpflichtet bin ich schließlich Herrn Dr. Dirk Wüllenkemper und Herrn Referendar Peter Gentges für ihre wertvollen Anregungen, die die endgültige Fassung der Arbeit mitgeprägt haben.

Rechtsprechung und Literatur sind bis zum Dezember 1987 berücksichtigt.

Essen, im Januar 1988

Harald Kreuz

Inhaltsverzeichnis

Abkürzungsverzeichnis

a. A.	=	anderer Ansicht
Abs.	=	Absatz
AcP	=	Archiv für die civilistische Praxis (Zeitschrift)
a. E.	=	am Ende
AFG	=	Arbeitsförderungsgesetz
AfP	=	Archiv für Presserecht (Zeitschrift)
allg.	=	allgemein (e, er, es)
Anm.	=	Anmerkung
AÖR	=	Archiv des öffentlichen Rechts (Zeitschrift)
AP	=	Arbeitsrechtliche Praxis
ArbG	=	Arbeitsgericht
ArbGG	=	Arbeitsgerichtsgesetz
ArbRGegw	=	Das Arbeitsrecht der Gegenwart
ARS	=	Arbeitsrechtssammlung (vormals Bernsheimer Sammlung)
Art.	=	Artikel
AÜG	=	Arbeitnehmerüberlassungsgesetz
Aufl.	=	Auflage
AuR	=	Arbeit und Recht (Zeitschrift)
Bad.-Würt.	=	Baden-Württemberg
BAG	=	Bundesarbeitsgericht
BAGE	=	Entscheidungen des Bundesarbeitsgerichts
BB	=	Betriebs-Berater (Zeitschrift)
Bd.	=	Band
BetrVG	=	Betriebsverfassungsgesetz
BGB	=	Bürgerliches Gesetzbuch
BGH	=	Bundesgerichtshof
Bl.	=	Blatt
BlStSozArbR	=	Blätter für Steuerrecht, Sozialversicherung und Arbeitsrecht (Zeitschrift)
BPersVG	=	Bundespersonalvertretungsgesetz
BVerfG	=	Bundesverfassungsgericht
BVerfGE	=	Entscheidungen des Bundesverfassungsgerichts
BVerwG	=	Bundesverwaltungsgericht
BVerwGE	=	Entscheidungen des Bundesverwaltungsgerichts
DB	=	Der Betrieb (Zeitschrift)
ders.	=	derselbe

DGB	=	Deutscher Gewerkschaftsbund
dies.	=	dieselben
Diss.	=	Dissertation
DÖV	=	Die öffentliche Verwaltung (Zeitschrift)
DuR	=	Demokratie und Recht (Zeitschrift)
DVBl	=	Deutsches Verwaltungsblatt
ESC	=	Europäische Sozialcharta
EzA	=	Entscheidungssammlung zum Arbeitsrecht
f.	=	folgende
FAZ	=	Frankfurter Allgemeine Zeitung
ff.	=	fortfolgende
FGO	=	Finanzgerichtsordnung
Fußn.	=	Fußnote
GewMH	=	Gewerkschaftliche Monatshefte
GG	=	Grundgesetz
GS	=	Großer Senat
GVG	=	Gerichtsverfassungsgesetz
h. M.	=	herrschende Meinung
Hrsg.	=	Herausgeber
i. e. S.	=	im engeren Sinne
IG	=	Industriegewerkschaft
i. S. d.	=	im Sinne des
i. V. m.	=	in Verbindung mit
JA	=	Juristische Arbeitsblätter (Zeitschrift)
Jura	=	Juristische Ausbildung (Zeitschrift)
JuS	=	Juristische Schulung (Zeitschrift)
JZ	=	Juristenzeitung
KG	=	Kammergericht
KJ	=	Kritische Justiz (Zeitschrift)
KSchG	=	Kündigungsschutzgesetz
LAG	=	Landesarbeitsgericht
Lit.	=	Literatur
m.	=	mit
MuSchG	=	Mutterschutzgesetz
m. w. N.	=	mit weiteren Nachweisen
Nachw.	=	Nachweise
NJW	=	Neue Juristische Wochenschrift
NVwZ	=	Neue Zeitschrift für Verwaltungsrecht
NW	=	Nordrhein-Westfalen
NZA	=	Neue Zeitschrift für Arbeits- und Sozialrecht
OBG	=	Ordnungsbehördengesetz

OVG	= Oberverwaltungsgericht
PolG	= Polizeigesetz
pr.	= preußisch
Prot.	= Protokoll
R	= Rückseite
RAG	= Reichsarbeitsgericht
RdA	= Recht der Arbeit (Zeitschrift)
Rdnr.	= Randnummer
RG	= Reichsgericht
RGZ	= Entscheidungen des Reichsgerichts in Zivilsachen
Rspr.	= Rechtsprechung
S.	= Seite
s.	= siehe
SAE	= Sammlung Arbeitsrechtlicher Entscheidungen (Zeitschrift)
SchlHA	= Schleswig-Holsteinische Anzeigen
SchwbG	= Schwerbehindertengesetz
scil.	= scilicet (nämlich)
sog.	= sogenannt (e, er, es)
Staat	= Der Staat (Zeitschrift)
StGB	= Strafgesetzbuch
st.Rspr.	= ständige Rechtsprechung
TVG	= Tarifvertragsgesetz
u. a.	= und andere, unter anderem
UPR	= Umwelt- und Planungsrecht (Zeitschrift)
v.	= vom
VerwArch.	= Verwaltungsarchiv (Zeitschrift)
vgl.	= vergleiche
VwGO	= Verwaltungsgerichtsordnung
ZBJV	= Zeitschrift des Bernischen Juristenvereins
ZfA	= Zeitschrift für Arbeitsrecht
ZRP	= Zeitschrift für Rechtspolitik

Einleitung

„In unserer verflochtenen und wechselseitig abhängigen Gesellschaft berühren ... Streik wie Aussperrung nicht nur die am Arbeitskampf unmittelbar Beteiligten, sondern auch Nichtstreikende und sonstige Dritte sowie die Allgemeinheit vielfach nachhaltig.“[1]

Aufgrund dieser „Breitenwirkung“ sind Arbeitskämpfe von einem gewissen Ausmaß an in der Lage, tiefgreifende soziale, wirtschaftliche und unter Umständen auch politische Auswirkungen mit sich zu bringen.[2] Das Arbeitskampfrecht, das die Bedingungen der Arbeitskämpfe, ihre von der Rechtsordnung geforderten Voraussetzungen und Grenzen normiert, muß angesichts dieser Wirkung von Arbeitskämpfen zwangsläufig einen zentralen Bereich der Wirtschafts- und Gesellschaftsordnung bilden. Trotz dieser großen Bedeutung, die dem Arbeitskampfrecht in unserer Rechtsordnung damit zufällt, liegt ein in Gesetzen kodifiziertes Gesamtsystem des Arbeitskampfrechts aber bislang nicht vor. Vielmehr sind nur einzelne kleine Teilaspekte gesetzlich geregelt.[3]

Die Regelungsabstinenz des Gesetzgebers verlagerte die Normsetzungsprobleme auf die Rechtsprechung, insbesondere auf das Bundesarbeitsgericht. In einer Reihe von Entscheidungen hat das Bundesarbeitsgericht das Arbeitskampfrecht Schritt für Schritt konkretisiert und ausgeformt und die für den Arbeitskampf maßgeblichen Rechtsgrundsätze entwickelt.[4] Das Arbeitskampfrecht in der Bundesrepublik ist, wie es sich uns heute darstellt, ganz überwiegend richterrechtlich geprägt.

Die Hauptaufgabe im Arbeitskampfrecht, die sich der Rechtsprechung als „Ersatzgesetzgeber“[5] unter Mitwirkung des rechtswissenschaftlichen Schrift-

---

[1] GS BAG v. 21. 4. 1971 = AP Nr. 43 zu Art. 9 GG Arbeitskampf, Bl. 309 R.

[2] Nach den Angaben von *Kirchner*, RdA 1986, S. 159 f., hat der letzte große Arbeitskampf 1984 um die Einführung der 35-Stunden-Woche mit vollem Entgeltausgleich einen Ausfall von rd. 10 Mio. Tagewerken bewirkt und beträchtliche Verluste verusacht, nämlich

– bei der Produktion im Werte von	12 Mrd. DM
– an Entgelt von	1,6 Mrd. DM
– an Steuern	1,3 Mrd. DM
– und an Sozialversicherungsbeiträgen	0,6 Mrd. DM.

[3] Vgl. § 116 AFG 1969/1986; § 18 Abs. 7 SchwbG; § 13 Abs. 2 MuSchG und § 25 KSchG.

[4] Vgl. vor allem BAG, AP Nr. 1, 43 zu Art. 9 GG Arbeitskampf; weiterhin AP Nr. 64, 65 zu Art. 9 GG Arbeitskampf.

[5] s.BAG, AP Nr. 43 zu Art. 9 GG Arbeitskampf, Bl. 315 R.

tums stellen mußte, war und ist die Herausarbeitung von geeigneten, rechtlich zulässigen Kriterien für die Grenzziehung zwischen rechtmäßigen und rechtswidrigen Arbeitskämpfen.[6] Heute besteht zwar allgemeiner Konsens darüber, daß Arbeitskämpfe nicht generell unzulässig sein können; wo im einzelnen aber die Grenze zwischen rechtmäßigen und rechtswidrigen Arbeitskämpfen liegen, ist eine Rechtsprechung und Schrifttum seit langem beschäftigende und zudem äußerst umstrittene Frage. Die Kontroverse in dieser Frage kann nicht verwundern, zieht doch die Einordnung eines Arbeitskampfes als rechtswidrig für die am Arbeitskampf Beteiligten weitreichende Folgen, insbesondere finanzieller Art, nach sich.[7]

Um rechtmäßige von rechtswidrigen Arbeitskämpfen abzugrenzen, arbeiteten Reichsgericht und Reichsarbeitsgericht jahrzehntelang bis Ende der Weimarer Republik mit dem Maßstab der „guten Sitten" i.S.d. § 826 BGB.[8] Nach dem Ende des 2. Weltkrieges trat ein Wandel ein. Für die Beurteilung der Rechtmäßigkeit von Arbeitskämpfen bediente man sich nunmehr überwiegend in Rechtsprechung und Literatur des Maßstabes der Sozialadäquanz, unter dem bei genauerem Hinsehen eine Handvoll disparater Einzelmerkmale vereinigt wurden. Bis zum „Spielbankbeschluß" des Großen Senates des Bundesarbeitsgerichts vom 21. April 1971 blieb die Sozialadäquanz der dogmatische Zentralbegriff im Arbeitskampfrecht.[9]

Heute existiert im Arbeitskampfrecht ein vergleichbares formal einheitliches Rechtmäßigkeitskriterium wie die Sozialadäquanz nicht mehr. Vielmehr werden in Judikatur und Schrifttum eine ganze Reihe auch formal eigenständiger Rechtmäßigkeitsmerkmale genannt, die Arbeitskämpfe einzuhalten haben.[10] Das wohl mit Abstand am meisten und zugleich am heftigsten diskutierte Rechtmäßigkeitsmerkmal stellt der „Grundsatz der Verhältnismäßigkeit" dar. Das Bundesarbeitsgericht versteht unter diesem aus dem öffentlichen Recht, insbesondere dem Verfassungsrecht, hinlänglich bekannten Terminus einen Sammelbegriff, der die Merkmale der Geeignetheit, der Erforderlichkeit und der Proportionalität zusammenfaßt und sich als gleichbedeutend mit dem Übermaßverbot darstellt.[11]

---

[6] *Zöllner,* Arbeitsrecht, § 39 I (S. 349).

[7] Zu den Folgen rechtswidriger Streiks bzw. Aussperrungen s. *Brox/Rüthers,* Arbeitskampfrecht, Rdnr. 322 ff., 342 ff.

[8] RGZ 54, S. 255, 259; 64, S. 52, 61; 104, S. 327, 330; 113, S. 33, 38; 119, S. 291, 294. RAG, ARS 1, S. 100, 102; 2, S. 217, 222; 8, S. 266, 269.

[9] Zur Sozialadäquanz und der Kritik an ihr s. *Hörl,* Sozialadäquanz, insbesondere S. 133 ff.

[10] Zu den einzelnen Rechtmäßigkeitsmerkmalen vgl. *Zöllner,* Arbeitsrecht, § 40 VI (S. 372 ff.); *Lieb,* Arbeitsrecht, S. 136 ff.; *Kalb,* Arbeitskampfrecht, Rdnr. 89 ff.

[11] s.BAG, AP Nr. 64 zu Art. 9 GG Arbeitskampf, Bl. 923; Nr. 84, Bl. 368 R. Im Dienste begrifflicher Klarheit soll in den nachfolgenden Ausführungen die Terminologie des BAG übernommen werden. – Allg. zur Uneinheitlichkeit des Sprachgebrauchs beim Verhältnismäßigkeitsgrundsatz *Hirschberg,* Verhältnismäßigkeit, S. 19 ff.

Kaum eine rechtswissenschaftliche Abhandlung in den letzten 15 Jahren über die allgemeine Zulässigkeitsproblematik von Arbeitskämpfen ist zu finden, in der der Verhältnismäßigkeitsgrundsatz nicht in der einen oder anderen Weise angesprochen wird. Seit dem Beschluß des Großen Senates des Bundesarbeitsgerichts vom 21. 4. 1971 steht dieser Grundsatz im Brennpunkt der Kritik. Nicht selten wird der Verhältnismäßigkeitsgrundsatz als Rechtmäßigkeitsmaßstab für Arbeitskampfmaßnahmen von den Kritikern mit Begriffen wie „Willkür des Gerichts"[12], „Tarifzensur"[13], „Unbestimmtheit"[14], „Leerformel"[15], „Einfallstor in die Koalitionsfreiheit"[16] zusammengebracht und gleichgesetzt.

Trotz vielfältiger, oft heftiger Kritik aus den Reihen des rechtswissenschaftlichen Schrifttums und der Gewerkschaften hält das Bundesarbeitsgericht in seiner Rechtsprechung bis heute an dem Grundsatz der Verhältnismäßigkeit als dem zentralen Rechtmäßigkeitsmerkmal für Arbeitskampfmaßnahmen fest,[17] ohne jedoch in der gebotenen Weise auf die geäußerten Bedenken gegenüber dem Verhältnismäßigkeitsgrundsatz einzugehen.

Die vorliegende Arbeit möchte einen Beitrag zur rechtlichen Problematik um den Grundsatz der Verhältnismäßigkeit als Rechtmäßigkeitsmaßstab für Arbeitskämpfe liefern. Die nachfolgende Darstellung erhebt aber keinen Anspruch, ein umfassendes Handbuch über sämtliche Fragen und Probleme des Verhältnismäßigkeitsgrundsatzes im Arbeitskampfrecht zu sein, vielmehr ist die Darstellung von ihrem Anspruch her bescheidener angelegt: Es sollen hier nur einige wichtige Grundprobleme und Grundsatzfragen herausgegriffen und erörtert werden. Entsprechend dieser Zielsetzung der Arbeit muß die Gefahr vermieden werden, daß sich die Darstellung in Detailproblemen verliert und grundlegende Fragestellungen, die ihrerseits für die adäquate Aufbereitung von Detailproblemen unerläßlich sind, übersehen werden. Dieser Gefahr soll unter anderem dadurch vorgebeugt werden, daß der Kreis der maßgeblichen Bezugsobjekte des Verhältnismäßigkeitsgrundsatzes im Arbeitskampfrecht auf die Kampfmittel Streik und Aussperrung begrenzt wird, die, was ihre Bedeutung für die arbeitskampfrechtliche Praxis anbelangt, unbestrittenermaßen die mit Abstand wichtigsten Arbeitskampfmittel darstellen. Nur auf diese beiden Kampfmittel soll daher im Zusammenhang mit dem Verhältnismäßigkeitsgrundsatz näher eingegangen werden.

---

12 *Wolf,* Aussperrung, S. 302.

13 *Schumann,* in: Däubler, Arbeitskampfrecht, Rdnr. 202.

14 *Säcker,* GewMH 1972, S. 287.

15 *Weiss,* in: Dorndorf/Weiss, Warnstreiks, S. 81, 86.

16 *Joachim,* AuR 1973, S. 289, 293 f.

17 Zuletzt BAG v. 12. 3. 1985 = AP Nr. 84 zu Art. 9 Arbeitskampf.

Um die Stellung des Verhältnismäßigkeitsprinzips[18] im Arbeitskampfrecht unter wissenschaftlichen Kriterien auszuleuchten, erscheint es unentbehrlich, zunächst sowohl einen Blick auf das Rechtsgebiet des Arbeitskampfrechts zu werfen als auch den Blick auf den Grundsatz der Verhältnismäßigkeit als allgemeinen Rechtsgrundsatz zu lenken. Dies soll in den beiden ersten Teilen der Arbeit geschehen. Mit Hilfe der dort gewonnenen Erkenntnisse wird sodann im dritten Teil der Untersuchung der Verhältnismäßigkeitsgrundsatz als Rechtmäßigkeitskriterium im Arbeitskampfrecht erhellt werden.

[18] Die Begriffe „Rechtsprinzip" und „Rechtsgrundsatz" sollen hier im Zusammenhang mit dem Verhältnismäßigkeitsgedanken synonym verwendet werden. Für den synonymen Gebrauch beider Begriffe auch *Jakobs,* DVBl 1985, S. 97, 98 m. w. N.; *ders.,* Verhältnismäßigkeit, S. 46 ff.

1. Teil

Das Arbeitskampfrecht

Sollen die Schwerpunkte der Untersuchung richtig gelegt werden, so muß die Darstellung des Arbeitskampfrechts hier von ihrem Umfang her eine begrenzte sein. Nur diejenigen Aspekte des Arbeitskampfrechts sind zu behandeln, die für den Untersuchungsgegenstand von Bedeutung sind und auf denen die weitere Untersuchung aufgebaut werden kann.

A. Begriff und Arten des Arbeitskampfes

Wesentliche Bedeutung im Arbeitskampfrecht muß notwendigerweise der Begriff des Arbeitskampfes gewinnen – durch ihn wird der Bereich des Arbeitskampfrechts abgesteckt. Deshalb muß auch eine begrenzte Darstellung des Arbeitskampfrechts zunächst Klarheit über den Begriff des Arbeitskampfes schaffen.

I. Zum Begriff des Arbeitskampfes

Der Begriff „Arbeitskampf" findet sich zwar in mehreren Bundesgesetzen,[1] ist jedoch dort nicht definiert. Aus diesem Grunde ist es auch Rechtsprechung und Wissenschaft nicht verwehrt, den Begriff des Arbeitskampfes inhaltlich zu bestimmen.

In einem weiten Sinne verstanden handelt es sich bei einem Arbeitskampf um den von Arbeitgeber- oder Arbeitnehmerseite zur Erreichung bestimmter Ziele ausgeübten Druck durch kollektive Störung der Arbeitsbeziehungen.[2] Abweichend von diesem weiten Arbeitskampfbegriff wird teilweise versucht, den Begriff „Arbeitskampf" unter dem Aspekt des Kampfziels einzuengen, etwa in Beschränkung auf tarifbezogene oder nichtpolitische Arbeitskämpfe.[3] Eine solche Begriffsverengung ist jedoch nicht zweckmäßig, denn Begriff und

---

[1] Vgl. Art. 9 Abs. 3 Satz 3 GG; § 74 Abs. 2 Satz 1 BetrVG; § 66 Abs. 2 Satz 2, 3 BPersVG; §§ 17, 116 AFG; § 11 Abs. 5 AÜG; § 2 Abs. 1 Nr. 1 ArbGG.

[2] So die h. M., s. nur *Brox/Rüthers,* Arbeitskampfrecht, Rdnr. 17; *Söllner,* Arbeitsrecht, S. 71; *Kalb,* Arbeitskampfrecht, Rdnr. 12; *Richardi,* Festschrift Wolf, S. 549, 551.

[3] So vor allem *Hueck/Nipperdey/Säcker,* Arbeitsrecht II/2, S. 888

Rechtmäßigkeit eines Arbeitskampfes sind zwei voneinander zu trennende Dinge: Auch rechtswidrige Arbeitskämpfe sind begrifflich Arbeitskämpfe.[4]

II. Die Arten des Arbeitskampfes

Beim Arbeitskampf sind an sich die verschiedensten Kampfformen denkbar; typisch sind allein Streik und Aussperrung. Kampfmaßnahmen wie der Aufruf zum Boykott eines Arbeitgebers[5] sowie die massenhafte Ausübung von individuellen Rechten, wie Massenänderungskündigungen durch Arbeitnehmer oder Arbeitgeber, spielen heute in der Praxis des Arbeitskampfes keine Rolle.

1. Der Streik

Das traditionelle und zugleich wichtigste Arbeitskampfmittel der Arbeitnehmer ist der Streik. Unter dem Begriff des Streiks versteht man die von einer Mehrzahl von Arbeitnehmern planmäßig und gemeinschaftlich durchgeführte Arbeitseinstellung zur Erreichung eines Ziels.[6]

Das Kampfmittel des Streiks ist in den unterschiedlichsten Formen und Ausprägungen anzutreffen. Seine Erscheinungsformen lassen sich nach verschiedenen Gesichtspunkten ordnen, wobei sich zahlreiche Überschneidungen ergeben.[7] So kann nach dem Kampfbeginn zwischen Angriffs- und Abwehrstreik unterschieden werden. Nach der Organisation des Streiks lassen sich gewerkschaftliche und nichtgewerkschaftliche, sog. wilde Streiks, unterscheiden. Vom Umfang des Streiks her ist der Vollstreik vom Teil – bzw. Schwerpunktstreik abzugrenzen. Nach der angestrebten Wirkung auf die Gegenseite läßt sich differenzieren zwischen Kampfstreik, Warnstreik und Demonstrationsstreik. Eine Differenzierung kann auch danach getroffen werden, ob der Streik zur Durchsetzung eigener oder dritter Interessen geführt wird. Sollen mit dem Streik fremde Kampfforderungen unterstützt werden, so spricht man von einem Sympathie- oder Solidaritätsstreik.

---

[4] *Zöllner,* Arbeitsrecht, § 39 V 2 (S. 357 f.); *v. Münch,* Jura 1979, S. 25, 26; vgl. ausführlich zur Kontroverse um den Arbeitskampfbegriff *Richardi,* Festschrift Wolf, S. 549, 550 ff.

[5] Zum Kampfmittel des Boykotts s. BAG, AP Nr. 6 zu § 1 TVG Form; *Binkert,* Boykottmaßnahmen; *Brox/Rüthers,* Arbeitskampfrecht, Rdnr. 64 ff.

[6] Statt aller *Söllner,* Arbeitsrecht, S. 74; *Brox/Rüthers,* Arbeitskampfrecht, Rdnr. 26; *Kalb,* Arbeitskampfrecht, Rdnr. 21; LAG Köln, EzA Art. 9 GG Arbeitskampf Nr. 53.

[7] Zu den unterschiedlichen Erscheinungsformen des Streiks s. näher *Brox/Rüthers,* Arbeitskampfrecht, Rdnr. 32 ff.; *Huber,* Aussperrung, S. 23 ff.; *Scholz/Konzen,* Aussperrung, S. 38 ff.

2. Die Aussperrung

Auf seiten der Areitgeber steht das dem Streik korrespondierende Kampfmittel der Aussperrung. Im Gegensatz zum Streik ist hier der Arbeitgeber der aktive und der Arbeitnehmer der passive Teil. Tatbestandlich heißt Aussperrung die von einem oder mehreren Arbeitgebern planmäßig vorgenommene Ausschließung einer Gruppe von Arbeitnehmern von der Arbeit unter Verweigerung der Lohnfortzahlung zwecks Erreichung eines bestimmten Ziels.[8]

Die Aussperrung kennt dieselben Erscheinungsformen wie der Streik, daher lassen sich auch ihre Erscheinungsformen u. a. nach Kampfbeginn, Organisation, Umfang und angestrebter Wirkung unterscheiden.[9] Ausdrücklich hingewiesen sei an dieser Stelle darauf, daß ebenso wie beim Kampfmittel des Streiks die begriffliche Einteilung nichts über die rechtliche Zulässigkeit der einzelnen Aussperrungsformen aussagt.

B. Arbeitskampf und Tarifautonomie

I. Die Funktionen des Arbeitskampfes mit Blick auf die Tarifautonomie

Im Bereich der Arbeits- und Wirtschaftsbedingungen hat der Staat seine Zuständigkeit zur Rechtsetzung weitgehend zurückgenommen und überläßt die Bestimmung der materiellen Arbeitsbedingungen den Tarifparteien, es herrscht Tarifautonomie. Das Zurücktreten des Staates beruht zum einen auf dem Gedanken der Privatautonomie bei der Gestaltung nicht öffentlich-rechtlicher Beziehungen, zum anderen aber auch auf der Überlegung, daß die unmittelbar Beteiligten und Betroffenen besser entscheiden können, was ihren beiderseitigen und den gemeinsamen Interessen entspricht.[10] In diesem von staatlicher Einflußnahme freigehaltenen Bereich der Tarifautonomie ist der Abschluß von Tarifverträgen das Mittel, um eine autonome Ordnung des Arbeitslebens zu verwirklichen.[11]

Können sich die Tarifvertragsparteien nicht auf dem Verhandlungswege über den Abschluß eines Tarifvertrages einigen und bleibt auch ein freiwilliges Schlichtungsverfahren ohne Erfolg, so erhebt sich die Frage, auf welchem Wege dennoch ein Vertragsabschluß erreicht und damit der sowohl für die

---

[8] *Scholz,* in: Maunz/Dürig, Grundgesetz, Art. 9, Rdnr. 326; *Brox/Rüthers,* Arbeitskampfrecht, Rdnr. 45; *Lieb,* Arbeitsrecht, S. 147; *Zöllner,* Arbeitsrecht, § 39 IV 1 (S. 354).

[9] Zu den einzelnen Formen der Aussperrung s. *Brox/Rüthers,* Arbeitskampfrecht, Rdnr. 51 ff.; *Huber,* Aussperrung, S. 27 ff.; *Scholz/Konzen,* Aussperrung, S. 48 ff.

[10] BVerfGE 34, S. 307, 316 f.

[11] BVerfGE 44, S. 322, 340 f.

beteiligten Tarifparteien als auch für die Allgemeinheit unerwünschte tariflose Zustand beendet werden kann.

Eine staatliche Zwangsschlichtung würde zu unerträglichen Widersprüchen mit der Tarifautonomie führen und verbietet sich deshalb.[12] Als einzige systemgemäße Lösung des Tarifkonflikts verbleibt nur noch die Möglichkeit, den Tarifparteien ein Instrumentarium zur Verfügung zu stellen, mit dem sie bei Ausschöpfung der Möglichkeiten der freiwilligen Einigung entsprechenden Druck auf die Gegenseite ausüben können. Diese Aufgabe erfüllt der Arbeitskampf.[13]

Mit der Möglichkeit, durch Anwendung von Druck einen Vertrag zu erzwingen, wird zwar der Grundsatz durchbrochen, daß Verträge auf freier Entschließung der Parteien beruhen sollen. Um der Funktionsfähigkeit der Tarifautonomie willen ist diese Durchbrechung jedoch gerechtfertigt.[14] Gerade in kritischen Phasen der Tarifauseinandersetzung müssen den Tarifvertragsparteien effektive Möglichkeiten zur Seite stehen, die Herbeiführung einer autonomen Ordnung des Arbeitslebens durch Abschluß von Tarifverträgen zu erreichen, anderenfalls bliebe die Tarifautonomie nur eine Größe für Schönwetter-Perioden.[15] Die Tarifautonomie bedarf nach alledem des Arbeitskampfes, wenn die Tarifvertragsparteien anders nicht zur Lösung des Tarifkonfliktes gelangen können. Nur so bleibt die Funktionsfähigkeit der Tarifautonomie gewahrt.[16]

Damit erhellt sich die Funktion des Arbeitskampfes in unserer Rechtsordnung: Der Arbeitskampf wird nicht als Selbstzweck gewährleistet, sondern nur als notwendiges Hilfsinstrument für eine funktionstüchtige Tarifautonomie. Diese Bezogenheit des Arbeitskampfes auf die Tarifautonomie wird von der Rechtsprechung des Bundesarbeitsgerichts[17] und der ganz herrschenden Meinung im Schrifttum[18] seit langem anerkannt.

Wird der Arbeitskampf nur wegen seiner notwendigen Hilfsfunktion für die Tarifautonomie gewährleistet, so muß dieser Umstand auf der anderen Seite

---

[12] Allg. Ansicht, s. nur BAG, AP Nr. 43 zu Art. 9 GG Arbeitskampf, Bl. 310 R; *Brox/Rüthers,* Arbeitskampfrecht, Rdnr. 128; zuletzt etwa *G. Müller,* Arbeitskampf, S. 62 f.; *Plander,* AuR 1986, S. 65, 66.

[13] *Brodmann,* Arbeitskampf, S. 50.

[14] *Seiter,* RdA 1986, S. 165, 182 f.; zum Ausnahmecharakter des Arbeitskampfes s. auch *ders.,* Anm. zu BAG, EzA Art. 9 GG Arbeitskampf, unter C III 3 c sowie *Loritz,* ZfA 1985, S. 185, 206.

[15] So *G. Müller,* Arbeitskampf, S. 62; s. ferner BAG, AP Nr. 64 zu Art. 9 GG Arbeitskampf, Bl. 913.

[16] BAG, AP Nr. 65 zu Art. 9 GG Arbeitskampf, unter A I 2; *Brox/Rüthers,* Arbeitskampf, Rdnr. 13, 128; *Kalb,* Arbeitskampfrecht, Rdnr. 14.

[17] St. Rspr. seit BAG, AP Nr. 1 zu Art. 9 GG Arbeitskampf.

[18] *Hueck/Nipperdey/Säcker,* Arbeitsrecht II/2, S. 888; *Brox/Rüthers,* Arbeitskampfrecht, Rdnr. 138; *Konzen,* SAE 1977, S. 235, 236; zuletzt *Seiter,* RdA 1986, S. 165, 182 f.; *Richardi,* RdA 1986, S. 146, 157.

dazu führen, daß die Zulässigkeit von Arbeitskämpfen dort endet, wo diese nicht mehr der Funktionsfähigkeit der Tarifautonomie dienen.[19] Diese Folge ist vom Bundesarbeitsgericht zuletzt in seinem Urteil vom 5. 3. 1985[20] zur grundsätzlichen Unzulässigkeit von Sympathiestreiks einer Gewerkschaft besonders deutlich herausgestellt worden. Das Gericht führt in dieser Entscheidung aus:

„Die Funktion des Arbeitskampfes bestimmt die Grenzen seiner Zulässigkeit. Der Arbeitskampf ist wegen seiner Hilfsfunktion für die Tarifautonomie gewährleistet und zulässig. Er dient dem Ausgleich sonst nicht lösbarer Interessenkonflikte. Er ist Hilfsinstrument zur Sicherung der Tarifautonomie. Deshalb darf er auch nur zur Durchsetzung tariflicher Regelungen eingesetzt werden."[21]

II. Die Parität und ihre Bedeutung für Tarifautonomie und Arbeitskampf

Um eine autonome Ordnung des Arbeitslebens zu gewährleisten, bedient sich die Tarifautonomie als Gestaltungsmittel des Tarifvertrages. Wie jede auf Vertrag beruhende Ordnung basiert die Tarifautonomie auf dem Grundgedanken, daß der Vertrag als Mittel seine Ausgleichs- und Befriedungsfunktion nur erfüllen kann, wenn nicht eine Vertragspartei der anderen den Vertragsinhalt vorschreibt.[22] Diktiert eine Seite den Vertragsinhalt, so stellt sich der Vertrag nur noch seiner Form nach als solcher dar und ist nicht mehr geeignet, eine sinnvolle, d. h. auf angemessenen Ausgleich bedachte Ordnung zu gewährleisten.[23]

Um dies im Bereich der Tarifautonomie zu verhindern, müssen beide Tarifvertragsparteien in etwa gleiche Chancen besitzen, auf den Tarifkompromiß gestaltend einzuwirken. Sind nämlich die Verhandlungschancen beider Tarifvertragsparteien völlig ungleichgewichtig verteilt, so besteht die Gefahr, daß die eine Tarifvertragspartei wegen ihrer Übermacht der anderen ihren Willen aufzwingen kann und die Tarifvertragsbedingungen weithin zu ihren Gunsten und damit nicht mehr gerecht und angemessen gestaltet. Das Tarifvertragssystem wäre dann ungeeignet, für beide Vertragsseiten angemessene Regelungen der kollektiven Arbeitsbedingungen zu erreichen. Die Tarifautonomie würde, weil das Mittel des Vertrages versagt, funktionsuntüchtig.[24] D. h., die

---

[19] *Seiter,* RdA 1986, S. 165, 183; *Brox/Rüthers,* Arbeitskampfrecht, Rdnr. 130.

[20] EzA Art. 9 GG Arbeitskampf Nr. 57 = NJW 1985, S. 2545 = DB 1985, S. 1695.

[21] Unter II 3 b der Gründe. s. ferner in gleichem Sinne BAG v. 23. 10. 1984 = AP Nr. 82 zu Art. 9 GG Arbeitskampf, Bl. 578.

[22] *Seiter,* RdA 1981, S. 65, 72; vgl. auch BAG, AP Nr. 43 zu Art. 9 GG Arbeitskampf, Bl. 310 R.

[23] Vgl. dazu auch *Richardi,* RdA 1986, S. 146, 150.

[24] *Rüthers,* Aussperrung, S. 71; *Scholz,* in: Maunz/Dürig, Grundgesetz, Art. 9 Rdnr. 287.

Tarifautonomie mit dem Tarifvertrag als Gestaltungsmittel kann ihre vom Staat überantwortete Aufgabe als ein privatautonomes Ausgleichssystem für Interessengegensätze am Arbeitsmarkt nur dann erfüllen, wenn beide Tarifvertragsparteien gleichgewichtige Einflußchancen besitzen, auf den Inhalt eines Tarifvertrages gestaltend einzuwirken.[25] Diese Chancengleichheit des Einflusses wird als Parität bezeichnet. Parität ist also notwendige Voraussetzung für das Funktionieren der Tarifautonomie.

Kann die Tarifautonomie nur dann funktionieren, wenn möglichst gleiche Verhandlungschancen bestehen, so muß auch der Arbeitskampf als Mittel zur Effektuierung der Tarifautonomie in seiner Ausgestaltung auf diese Sachgegebenheit ausgerichtet sein. Keine Tarifvertragspartei darf im Arbeitskampf Vorteile erhalten, die zu einem Verhandlungsungleichgewicht führen.[26] Auch für den Arbeitskampf müssen die Chancen mit Blick auf den abzuschließenden Tarifvertrag gleichgewichtig verteilt sein. Damit wird die Parität, verstanden in einem tarifbezogenen materiellen Sinne,[27] auch für den Arbeitskampf zum tragenden und unverzichtbaren Element.[28]

C. Arbeitskampf und Grundgesetz

I. Die Garantie der Arbeitskampffreiheit durch Art. 9 Abs. 3 GG

Nach heute weitgehend übereinstimmender Auffassung garantiert das Grundgesetz mit der Koalitionsfreiheit in Art. 9 Abs. 3 GG zugleich auch die Arbeitskampffreiheit der Koalitionen.[29]

Nach seinem Wortlaut gewährleistet Art. 9 Abs. 3 GG zwar nur die Freiheit des einzelnen, Vereinigungen zur Wahrung und Förderung der Arbeits- und Wirtschaftsbedingungen zu bilden, die ganz herrschende, sich an Sinn und Zweck der Koalitionsfreiheit orientierende Verfassungsinterpretation hat

---

[25] BAG, AP 43 zu Art. 9 GG Arbeitskampf, Bl. 310 R; Nr. 64, Bl. 914 R; Nr. 84, Bl. 366; BGH, AP Nr. 38 zu Art. 9 GG Arbeitskampf, zu 2. der Gründe; *Brox/Rüthers,* Arbeitskampfrecht, Rdnr. 166 m. w. N.

[26] s. statt aller BAG, AP Nr. 84 zu Art. 9 GG Arbeitskampf, Bl. 367; *Krejci,* Aussperrung, S. 48; *Kalb,* Arbeitskampfrecht, Rdnr. 165.

[27] Zu den einzelnen in der Diskussion vertretenen Paritätsbegriffen *Zöllner,* Parität, S. 25 ff.; *Krejci,* Aussperrung, S. 49 ff.; *Buchner,* RdA 1986, S. 7, 14. Sowohl die Rechtsprechung des BAG (zuletzt BAG, AP Nr. 84 zu Art. 9 GG Arbeitskampf, Bl. 367 R) als auch die h. M. im Schrifttum (z. B. *Brox/Rüthers,* Arbeitskampfrecht, Rdnr. 168; *Zöllner,* Arbeitsrecht, S. 382 f., jeweils m. w. N.) gehen von einem materiellen Paritätsbegriff aus.

[28] *G. Müller,* Arbeitskampf, S. 154; *Seiter,* Streikrecht, S. 156 ff.; *Rüthers,* Aussperrung, S. 37.

[29] BAG, AP Nr. 65 zu Art. 9 GG Arbeitskampf; *Scholz,* in: Maunz/Dürig, GG, Art. 9, Rdnr. 309 ff.; *Brox/Rüthers,* Arbeitskampfrecht, Rdnr. 78; *Seiter,* Streikrecht, S. 67 f.; aus neuester Zeit etwa *Kalb,* Arbeitskampfrecht, Rdnr. 35 ff.; *Friauf,* RdA 1986, S. 188, 190.

aber längst klargestellt, daß der Inhalt der Koalitionsfreiheit als Grundrecht weit über den bloßen Wortlaut der Verfassungsnorm hinausreicht. Der im Wortlaut des Art. 9 Abs. 3 GG zum Ausdruck kommenden positiven Koalitionsfreiheit wird nicht nur die negative Koalitionsfreiheit zur Seite gestellt, sondern darüber hinaus werden auf der Basis eines Doppelgrundrechts[30] aus der positiven Koalitionsfreiheit als Recht des einzelnen auch Garantien für die Koalitionen selbst entnommen. Art. 9 Abs. 3 GG, verstanden als Doppelgrundrecht, umfaßt neben der individuellen Koalitionsfreiheit auch das kollektive Recht der Koalitionen selbst auf Bestand und spezifische koalitionsmäßige Betätigung.[31] Ohne diese Erweiterung des verfassungsrechtlichen Schutzes auf Bestand und Betätigung der Koalitionen selbst würde das Recht der individuellen Koalitionsfreiheit leerlaufen.[32]

Der wesentliche Akzent der Betätigung der Koalitionen liegt auf dem Abschluß von Tarifverträgen, „durch die die Koalitionen insbesondere Lohn- und sonstige materielle Arbeitsbedingungen in einem Bereich, in dem der Staat seine Regelungszuständigkeit weit zurückgenommen hat, in eigener Verantwortung und im wesentlichen ohne staatliche Einflußnahme regeln."[33] Dementsprechend wird heute einhellig aus der Koalitionsbetätigungsgarantie die verfassungsrechtliche Gewährleistung der Tarifautonomie gefolgert.[34]

Wird die Tarifautonomie durch Art. 9 Abs. 3 GG verfassungsrechtlich garantiert und stellt sich der Arbeitskampf als unerläßliches Hilfsinstrument für das Funktionieren der Tarifautonomie dar, so ist die Einbeziehung der Arbeitskampffreiheit in den Garantiegehalt des Art. 9 Abs. 3 GG unausweichlich, will man offene Widersprüche vermeiden.[35] Seine verfassungsrechtliche Bestätigung findet dieses Verständnis des Gewährleistungsgehalts des Art. 9 Abs. 3 GG durch den im Rahmen der Notstandsgesetzgebung eingefügten Satz 3 des Art. 9 Abs. 3 GG. Durch ihn hat der Begriff des Arbeitskampfes erstmalig Eingang in das Grundgesetz gefunden. Indem Art. 9 Abs. 3 Satz 3 GG bestimmt, daß sich bestimmte Notstandsmaßnahmen nicht gegen

---

30 Abweichend *Scholz,* Koalitionsfreiheit, S. 62 ff.; *ders.,* in: Maunz/Dürig, GG, Art. 9, Rdnr. 240, der die kollektivrechtliche Gewährleistung nicht aus Art. 9 Abs. 3 GG selbst, sondern aus Art. 9 Abs. 3 i. V. m. Art. 19 Abs. 3 GG ableitet. Ihm folgend *Zöllner,* AÖR 98 (1973), S. 71, 77 ff.; vgl. auch *Lieb,* Arbeitsrecht, S. 96 f.

31 Vgl. BVerfGE 17, S. 319, 333; 18, S. 18, 26; 50, S. 290, 367; 58, S. 233, 246. BAG, AP Nr. 81 zu Art. 9 GG Arbeitskampf, Bl. 571. *Hueck/Nipperdey/Säcker,* Arbeitsrecht II/2, S. 915; *Söllner,* Arbeitsrecht, S. 57; *Zöllner,* Arbeitsrecht, § 8 IV (S. 104 ff.).

32 *Lieb,* Arbeitsrecht, S. 96; *Kalb,* Arbeitskampfrecht, Rdnr. 38; *Zöllner,* Arbeitsrecht, § 8 IV 4 (S. 104 f.).

33 BVerfGE 58, S. 233, 246.

34 Vgl. z. B. BVerfGE 50, S. 290, 367 f.; 58, S. 233, 246; BAG, AP Nr. 64 zu Art. 9 GG Arbeitskampf, Bl. 912; Nr. 81, Bl. 571; Nr. 84, Bl. 366 R; *Brox/Rüthers,* Arbeitskampfrecht, Rdnr. 83; *Zöllner,* Arbeitsrecht, § 8 IV 4 c (S. 105).

35 *Rüthers,* Anm. zu BAG, EzA Art. 9 GG Arbeitskampf Nr. 37, unter B I 3 c; *G. Müller,* DB 1982, Beilage Nr. 16, S. 8.

Arbeitskämpfe richten dürfen, die zur Wahrung der Arbeits- und Wirtschaftsbedingungen von Vereinigungen i. S. v. Art. 9 Abs. 3 Satz 1 GG geführt werden, siedelt diese Verfassungsbestimmung den Arbeitskampf im Gewährleistungsrahmen der verfassungsrechtlich geschützten Koalitionsfreiheit an und zeigt damit, daß Art. 9 Abs. 3 GG als sedes materiae der Arbeitskampffreiheit anzusehen ist.[36]

II. Die verfassungsrechtliche Gewährleistung von Streik und Aussperrung

Umfaßt die Garantie der Koalitionsfreiheit auch die Arbeitskampffreiheit, so ist mit dieser Feststellung aber noch keine Entscheidung darüber getroffen, ob gleichfalls Streik und Aussperrung als Arbeitskampfmittel durch Art. 9 Abs. 3 GG oder einer anderen Verfassungsbestimmung gewährleistet sind.[37]

1. Streik

Hinsichtlich des Streiks besteht freilich heute weitgehend Einigkeit; ungeachtet divergenter Begründungen im Detail wird heute allgemein – auch in der Rechtsprechung[38] – davon ausgegangen, daß der Streik durch Art. 9 Abs. 3 GG grundsätzlich geschützt ist.[39]

2. Aussperrung

Hinsichtlich der verfassungsrechtlichen Garantie der Aussperrung besteht dagegen Streit. Das Bundesverfassungsgericht hat bislang noch nicht eindeutig zu dieser Frage Stellung genommen, es ist vielmehr einer präzisen Antwort ausgewichen durch mehrdeutige Formulierungen, wie etwa in der Aussperrungsentscheidung im 38. Band der amtlichen Entscheidungssammlung, wo es heißt:

> „Soweit Art. 9 Abs. 3 GG ein Recht zur Aussperrung garantieren sollte, ist der geschützte Bereich unter Berücksichtigung der geschichtlichen Entwicklung abzugrenzen."[40]

---

[36] *Raiser,* Aussperrung, S. 21; *Brodmann,* Arbeitskampf, S. 44.

[37] In diesem Sinne auch *Scholz/Konzen,* Aussperrung, S. 55; *Seiter,* RdA 1981, S. 65, 67; *Bertelsmann,* Aussperrung, S. 137.

[38] s. BAG, AP Nr. 81 zu Art. 9 GG Arbeitskampf, Bl. 571; Nr. 82, Bl. 578.

[39] Vgl. statt aller *Däubler/Hege,* Koalitionsfreiheit, S. 111; *Rüthers,* Streik, S. 72 f.; *Scholz,* Koalitionsfreiheit, S. 149 f.; *ders.,* in: Maunz/Dürig, Grundgesetz, Art. 9, Rdnr. 321; *v. Münch,* Jura 1979, S. 25, 30 f.; *Kalb,* Arbeitskampfrecht, Rdnr. 44.

[40] BVerfGE 38, S. 386, 394.

Das Bundesarbeitsgericht hat sich zwar seit Beginn seiner Rechtsprechung eindeutig zur prinzipiellen Zulässigkeit der Aussperrung bekannt,[41] bei der Frage der Verfassungsgarantie aber eine klare Linie vermissen lassen. Während das Bundesarbeitsgericht noch 1980 im Hinblick auf die Abwehraussperrung ausführte: „Grundlage der Aussperrungsbefugnis ist die Tarifautonomie, die in ihrem Kernbereich durch Art. 9 Abs. 3 GG gewährleistet ... wird“[42], heißt es knapp 5 Jahre später vom gleichen Senat des Bundesarbeitsgerichts lediglich:

> „Ob damit die Abwehraussperrung verfassungsrechtlich geschützt ist, kann weiterhin offenbleiben.“[43]

Obgleich das Schrifttum zur verfassungsrechtlichen Garantie der Aussperrung nahezu unüberschaubar wirkt, dürften hier doch die Stimmen überwiegen, die sich für einen prinzipiellen verfassungsrechtlichen Schutz der Aussperrung aussprechen.[44]

Um die verfassungsrechtliche Gewährleistung der Aussperrung hinreichend beurteilen zu können, muß die Aussperrung vor dem Hintergrund der für den Komplex des Arbeitskampfes einschlägigen Koalitionsfreiheit und deren verfassungsrechtlichen Perspektiven gesehen werden.[45] Aus der Koalitionsfreiheit läßt sich die verfassungsrechtliche Garantie der Tarifautonomie ableiten. Die durch Art. 9 Abs. 3 GG gewährleistete Tarifautonomie setzt Parität der Tarifparteien voraus; das Bestehen der Parität ist unerläßlich für das Funktionieren der Tarifautonomie.[46] Eine funktionierende Tarifautonomie kann bei Tarifkonflikten nur gewährleistet sein, wenn auch im Arbeitskampf als dem Hilfsinstrument der Tarifautonomie Parität besteht. Das setzt voraus, daß neben dem Streik als dem wirksamen und typischen Instrument zur Durchsetzung der Arbeitnehmervorstellungen auch die Aussperrung als wirksames und in der Arbeitskampfpraxis typisches Instrument zur Durchsetzung der Arbeitgeberinteressen von der Rechtsordnung nicht nur toleriert, sondern ebenso wie der Streik im Rahmen des Art. 9 Abs. 3 verfassungsrechtlich garantiert wird.[47] Über die Brücke der Parität gelangt man somit konsequenterweise

---

[41] s. BAG, AP Nr. 1, 43, 64, 84 zu Art. 9 GG Arbeitskampf.

[42] BAG, AP Nr. 64 zu Art. 9 GG Arbeitskampf, unter A I.

[43] BAG, AP Nr. 84 zu Art. 9 GG Arbeitskampf, unter II 1 c. Bemerkenswerterweise verweist das Gericht hier auf *Huber,* Aussperrung, der die verfassungsrechtliche Garantie der Aussperrung gerade verneint.

[44] *Frowein,* Aussperrung, S. 19 ff.; *Hueck/Nipperdey/Säcker,* Arbeitsrecht II/2, S. 916 f.; *Brox/Rüthers,* Arbeitskampfrecht, Rdnr. 90; *Rüthers,* Aussperrung, S. 20 ff.; *Wolf,* Aussperrung, S. 19 ff.; *Schmidt-Preuß,* BB 1986, S. 1093 ff.; *Kraft,* SAE 1980, S. 297, 298 f.; *Tettinger,* Jura 1981, S. 1, 7. Gegen eine verfassungsrechtliche Gewährleistung der Aussperrung insb. *Huber,* Aussperrung; ferner *Däubler/Hege,* Koalitionsfreiheit, S. 115; *Zachert/Metzke/Hamer,* Aussperrung, S. 114 ff.

[45] *Brox/Rüthers,* Arbeitskampfrecht, Rdnr. 90.

[46] s. dazu oben B. II.

[47] *Brox/Rüthers,* Arbeitskampfrecht, Rdnr. 90.

auch zur verfasssungsrechtlichen Gewährleistung der Aussperrung durch Art. 9 Abs. 3 GG.

Um dieses Ergebnis weiter argumentativ abzusichern, kann auch auf den Text des Art. 9 Abs. 3 GG verwiesen werden. Die Koalitionsfreiheit des Art. 9 Abs. 3 GG steht, wie sich aus dem Wortlaut des ersten Satzes von Art. 9 Abs. 3 GG ergibt, jedem und allen Berufen zu, wird also gewährleistet sowohl für Arbeitnehmer als auch Arbeitgeber.[48] Art. 9 Abs. 3 GG stellt mithin kein – wie zuweilen behauptet – ausschließliches Arbeitnehmergrundrecht dar.[49]

Diese koalitionsrechtliche Rechtsgleichheit der sozialen Gegenspieler kommt auch in Art. 9 Abs. 3 GG klar zum Ausdruck.[50] Dort ist allgemein von „Arbeitskämpfen“, wozu nach allgemeinem Sprachgebrauch auch Aussperrungen gehören, und nicht nur von Streiks die Rede. Wenn damit der koalitionsrechtliche Status der Arbeitgeberverbände nicht von minderer Qualität ist als der der Gewerkschaften, dann muß entsprechendes auch für den Status der beiderseitigen Arbeitskampfmittel gelten.[51] Da der Streik seine verfassungsrechtliche Garantie aus Art. 9 Abs. 3 GG erfährt, muß auch für die Aussperrung die Koalitionsfreiheit Standort der verfassungsrechtlichen Gewährleistung sein.[52]

Es bleibt als Ergebnis festzuhalten: Sowohl die Arbeitskampffreiheit allgemein als auch die in der Arbeitskampfpraxis üblichen Kampfmittel Streik und Aussperrung genießen prinzipiell durch Art. 9 Abs. 3 GG verfassungsrechtlichen Schutz.

Dieser Befund läßt eine für den weiteren Fortgang der Untersuchung nicht unwesentliche Feststellung zu: Wenn das Bundesarbeitsgericht den Grundsatz der Verhältnismäßigkeit im Arbeitskampfrecht als Rechtmäßigkeitskriterium für Arbeitskämpfe verwendet und nur verhältnismäßige Arbeitskampfmaßnahmen als zulässig erachtet, so muß sich der Verhältnismäßigkeitsgrundsatz in dieser Funktion als Rechtmäßigkeitsmaßstab – auf die Verfassungsebene transponiert – als Grenze der durch Art. 9 Abs. 3 GG garantierten Arbeits-

---

[48] Ganz h. M., s. nur BAG, AP Nr. 84 zu Art. 9 GG Arbeitskampf, Bl. 367; *Scholz,* in: Maunz/Dürig, Grundgesetz, Art. 9, Rdnr. 178; *Raiser,* ZRP 1978, S. 201, 203.

[49] Für Art. 9 Abs. 3 GG als ein einseitiges Arbeitnehmergrundrecht etwa *Hoffmann,* in: Kittner, Streik und Aussperrung, S. 47, 66 ff.; s. ferner die Nachw. bei *Zachert/Metzke/Hamer,* Aussperrung, S. 115, Fußn. 88. Gegen die Interpretation als einseitiges Arbeitnehmergrundrecht überzeugend *Scholz/Konzen,* Aussperrung, S. 84 f.

[50] *Raiser,* Aussperrung, S. 22; *Seiter,* RdA 1981, S. 65, 67; *ders.,* JZ 1978, S. 413, 414 f.

[51] *Seiter,* RdA 1981, S. 65, 67.

[52] Zur umstrittenen Frage, ob sich darüber hinaus auch aus Art. 9 Abs. 3 Satz 3 GG durch einen a maiore ad minus – Schluß die verfassungsrechtliche Garantie der Aussperrung ableiten läßt, s. einerseits *Krejci,* Aussperrung, S. 31 ff.; *Seiter,* JA 1979, S. 337, 340; andererseits *Wolf,* Aussperrung, S. 392 f.; *v. Münch,* Jura 1979, S. 25, 34. Offengelassen von BAG, AP Nr. 64 zu Art. 9 GG Arbeitskampf, unter A II 1.

kampffreiheit, des Streiks und der Aussperrung darstellen. Damit gewinnt die Problematik des Verhältnismäßigkeitsgrundsatzes im Arbeitskampfrecht eine entscheidende verfassungsrechtliche Dimension, ohne deren Berücksichtigung eine adäquate Darstellung des Verhältnismäßigkeitsprinzips im Arbeitskampfrecht nicht möglich ist.

Bevor auf die hier angerissene Problematik im 3. Teil der Arbeit einzugehen sein wird, muß zunächst der Blick – nach Darstellung des Arbeitskampfrechts – auf das zweite „Standbein" der Verhältnismäßigkeitsproblematik im Arbeitskampfrecht gelenkt werden: Im folgenden soll zunächst der Verhältnismäßigkeitsgrundsatz als allgemeiner Rechtsgrundsatz in unserer Rechtsordnung näher betrachtet werden.

2. Teil

Der Grundsatz der Verhältnismäßigkeit

Der Grundsatz der Verhältnismäßigkeit erfreut sich in Rechtsprechung und Schrifttum größter Beliebtheit. Der Grundsatz ist Gegenstand unzähliger rechtswissenschaftlicher Untersuchungen und gerichtlicher Entscheidungen in nahezu sämtlichen Bereichen unserer Rechtsordnung.

Allgemein formuliert betrifft der Grundsatz der Verhältnismäßigkeit die Frage, welches Verhältnis von Mittel und Zweck[1] bei der Beeinträchtigung rechtlich geschützter Interessen zulässig sein darf.[2] Der Grundsatz verlangt in dem weiten Sinne, wie er hier verstanden wird,[3] daß das Mittel zur Erreichung eines vorgegebenen Zwecks geeignet und erforderlich sein muß sowie kein Mißverhältnis zum Zweck aufweist.

A. Geschichtliche Entwicklung, Funktion und Standort des Verhältnismäßigkeitsgrundsatzes

I. Geschichtliche Entwicklung

Der Grundsatz der Verhältnismäßigkeit kann auf eine lange Tradition zurückblicken. Wie Wieacker[4] gezeigt hat, beginnt die Dogmengeschichte dieses Grundsatzes bereits in der Antike. Ausgangspunkt in der jüngeren Entwicklungsgeschichte des Verhältnismäßigkeitsgrundsatzes ist das allgemeine Polizeirecht. Hier kam im 19. Jahrhundert vor allem durch die Rechtsprechung des preußischen Oberverwaltungsgerichts der Grundsatz der Verhältnismäßigkeit als maßgebendes Rechtsprinzip zum Tragen.[5] Mit der Ausdeh-

---

[1] Als Synonym für „Zweck" kann auch der Begriff „Ziel" gebraucht werden, vgl. *Ossenbühl,* Festgabe Gesellschaft für Rechtspolitik, S. 315, 321; *Zimmerli,* Verhältnismäßigkeit, S. 13, 16; *Haverkate,* Rechtsfragen, S. 29 f.; *Auffermann,* Verhältnismäßigkeit, S. 12, 18.

[2] So etwa *Langheineken,* Verhältnismäßigkeit, S. 3.

[3] s. oben Einleitung Fußn. 11.

[4] Festschrift Fischer, S. 867, 874 ff.

[5] s. insb. PrOVG 13, S. 424, 426; 37, S. 401, 403 f.; 44, S. 342 f.; 45, S. 416, 423 f. Zur Entwicklung des Verhältnismäßigkeitsgrundsatzes im Polizeirecht vgl. *v. Krauss,* Verhältnismäßigkeit, S. 4 ff. sowie *Hotz,* Verhältnismäßigkeit, S. 2 f., jeweils m. w. N. Heute ist der Verhältnismäßigkeitsgrundsatz im Polizeirecht gesetzlich verankert, vgl. z. B. § 2 PolG/NW u. § 15 OBG/NW.

nung der staatlichen Regelungszuständigkeit, namentlich auf die Daseinsvorsorge, begann sich das Verhältnismäßigkeitsprinzip aus seiner engen Verbindung zum Polizeirecht zu lösen.[6] Immer weitere Bereiche der Eingriffsverwaltung, aber auch der Leistungsverwaltung erschlossen sich dem Verhältnismäßigkeitsgrundsatz.[7] Heute ist die gesamte öffentliche Verwaltung dem Grundsatz der Verhältnismäßigkeit unterworfen. Unbestrittenermaßen dürfen alle exekutivischen Maßnahmen nur im Rahmen des Verhältnismäßigkeitsgrundsatzes vorgenommen werden.[8] Die Entwicklung des Grundsatzes ist hier aber nicht stehen geblieben. Heute kann kein vernünftiger Zweifel mehr daran bestehen, daß neben exekutivischem Handeln auch gesetzgeberische und rechtsprechende Tätigkeit des Staates dem Verhältnismäßigkeitsprinzip unterliegen.[9] Dementsprechend sieht das Bundesverfassungsgericht den Grundsatz der Verhältnismäßigkeit als übergreifende Leitlinie allen staatlichen Handelns an.[10]

Auch das Privatrecht ist von der fortschreitenden Ausdehnung des Verhältnismäßigkeitsprinzips innerhalb der Rechtsordnung nicht unbehelligt geblieben. Auch dieses Rechtsgebiet unterliegt – wenn auch mit unterschiedlichen Schwerpunkten – dem Grundsatz der Verhältnismäßigkeit.[11] Im Bereich des Privatrechts findet sich der Verhältnismäßigkeitsgrundsatz in bestimmten Ausprägungen wieder.[12] Vor allem im Sonderprivatrecht, etwa im Kartellrecht, Gesellschaftsrecht, Privatversicherungsrecht und nicht zuletzt im Arbeitsrecht (dort z. B. im Betriebsverfassungsrecht[13] und Kündigungsrecht[14]) hat der Grundsatz der Verhältnismäßigkeit mit Hilfe von Rechtsprechung und Literatur Einlaß gefunden.[15]

---

[6] Vgl. zu dieser Entwicklung *v. Krauss*, Verhältnismäßigkeit, S. 6 ff.; *Pohl*, Verhältnismäßigkeit, S. 26 ff.

[7] Zur Anwendung des Verhältnismäßigkeitsprinzips auf die Leistungsverwaltung s. *Haverkate*, Rechtsfragen, S. 12 f.

[8] *Stern*, Staatsrecht I, S. 863; Drews/Wacke/*Vogel*/Martens, Gefahrenabwehr, S. 389.

[9] s. *Gentz*, NJW 1968, S. 1600, 1605; *Jakobs*, Verhältnismäßigkeit, S. 132 ff.; *Hirschberg*, Verhältnismäßigkeit, S. 35 f.; *Jacob*, Staatsnotstand, S. 119; *Bürck*, DÖV 1982, S. 223, 229.

[10] BVerfGE 23, S. 127, 133; 38, S. 348, 368.

[11] Vgl. *Hirschberg*, Verhältnismäßigkeit, S. 30 f.; *Ress*, in: Kutscher u. a., Verhältnismäßigkeit, S. 5, 28; *Mayer-Maly*, ZfA 1980, S. 473, 475. – Zum Grundsatz der Verhältnismäßigkeit im Privatrecht s. näher *Metzner*, Verbot der Unverhältnismäßigkeit.

[12] Z. B. §§ 227, 228, 904 BGB. – Zur Verhältnismäßigkeit i. e. S. bei § 227 BGB s. *Dilcher*, Festschrift Hübner, S. 443, 449 ff.

[13] s. dazu näher *Pahlen*, Verhältnismäßigkeit.

[14] Zum Verhältnismäßigkeitsgrundsatz im arbeitsvertraglichen Kündigungsrecht *Pachtenfels*, BB 1983, S. 1479 ff. m. w. N.; *Wank*, RdA 1987, S. 129, 134 ff.

[15] Zu den einzelnen genannten Rechtsgebieten s. die Nachw. bei *Hirschberg*, Verhältnismäßigkeit, S. 32 f.; vgl. auch *Mayer-Maly*, ZfA 1980, S. 473, 475; *Ress*, in: Kutscher u. a., Verhältnismäßigkeit, S. 5, 28.

Zutreffend hat Hirschberg in seiner zusammenfassenden Schlußbetrachtung konstatiert, daß der Grundsatz sich inzwischen alle wesentlichen Rechtsgebiete erschlossen hat.[16] Der Grundsatz der Verhältnismäßigkeit ist damit von einem ursprünglich rein polizeirechtlichen Grundsatz zu einem allgemeinen, die gesamte Rechtsordnung durchziehenden Prinzip entwicklungsgeschichtlich gewachsen.

II. Funktion

Jede Darstellung des Verhältnismäßigkeitsprinzips wäre unvollständig und bruchstückhaft, wenn nicht in ihrem Rahmen eine Aussage über die Funktion dieses Prinzips getroffen wird.

1. Staat – Bürger – Verhältnis

Der Grundsatz der Verhältnismäßigkeit findet Anwendung vor allem im öffentlichen Recht, also in dem Rechtsbereich, in dem sich Staat und Bürger gegenüberstehen. Über die Funktion des Verhältnismäßigkeitsgrundsatzes im Verhältnis vom Staat zum Bürger besteht heute in Rechtsprechung und Lehre weitgehend Einigkeit. Diese besteht darin, staatlicher Machtausübung in bestimmter Weise Grenzen zu setzen und damit die individuelle Freiheit des Bürgers, vor allem, wenn diese grundrechtlich garantiert ist, zur effektiven Geltung zu bringen.[17]

Im Grundrechtsbereich wird diese Funktion des Verhältnismäßigkeitsprinzips allgemein mit dem Terminus „Schranken-Schranke“ angedeutet. Der Grundsatz stellt hier ein Regulativ zum Schutze des Grundrechts in der Beziehung Grundrecht – Grundrechtsbeschränkung durch den Staat dar.[18] Der Verhältnismäßigkeitsgrundsatz setzt der prinzipiell möglichen staatlichen Einschränkung der Grundrechte seinerseits eine rechtliche Schranke. Der Grundsatz erweist sich demnach auch und gerade im Grundrechtsbereich als Rechtsausübungsschranke des Staates und führt damit korrespondierend zur Effektuierung des Freiheitsschutzes des Bürgers.[19]

---

[16] *Hirschberg,* Verhältnismäßigkeit, S. 250; s. auch schon *v. Krauss,* Verhältnismäßigkeit, S. 21.

[17] *Jakobs,* Verhältnismäßigkeit, S. 7; *Haverkate,* Rechtsfragen, S. 12 ff.; *Wieacker,* Festschrift Fischer, S. 867, 870, 888; *Jacob,* Staatsnotstand, S. 119.

[18] *Götz,* Ordnungsrecht, Rdnr. 250.

[19] *Grabitz,* AÖR 98 (1973), S. 568, 570; *Wendt,* AÖR 104 (1979), S. 414, 417; *Ress,* in: Kutscher u. a., Verhältnismäßigkeit, S. 5, 7.

2. Verhältnis Privater untereinander

Das Verhältnismäßigkeitsprinzip kann nicht nur im Verhältnis Staat – Bürger zur Anwendung kommen, sondern es gilt auch im Privatrecht. Im Bereich des Privatrechts werden die Rechtsbeziehungen Privater aktuell. Auch hier trifft man auf die im Verhältnis Staat – Bürger konstatierte Funktion des Verhältnismäßigkeitsgebotes. Wie in den Beziehungen des Staates zum Bürger, so stellt sich im Verhältnis mehrerer Bürger untereinander der Verhältnismäßigkeitsgrundsatz gleichfalls als eine Rechtsausübungsschranke zum Schutze des von der Rechtsausübung nachteilig Betroffenen dar.[20] Diese Funktion wird beispielsweise deutlich bei der Notwehrregelung des § 227 BGB bzw. des § 32 StGB. Wird A von B rechtswidrig angegriffen, so darf er sich nicht unbegrenzt zur Wehr setzen, vielmehr ist sein Notwehrrecht durch das Verhältnismäßigkeitsgebot in § 227 BGB bzw. § 32 StGB beschränkt zum Schutze des von der Notwehrausübung betroffenen B.

Ist die Funktion des Verhältnismäßigkeitsgrundsatzes im Verhältnis Privater untereinander deckungsgleich mit der im Staat – Bürger – Verhältnis, so ist mit diesem Befund zugleich auch die generelle Funktion des Grundsatzes der Verhältnismäßigkeit in unserer Rechtsordnung hinreichend herausgefiltert: Sie besteht – verallgemeinernd ausgedrückt – darin, die Befugnisse bzw. Rechte des Handelnden (sei es der Staat oder ein Privater) zum Schutze des durch dieses Handeln betroffenen Personenkreises zu begrenzen.[21] Mit dieser Funktion dient das Verhältnismäßigkeitsprinzip dem harmonischen Ausgleich kollidierender Interessen und Rechtsgüter.[22]

III. Standort

Weder der Verhältnismäßigkeitsgrundsatz noch dessen einzelne Teilgrundsätze werden im Grundgesetz ausdrücklich erwähnt. Gleichwohl ist heute allgemein anerkannt, daß dem Grundsatz der Verhältnismäßigkeit Verfassungsrang gebührt.[23]

---

[20] *Konzen/Scholz,* DB 1980, S. 1593, 1597; *Seiter,* Übermaßverbot, S. 89; *ders.* Streikrecht, S. 151, 153; *Ratajczak,* Änderungskündigung, S. 16; *Blomeyer,* Festschrift BAG, S. 17, 18; *Wellhöfer,* Übermaßverbot, S. 160 f., 169; *Dütz,* Anm. zu LAG Bad.-Württ., EzA, Art. 9 GG Arbeitskampf Nr. 27.

[21] s. auch *v. Krauss,* Verhältnismäßigkeit, S. 21; *Konzen/Scholz,* DB 1980, S. 1593, 1597; *Zöllner,* ZfA 1973, S. 227, 237; *Blomeyer,* Festschrift BAG, S. 17, 18; *Jacob,* Staatsnotstand, S. 119; *Hanau,* Diskussionsbeitrag, in: Kittner, Streik und Aussperrung, S. 119; *Mayer-Maly,* Diskussionsbeitrag, ZfA 1980, S. 515.

[22] Vgl. dazu *Auffermann,* Verhältnismäßigkeit, S. 6; *Schnapp,* JuS 1983, S. 850, 852; *G. Müller,* Arbeitskampf, S. 286; *Löwisch,* ZfA 1971, S. 319, 324 f.; *Däubler,* Neue Beweglichkeit, S. 31; *Seiter,* Übermaßverbot, S. 89; *Ziemer,* Stellung des Arbeitskampfes, S. 143.

Umstritten ist allerdings die Frage, wo der Verhältnismäßigkeitsgrundsatz innerhalb des Grundgesetzes zu verankern ist. Hier werden die vielfältigsten Lösungsansätze vertreten. Mehrheitlich wird der Grundsatz der Verhältnismäßigkeit dem Rechtsstaatsprinzip[24] und dem grundrechtlichen Wertesystem[25] zugeordnet. Die daneben vertretenen Auffassungen haben bisher keine nennenswerte Anerkennung gefunden.[26]

Wird dem Grundsatz der Verhältnismäßigkeit allgemein Verfassungsrang zuerkannt, so ist die Entscheidung, wo der Grundsatz der Verhältnismäßigkeit seinen genauen Standort besitzt, eine eher wissenschaftstheoretische Frage[27], die für die vorliegende Arbeit keine praktische Auswirkungen aufweist. Daher kann auch hier darauf verzichtet werden, die einzelnen Lösungsansätze erneut zu diskutieren. Vielmehr wird davon ausgegangen, daß das Verhältnismäßigkeitsprinzip entsprechend seiner historischen Entwicklung aus dem Rechtsstaatsprinzip und dem Wesen der Grundrechte selbst herzuleiten ist.[28]

B. Die Teilgrundsätze des Verhältnismäßigkeitsgrundsatzes

War bisher von dem Grundsatz der Verhältnismäßigkeit als Oberbegriff der Teilgrundsätze der Geeignetheit, der Erforderlichkeit und der Proportionalität die Rede, so sollen im folgenden nun seine drei Teilgrundsätze vorgestellt werden.

I. Grundsatz der Geeignetheit[29]

Ausgangspunkt jeder Verhältnismäßigkeitsprüfung ist das Kriterium der Geeignetheit. Eine Maßnahme (Mittel) ist zur Erreichung eines bestimmten Zwecks (Ziels) geeignet, wenn mit ihrer Hilfe der gewünschte Erfolg geför-

---

[23] St. Rspr. des BVerfG, zuletzt BVerfG, JZ 1986, S. 383, 384; *Jakobs,* Verhältnismäßigkeit, S. 28 m. w. N. Eine extreme Gegenposition bezieht *Wolf,* Aussperrung, S. 294 f. Seiner Ansicht nach ist der Verhältnismäßigkeitsgrundsatz verfassungswidrig.

[24] So BVerfGE 8, S. 71, 79 f.; 20, S. 150, 155; 32, S. 346, 364; 38, S. 26, 31; 46, S. 17, 31; 69, S. 1, 35; BVerwGE 30, S. 313, 316; *Wellhöfer,* Übermaßverbot, S. 78 f; *Maunz/Zippelius,* Staatsrecht, § 12 III 6 (S. 95); *Herzog,* in: Maunz/Dürig, Grundgesetz, Art. 20, VII, Rdnr. 72.

[25] BVerfGE 17, S. 108, 117; 20, 162, 186 f.; *Schnapp,* JuS 1983, S. 850, 852 f.; *Starck,* in: Mangoldt/Klein, Grundgesetz, Art. 1, Rdnr. 182, Art. 2, Rdnr. 19.

[26] Zu den einzelnen Auffassungen s. *Jakobs,* Verhältnismäßigkeit, S. 34 ff.; *Auffermann,* Verhältnismäßigkeit, S. 48 ff.

[27] *Jakobs,* Verhältnismäßigkeit, S. 39.

[28] So auch BVerfGE 19, S. 342, 348 f.; *Jakobs,* Verhältnismäßigkeit, S. 42 ff.; *ders.,* DVBl 1985, S. 97, 98; *Degener,* Verhältnismäßigkeit, S. 46.

[29] Sinnidentisch mit dem Begriff der Geeignetheit werden im Schrifttum die Ausdrücke „Tauglichkeit" oder „Zwecktauglichkeit" gebraucht, s. *Hirschberg,* Verhältnismäßigkeit, S. 20 m. w. N.

dert wird, d. h. der Erfolg zumindest näherrückt.[30] Damit läßt bereits die bloße Teilverwirklichung des erwünschten Erfolges das Mittel als geeignet erscheinen. Ungeeignet ist demgegenüber nur ein Mittel, wenn es im Hinblick auf den angestrebten Zweck überhaupt keine Wirkung entfaltet oder die Erreichung dieses Zwecks sogar erschwert.[31]

Stehen dem Handelnden mehrere geeignete Mittel zur Auswahl, so ist es nicht unwahrscheinlich, daß diese Mittel jeweils einen unterschiedlichen Grad an Eignung im Hinblick auf die Zweckerreichung aufweisen. Unter den zur Auswahl stehenden Mitteln können sich solche befinden, die das anvisierte Ziel vollständig erreichen und solche, die nur „einen Schritt in der richtigen Richtung"[32] bedeuten, also lediglich zu einer teilweisen Zweckerreichung führen. Demnach könnte zwischen Vollgeeignetheit und bloßer Teilgeeignetheit oder – noch allgemeiner – zwischen verschiedenen, gewissermaßen auf einer Skala ablesbaren Graden der Geeignetheit unterschieden werden. Eine derartige Differenzierung bleibt aber – angesichts der Definition des Geeignetheitsgrundsatzes, wonach bereits ein „Näherrücken" genügt – juristisch für die Bejahung der Geeignetheit eines Mittels ohne Belang.[33] Daraus aber den Schluß zu ziehen, der Grad der Eignung bleibe auch für die umfassende Verhältnismäßigkeitsprüfung ohne Bedeutung, wäre – obwohl häufig anzutreffen – verfehlt. Vielmehr kommt dem Eignungsgrad bei mehreren zu vergleichenden Mitteln im Rahmen der sich an die Geeignetheitsprüfung anschließenden Beurteilung der Erforderlichkeit eines Mittels erhebliche, nicht zu unterschätzende Bedeutung zu.

II. Grundsatz der Erforderlichkeit[34]

Steht die Eignung eines Mittels zur Zweckverfolgung fest, so ist weiter zu untersuchen, ob es auch dem Grundsatz der Erforderlichkeit genügt.

Ein Mittel ist erforderlich, wenn kein anderes zumindest gleich geeignetes, aber die Rechts- und Interessensphäre des/der Betroffenen weniger beeinträchtigendes Mittel zur Auswahl steht,[35] oder negativ gewendet: Die Erfor-

---

[30] BVerfGE 30, S. 292, 316; 33, S. 171, 187; 39, S. 210, 230; 40, S. 196, 222. *Jakobs,* Verhältnismäßigkeit, S. 59; *Herzog,* in: Maunz/Dürig, Grundgesetz, Art. 20, VII, Rdnr. 74, *Hinkel,* NVwZ 1985, S. 225, 229; *Gentz,* NJW 1968, S. 1600, 1603.

[31] *Hotz,* Verhältnismäßigkeit, S. 13; *Jakobs,* Verhältnismäßigkeit, S. 59 f.

[32] So die Formulierung von *Götz,* Ordnungsrecht, Rdnr. 251.

[33] *Jakobs,* Verhältnismäßigkeit, S. 61.

[34] Statt des Grundsatzes der Erforderlichkeit wird in Rspr. und Lit. auch von dem Grundsatz des mildesten Mittels, dem Prinzip des geringsten möglichen Eingriffs, dem Gebot des Interventionsminimums und dem Grundsatz der Notwendigkeit gesprochen, vgl. zur Terminologie *Hirschberg,* Verhältnismäßigkeit, S. 20 sowie *Jakobs,* Verhältnismäßigkeit, S. 76, jeweils m. w. N.

[35] BVerfGE 30, S. 292, 316; 38, S. 281, 302; 49, S. 24, 58; 57, S. 250, 270. *Herzog,* in: Maunz/Dürig, Grundgesetz, Art. 20, VII, Rdnr. 75; *Jakobs,* Verhältnismäßigkeit,

derlichkeit ist zu verneinen, falls derselbe oder ein besserer Erfolg auch mit einem weniger belastenden Mittel erreicht werden kann, wenn also eine verfügbare Alternative mit geringerer Einwirkungsintensität sachlich dasselbe leistet wie das gewählte Mittel.

Der Grundsatz verlangt demnach nicht, wie offenbar verbreitet angenommen, unter sämtlichen geeigneten Mitteln das mildeste zum Einsatz zu bringen,[36] der Grundsatz gebietet lediglich, unter mehreren *gleich* geeigneten Mitteln dasjenige auszuwählen, das am wenigsten belastend für den oder die Betroffenen wirkt.[37] Nur *gleich* geeignete Mittel werden im Rahmen des Erforderlichkeitsgrundsatzes auf ihre Belastungsintensität hin verglichen. Dies bedeutet, daß das Kriterium der Belastungsintensität nur und erst dann relevant wird, wenn mehrere gleich geeignete Mittel zur Auswahl stehen. Existiert kein zumindest gleich geeignetes Mittel, so ist selbst das schärfste Mittel erforderlich.

Zum besseren Verständnis der nicht einfachen Erforderlichkeitsproblematik soll folgendes Beispiel dienen.

Um die Ausbreitung einer durch Südfrüchte übertragbaren Ansteckungskrankheit zu vermeiden, gibt die zuständige Ordnungsbehörde einem Großhändler auf, an den von ihm importierten Südfrüchten eine Stichprobenkontrolle/umfassende Kontrolle vorzunehmen.

Im allgemeinen Sprachgebrauch kann hier sicherlich nicht von der Anordnung einer umfassenden Kontrolle durch die Behörde als dem mildesten Mittel gesprochen werden, juristisch genügt dieses Mittel – trotz seiner gegenüber der Anordnung einer bloßen Stichprobenkontrolle weit höheren Belastungsintensität für den betroffenen Großhändler – jedoch dem Erforderlichkeitsgrundsatz. Zwar ist die Anordnung einer Stichprobenkontrolle im Verhältnis zu der Anordnung einer umfassenden Kontrolle ein weniger belastendes, auf der anderen Seite aber auch ein im Hinblick auf die Vermeidung einer Ausbreitung der Krankheit weniger zwecktaugliches Mittel. Wegen dieses geringeren Eignungsgrades muß deshalb die Stichprobenkontrolle als vergleichbare Alternative im Rahmen der Erforderlichkeitsprüfung der umfassenden Kontrolle ausscheiden; mithin ist die Anordnung einer umfassenden Kontrolle durch die Behörde, da kein zumindest gleich geeignetes Alternativmittel vorhanden ist, erforderlich.

S. 66; *Haverkate*, Rechtsfragen, S. 29; *Stern*, Staatsrecht I, S. 866; *Ress*, in: Kutscher u. a. Verhältnismäßigkeit, S. 5, 19 f.; *Hinkel*, NVwZ 1985, S. 225, 230.

[36] In diesem Sinne aber offenbar *Auffermann*, Verhältnismäßigkeit, S. 6, wenn er ausführt, der Grundsatz der Erforderlichkeit verlange, „daß unter mehreren möglichen, zur Zweckerreichung geeigneten Mitteln bzw. Maßnahmen nur diejenigen gewählt werden dürfen, die die geringst einschneidenden Folgen hervorrufen."

[37] Deutlich ist dies von *Jakobs*, Verhältnismäßigkeit, S. 66 f., herausgestellt worden; s. auch Drews/Wacke/*Vogel*/Martens, Gefahrenabwehr, S. 427; *Degenhart*, Staatsrecht I, Rdnr. 279 sowie *Wank*, RdA 1987, 129, 136.

Kann die Erforderlichkeit einer umfassenden Kontrolle bejaht werden, so gilt entsprechendes gleichfalls für die Anordnung einer Stichprobenkontrolle durch die Behörde. Zwar ist die umfassende Kontrolle der Südfrüchte besser geeignet, ein Ausbreiten der Krankheit zu vermeiden als die Anordnung einer bloßen Stichprobenkontrolle, jedoch weist sie gegenüber einer Stichprobenkontrolle eine höhere Belastungsintensität für den betroffenen Händler auf.

Das Beispiel zeigt, daß der Erforderlichkeitsgrundsatz nicht in jedem Falle auf ein einziges erforderliches Mittel führt.[38] Letztlich läßt sich diese Möglichkeit, mehrere Mittel als erforderlich zu bestimmen, auf den Umstand zurückführen, daß in der ersten Prüfungsstufe des Verhältnismäßigkeitsprinzips, dem Geeignetheitsgrundsatz, keine Unterscheidung danach getroffen zu werden braucht, in welchem Maße das angestrebte Ziel durch das Mittel erreicht wird.[39]

III. Grundsatz der Proportionalität[40]

Als drittes und letztes Glied einer Verhältnismäßigkeitsprüfung steht der Grundsatz der Proportionalität. Ist ein Mittel sowohl geeignet als auch erforderlich, so kann das Mittel dennoch unzulässig sein, wenn es zur Erreichung des verfolgten Zwecks ein zu hohes Opfer verlangt. Ob und wann diese „Opfergrenze" erreicht bzw. überschritten ist, beantwortet sich im Rahmen des Proportionalitätsgrundsatzes.

Für diesen Grundsatz sind in Rechtsprechung und Schrifttum wie auch in gesetzlichen Vorschriften vielfältige inhaltliche Beschreibungen gebräuchlich.[41] Nach der von der herrschenden Meinung bevorzugten Formulierung genügt ein Mittel dem Proportionalitätsgrundsatz, wenn es nicht außer Verhältnis zu dem angestrebten Zweck steht.[42] Damit wird die Proportionalität eines Mittels nicht positiv, sondern negativ bestimmt. Nicht das angemessene, optimale Zueinanderstehen wird gefordert, sondern das Fehlen einer Disproportion.[43]

---

[38] Vgl. *Hirschberg*, Verhältnismäßigkeit, S. 75.

[39] *Jakobs*, Verhältnismäßigkeit, S. 67.

[40] Als Synonyme für den Proportionalitätsgrundsatz sind in Rspr. und Lit. auch die Ausdrücke „Grundsatz der Verhältnismäßigkeit im engeren Sinne", „Angemessenheit" und „Übermaßverbot" gebräuchlich, s. hierzu *Hirschberg*, Verhältnismäßigkeit, S. 21 m. w. N. sowie *Jakobs*, Verhältnismäßigkeit, S. 102.

[41] Vgl. im einzelnen *Hirschberg*, Verhältnismäßigkeit, S. 75 f.; *Hotz*, Verhältnismäßigkeit, S. 17; *Jakobs*, Verhältnismäßigkeit, S. 13 f.

[42] BVerfGE 7, S. 377, 407; 25, S. 236, 247; 27, S. 211, 219; 39, S. 258, 270; 47, S. 239, 248. *Grabitz*, AÖR 98 (1973), S. 568, 575; *Gentz*, NJW 1968, S. 1600, 1604; *Bürck*, DÖV 1982, S. 223, 228; Drews/Wacke/Vogel/Martens, Gefahrenabwehr, S. 422. Zur Frage der praktischen Relevanz der Unterscheidung zwischen „einfachem" Mißverhältnis und evidentem, krassen Mißverhältnis von Mittel und Zweck s. *Langheineken*, Verhältnismäßigkeit, S. 6 f., 35 f.

Bei der Feststellung, ob das Mittel zum Zweck nicht außer Verhältnis steht, die Proportionalität des Mittels also zu bejahen ist, muß folgendes beachtet werden: Hinter den beiden für sich genommen inkommensurabelen Größen Mittel und Zweck[44] und deren Synonyme (Maßnahme – Ziel, Nachteil – Vorteil, Aufwand – Ertrag, Eingriff – Erfolg, Opfer – Gewinn, Schaden – Nutzen)[45] verbirgt sich ein durch gegensätzliche Positionen gekennzeichnetes Wertepaar.[46] Mit dem Begriff des Mittels werden diejenigen Interessen und Rechtsgüter der Betroffenen angesprochen, die durch den Einsatz des Mittels negativ berührt werden, während der Terminus Zweck die Interessen des Handelnden an der Durchführung der Maßnahme repräsentiert.[47] Der Mittel – Zweck – Relation bei der Proportionalität liegt also ein Spannungsverhältnis zwischen der Interessensphäre des Handelnden und der Interessensphäre der Betroffenen zugrunde.[48]

Die im Rahmen des Proportionalitätsgrundsatzes durchzuführende Lösung dieses Spannungsverhältnisses erfolgt – geht man von der ganz herrschenden Auffassung in Rechtsprechung und Wissenschaft aus – im Wege einer umfassenden Güter- und Interessenabwägung.[49] Die Interessen bzw. Rechtsgüter, zu deren Wahrung und Sicherung das Mittel eingesetzt wird, werden den von dem Mittel betroffenen Rechtsgütern und Interessen gegenübergestellt und gegeneinander ausgewogen. Ergibt sich, daß die von dem Mittel betroffenen Rechtsgüter und Interessen im Verhältnis zu den Interessen und Rechtsgütern, zu deren Wahrung und Förderung das Mittel eingesetzt wird, schwerer wiegen,[50] so ist das Mittel disproportional.[51] Die Proportionalitätsprüfung

---

[43] *Wellhöfer,* Übermaßverbot, S. 36; *Grabitz,* AÖR 98 (1973), S. 568, 576; *Hinkel,* NVwZ 1985 S. 225, 230; vgl. hierzu auch *Hirschberg,* Verhältnismäßigkeit, S. 92 ff. sowie *Hotz,* Verhältnismäßigkeit, S. 48.

[44] Zur nicht gegebenen Relationsfähigkeit der Größen Mittel und Zweck s. *Langheineken,* Verhältnismäßigkeit, S. 6; *Holzlöhner,* Verhältnismäßigkeit, S. 127 f.

[45] Zu weiteren Bezeichnungen der beiden im Rahmen der Proportionalität zu vergleichenden Größen s. *Jakobs,* Verhältnismäßigkeit, S. 15.

[46] *Degener,* Verhältnismäßigkeit, S. 32; s. auch *Jakobs,* Verhältnismäßigkeit, S. 20 f.; *Holzlöhner,* Verhältnismäßigkeit, S. 127.

[47] In diesem Sinne auf das Verhältnis Staat – Bürger bezogen *Degener,* Verhältnismäßigkeit, S. 32; *Jakobs,* Verhältnismäßigkeit, S. 20 f.

[48] In dieser Richtung auch *Hirschberg,* Verhältnismäßigkeit, S. 132.

[49] s. nur die Rspr. des BVerfG in BVerfGE 15, S. 226, 234; 16, S. 194, 202; 19, S. 342, 347; 20, S. 162, 213; 23, S. 50, 56; 24, S. 119, 146; 27, S. 211, 218 f.; 29, S. 312, 316 f.; 38, S. 26, 31 f.; 44, S. 353, 363 ff.; 51, S. 324, 346.

Aus dem Schrifttum vgl. *Hirschberg,* Verhältnismäßigkeit, S. 83 ff.; insb. die Nachw. in Fußn. 211; *Lerche,* Übermaß, S. 22; Alexy, Grundrechte, S. 100, 149 Fußn. 222; *Degener,* Verhältnismäßigkeit, S. 32; *Wellhöfer,* Übermaßverbot, S. 38; *Jakobs,* Verhältnismäßigkeit, S. 107 ff.; *Badura,* Staatsrecht, S. 85; *v. Krauss,* Verhältnismäßigkeit, S. 16; *Ress,* in: Kutscher u. a., Verhältnismäßigkeit, S. 5, 21; *Gern,* DÖV 1986, S. 462, 469; *Hinkel,* NVwZ 1985, S. 225, 230.

[50] Zu den vielfältigen sprachlichen Umschreibungen dieses Abwägungsergebnisses s. *H. Schneider,* Güterabwägung, S. 29. Als Synonyma gebräuchlich sind insb. die Sub-

erweist sich damit – bei genauerem Hinsehen – als ein spezieller Anwendungsfall des Prinzips der Güterabwägung.

Stellt sich die Proportionalitätskontrolle als Abwägungsvorgang dar, so muß – als Folge dieses Umstandes – auch sie die allgemeine Schwäche des Güterabwägungsverfahrens teilen. Das Verfahren der Güterabwägung gewährt – da weniger regelorientiert – dem Richter oder allgemein dem Abwägenden einen größeren Spielraum rechtlicher Eigenwertung bei seiner Entscheidung als etwa eine Subsumtion.[52] Mit dem größeren Wertungs- und Entscheidungsspielraum muß notwendigerweise als Schwachpunkt des Güterabwägungsverfahrens auch eine größere Rechtsunsicherheit einhergehen, was das Ergebnis der Abwägung anbelangt. Darüber herrscht heute sowohl bei den Kritikern als auch bei den Befürwortern des Konzepts der Güterabwägung weitgehender Konsens.[53]

Die bei der Proportionalitätsprüfung durchzuführende Interessen- und Rechtsgüterabwägung nun aber als Verfahren zu deuten, das rationaler und verbindlicher Maßstäbe entbehrt, wie dies verschiedentlich im Schrifttum getan wird,[54] überzeugt nicht. Wie vor allem Wendt[55] und Jakobs[56] überzeugend aufgezeigt haben, ist die korrekt vorgenommene Abwägung im Rahmen der Proportionalität nicht einfach eine Sache des Rechtsgefühls, ein rational überhaupt nicht einsichtig zu machender Vorgang.[57] Vielmehr kann mit Hilfe

stantive »Vorrang, Vorzug, höherer Rang, höheres Gewicht« mit ihren entsprechenden Adjektiven »vorrangig, höherrangig, höherwertig, überwiegend« sowie die ein Rangverhältnis ausdrückenden Verben »zurücktreten, zurückweichen, überwiegen«.

[51] Vgl. *Hirschberg,* Verhältnismäßigkeit, S. 132; *Holzlöhner,* Verhältnismäßigkeit, S. 127; Drews/Wacke/*Vogel*/Martens, Gefahrenabwehr, S. 390; s. ferner BVerfGE 44, S. 353, 373; 51, S. 324, 346.

BVerfGE 44, S. 353, 373 „Diese Grenzen sind durch Abwägung der in Betracht kommenden Interessen zu ermitteln. Führt diese zu dem Ergebnis, daß die dem Eingriff entgegenstehenden Interessen im konkreten Fall ersichtlich schwerer wiegen als diejenigen Belange, deren Wahrung die staatliche Maßnahme dienen soll, so verletzt der gleichwohl erfolgte Eingriff den Grundsatz der Verhältnismäßigkeit."

Die vom BVerfG gewählte Formulierung („... ersichtlich schwerer wiegen ...") dürfte lediglich eine sprachliche Zusammenfassung von Inhalt und gerichtlicher Nachprüfbarkeit des Proportionalitätsgrundsatzes darstellen. Zu der gebotenen Trennung von Inhalt und Nachprüfbarkeit s. *Langheineken,* Verhältnismäßigkeit, S. 7.

[52] *Hirschberg,* Verhältnismäßigkeit, S. 101; s. auch *Larenz,* Methodenlehre, S. 396 f.

[53] *Schwabe,* Grundrechtsdogmatik, S. 322; *Hubmann,* AcP 155 (1956), S. 85, 133 f.; *Hall/Peter,* JuS 1967, S. 355, 363; *F. Müller,* Normstruktur, S. 208; *Witt,* Verhältnismäßigkeitsgrundsatz, S. 28.

[54] s. etwa *Pieroth/Schlink,* Grundrechte, Rdnr. 332; *Eb. Schmidt,* NJW 1969, S. 1137, 1141 f. – Kritisch zum allg. Konzept der Abwägung insb. *F. Müller,* Einheit, S. 199; *ders.,* Normstruktur, S. 208 sowie *Wolf,* Allgemeiner Teil, S. 83 ff.

[55] AÖR 104 (1979), S. 414, 457 ff.

[56] Verhältnismäßigkeit, S. 20 ff.

[57] s. allg. zur rationalen Erfaßbarkeit des Abwägungsvorganges *Alexy,* Grundrechte, S. 143 ff.; *Larenz,* Methodenlehre, S. 388 ff.; *Gern,* DÖV 1986, S. 462, 463 ff.

verschiedener Abwägungskriterien der Vorgang der Abwägung durchaus rational determiniert und auch kontrolliert werden.[58]

IV. Gegenüberstellung und Vergleich der Teilgrundsätze

Aus den vorangegangenen Ausführungen läßt sich eines unschwer erkennen: Die Grundsätze der Geeignetheit, der Erforderlichkeit und der Proportionalität stehen nicht beziehungslos nebeneinander, sondern es bestehen zwischen ihnen nicht zu übersehende Bezüge.

Sowohl der Erforderlichkeitsgrundsatz als auch der Grundsatz der Proportionalität bauen auf dem Gebot der Geeignetheit auf. Im Vordergrund jeder Verhältnismäßigkeitsprüfung steht deshalb zunächst die Frage, ob das Gebot der Geeignetheit beachtet worden ist, d. h., ob das Mittel für die Zweckverfolgung tauglich ist. Kennzeichnend für die Geeignetheitsprüfung ist ein sachlich zweckorientiertes Kalkulieren, das die tangierten Interessen der Betroffenen nicht berücksichtigt.[59]

Demgegenüber rücken die Belange der Betroffenen bei dem Erforderlichkeitsgrundsatz in den Blickpunkt, insoweit als die Eingriffsintensität in die Sphäre der Betroffenen beleuchtet wird. Da aber der Erforderlichkeitsgrundsatz nicht sämtliche in Betracht kommende geeignete Mittel ohne Rücksicht auf deren Eignungsgrad, sondern nur *gleich* geeignete Mittel auf ihre Belastungsintensität für die Betroffenen hin vergleicht, können die Interessen der Betroffenen (im Wege der Ermittlung des Interventionsminimums) nur dann zur Geltung kommen, wenn feststeht, daß zumindest zwei gleich geeignete Mittel existent sind. Steht kein weiteres zumindest gleich geeignetes Alternativmittel zur Auswahl, so entfällt auch ein Vergleich mehrerer Mittel im Hinblick auf die Belastungsintensität für die Betroffenen. Die Interessen der Betroffenen werden in diesem Fall im Rahmen des Erforderlichkeitsgrundsatzes dann nicht relevant und erfahren somit auch keinen Schutz.

Die sich an den Erforderlichkeitstest anschließende Prüfung der Proportionalität wird bestimmt durch eine abwägende Bewertung der einander widerstreitenden Interessen des Handelnden und der Betroffenen. Hier werden die Interessen der von dem Mittel Betroffenen stets und umfassend berücksichtigt.

Zu Beginn dieses zweiten Teils der Untersuchung wurde die in den letzten Jahrzehnten kontinuierlich erfolgende Erweiterung des sachlichen Anwendungsbereichs des Grundsatzes der Verhältnismäßigkeit ausgehend vom Polizeirecht umrissen. Soll ein zutreffendes Bild des Verhältnismäßigkeitsgrundsatzes in unserer Rechtsordnung gezeichnet werden, so darf am Ende dieses

---

58 Zu den Einzelheiten s. u. 3. Teil D. III. 4. d).

59 *Degener*, Verhältnismäßigkeit, S. 38.

Abschnittes nicht unerwähnt bleiben, daß mit der zunehmenden Verwendung des Grundsatzes in Gesetzgebung, Judikatur und Schrifttum auch die Zahl derjenigen Stimmen gewachsen ist, die sich besorgt, skeptisch oder ablehnend zum Verhältnismäßigkeitsprinzip äußern.[60] Ein seit Jahren aktuelles Beispiel hierfür ist die von der Rechtsprechung des Bundesarbeitsgerichts propagierte Anwendung des Verhältnismäßigkeitsgrundsatzes als Rechtmäßigkeitsmaßstab für Arbeitskampfmaßnahmen.

---

60 Vgl. dazu m. w. N. *Hirschberg,* Verhältnismäßigkeit, S. 208 ff.; ferner *Ress,* in: Kutscher u. a., Verhältnismäßigkeit, S. 5, 33 ff.; *Witt,* Verhältnismäßigkeitsgrundsatz, S. 171; *Gentz,* NJW 1968, S. 1600, 1601. s. auch die Bemerkungen zum Verhältnismäßigkeitsgrundsatz von *Götz,* NVwZ 1984, S. 211, 215 („ . . . die Funktion des rechtsstaatlichen ‚Allesklebers' . . .") und von *Sendler,* UPR 1983, S. 33, 34 („allseits einsatzbereite Wunderdroge und Vielzweckwaffe").

3. Teil

Der Grundsatz der Verhältnismäßigkeit als Rechtmäßigkeitsmaßstab für Arbeitskampfmaßnahmen

Die Verwendung des Verhältnismäßigkeitsgrundsatzes als Rechtmäßigkeitsmaßstab für Arbeitskampfmaßnahmen ist auf vielfältige und heftige Kritik gestoßen, auf die im weiteren Verlauf der Arbeit noch näher einzugehen sein wird. Angezeigt erscheint es aber bereits vorher, an dieser Stelle, eine Abgrenzung und zugleich auch Klarstellung vorzunehmen, die für eine sorgfältige juristische Durchleuchtung des Verhältnismäßigkeitsprinzips im Arbeitskampfrecht unerläßlich ist, ohne die eine Darstellung dieses Prinzips im Arbeitskampfrecht nur allzu leicht zu entgleisen droht.

A. Die Abgrenzung zum Verhältnismäßigkeitsgrundsatz als Rechtmäßigkeitskriterium für staatliches Handeln

Es wurde bereits hervorgehoben, daß der Grundsatz der Verhältnismäßigkeit Verfassungsrang besitzt, damit Teil der Verfassung ist.[1] Da alle Staatsorgane, sei es der Legislative, der Exekutive oder der Judikative verpflichtet sind, bei ihrer gesamten Tätigkeit die Verfassung zu beachten (vgl. Art. 20 Abs. 3 GG), haben demzufolge auch alle Staatsorgane den vom Bundesverfassungsgericht[2] als übergreifende Leitregel allen staatlichen Handelns apostrophierten Grundsatz der Verhältnismäßigkeit einzuhalten.

Die Bindung des Staates in allen seinen Funktionen an das Verhältnismäßigkeitsprinzip bedeutet für den Bereich des gesetzlich nicht kodifizierten Arbeitskampfrechts, daß die mit den Rechtsproblemen des Arbeitskampfes primär befaßten Gerichte, voran das Bundsarbeitsgericht, ihr Handeln an dem Grundsatz der Verhältnismäßigkeit auszurichten haben, wollen sie sich nicht dem Vorwurf rechtswidrigen Handelns aussetzen.[3]

Hat das Bundesarbeitsgericht beispielsweise darüber zu entscheiden, ob das Kampfmittel der Aussperrung zulässig ist oder eine bestimmte Streikform, etwa der Warnstreik, rechtens ist oder, um ein weiteres Beispiel zu nennen,

---

[1] s. oben 2. Teil A. III.

[2] BVerfGE 23, S. 127, 133; 38, S. 348, 368.

[3] s. auch *Konzen/Scholz,* DB 1980, S. 1593, 1597; ferner *Schmidt-Preuß,* BB 1986, S. 1093, 1096 Fußn. 41.

eine ganz bestimmte eingesetzte Arbeitskampfmaßnahme rechtswidrig war, so hat das Gericht in allen drei Fällen bei seiner Entscheidung das Verhältnismäßigkeitsprinzip zu beachten.

Damit erlangt der Grundsatz der Verhältnismäßigkeit Bedeutung im Arbeitskampfrecht, soweit er sich als Rechtmäßigkeitsgebot an den Staat und dessen Organe richtet. Man kann demnach, ohne in die Gefahr zu geraten, Widerspruch hervorzurufen, feststellen, daß der Verhältnismäßigkeitsgrundsatz (in der gerade beschriebenen Funktion) im Arbeitskampfrecht gilt.

Von der Verwendung des Grundsatzes als Rechtmäßigkeitsgebot für staatliches Handeln ist gedanklich die kontrovers diskutierte Verwendung des Verhältnismäßigkeitsprinzips als Rechtmäßigkeitsmaßstab für Arbeitskampfmaßnahmen zu trennen. Hier soll sich der Grundsatz als Rechtmäßigkeitsgebot nicht an den Staat, sondern an die privaten Kampfparteien richten; nichtstaatliches, privates Agieren soll den Anforderungen des Verhältnismäßigkeitsgrundsatzes entsprechen. Ob der Verhältnismäßigkeitsgrundsatz auch in dieser Funktion im Bereich des Arbeitskampfrechts Geltung beanspruchen kann, wird im Rahmen dieser Untersuchung an späterer Stelle noch ausführlich zu klären sein.

Die damit zutage getretene Differenzierung beim Verhältnismäßigkeitsgrundsatz im Bereich des Arbeitskampfrechts wird bislang vor allem in der Rechtsprechung, aber auch in der rechtswissenschaftlichen Literatur, zu wenig herausgestellt.[4] Soweit hier überhaupt eine Differenzierung vorgenommen wird, erfolgt sie mehrheitlich mit Hilfe des von Seiter für das Arbeitskampfrecht geprägten Begriffspaares öffentlich-rechtlicher und privatrechtlicher Verhältnismäßigkeitsgrundsatz.[5] Adressat des sog. öffentlich-rechtlichen Verhältnismäßigkeitsgrundsatzes bzw. des öffentlich-rechtlichen Übermaßverbotes ist danach der Staat. Der öffentlich-rechtliche Grundsatz der Verhältnismäßigkeit soll den Gesetzgeber und die Rechtsprechung bei der Ausgestaltung von Arbeitskampfmitteln und Kampfregeln gegenüber den Koalitionen festlegen. Das privatrechtliche Übermaßverbot soll sich hingegen an die Kampfparteien richten und deren Kampfbefugnisse und Schädigungseingriffe begrenzen.

Die von Seiter gewählte Terminologie ist aber leicht mißverständlich, erweckt sie doch den unzutreffenden Eindruck, es handele sich um zwei Verhältnismäßigkeitsgrundsätze,[6] tatsächlich existiert jedoch nur ein einziger Ver-

[4] Dieses Defizit bemängelt auch *Seiter,* Streikrecht, S. 148; *ders.,* AfP 1985, S. 186, 192.

[5] *Seiter,* Streikrecht, S. 148 ff.; *ders.,* RdA 1981, S. 65, 76. Die Terminologie von Seiter übernehmen *Scholz/Konzen,* Aussperrung, S. 138; *dies.,* DB 1980, S. 1593, 1597; *Scholz,* SAE 1985, S. 33, 40; *Brodmann,* Arbeitskampf, S. 103; *Kalb,* Arbeitskampfrecht, Rdnr. 118 f.; *Binkert,* Boykottmaßnahmen, S. 148 f.; *ders.,* AuR 1979, S. 234, 240 f.

[6] So offenbar *Scholz/Konzen,* Aussperrung, S. 138.

hältnismäßigkeitsgrundsatz, der verschiedene Adressaten (Staat – Kampfparteien) verpflichtet und deshalb zwei Anwendungsformen kennt. Um Mißverständnisse bei den weiteren Ausführungen zu vermeiden, soll daher die Terminologie von Seiter nicht übernommen werden.[7]

Müssen die beiden gerade genannten Anwendungsformen des Verhältnismäßigkeitsgrundsatzes im Arbeitskampfrecht zwar gedanklich auseinandergehalten werden, so bedeutet dies andererseits nicht, daß sie beziehungslos nebeneinander stünden. Vielmehr bestehen zwischen dem Verhältnismäßigkeitsgrundsatz als staatlichem Rechtmäßigkeitsgebot und seiner Verwendung als Rechtmäßigkeitsmaßstab für Arbeitskampfmaßnahmen wichtige Verbindungslinien, die bei der nachfolgenden Darstellung des Grundsatzes als Rechtmäßigkeitskriterium für Arbeitskampfmaßnahmen deutlich werden sollen.[8]

Die Verwendung des Verhältnismäßigkeitsprinzips in letzterer Funktion stellt sich als komplexe Problematik dar. Deshalb erscheint es geboten, sich dieser Problematik in mehreren Schritten zu nähern. Zunächst soll schlaglichtartig durch eine Bestandsaufnahme die Funktion des Grundsatzes der Verhältnismäßigkeit als Zulässigkeitsmaßstab für Arbeitskampfmaßnahmen erhellt werden. Zweck dieser Bestandsaufnahme ist es, einerseits einen gerafften Überblick über die Entwicklung dieses Grundsatzes im Arbeitskampfrecht zu erhalten, andererseits große Problem- und Fragenkreise herauszufiltern, um diese im Anschluß an die Bestandsaufnahme sodann vertiefend zu erörtern.

B. Der Verhältnismäßigkeitsgrundsatz und seine Entwicklung im Arbeitskampfrecht bis heute

I. Der Grundsatz der Verhältnismäßigkeit in der Rechtsprechung bis 1971

Erste Hinweise auf die „Verhältnismäßigkeit“ einer Arbeitskampfmaßnahme lassen sich bereits in der Rechtsprechung des Reichsgerichts und des Reichsarbeitsgerichts finden. Beide Gerichte arbeiteten – wie bereits oben erwähnt[9] – bei der Beurteilung der Rechtmäßigkeit bzw. Rechtswidrigkeit von Arbeitskampfmaßnahmen mit dem Maßstab der „guten Sitten“ i. S. d. § 826 BGB. Danach hing die Sittenwidrigkeit einer Kampfmaßnahme unter ande-

---

[7] Im übrigen s. zur Heranziehung des „öffentlich-rechtlichen Verhältnismäßigkeitsgrundsatzes“ durch die Lit. bei der Frage der Zulässigkeit eines Arbeitskampfmittels als solches unten 3. Teil D. I. 1.

[8] Die Verbindungslinien werden klar gekennzeichnet von *Konzen/Scholz,* DB 1980, S. 1593, 1597; s. auch *Seiter,* RdA 1981, S. 65, 76 u. *Scholz,* SAE 1985, S. 33, 40.

[9] s. Einleitung.

rem davon ab, ob der dem Gegner durch das Druckmittel zugefügte Nachteil zu dem angestrebten Vorteil „in einem nicht erträglichen Mißverhältnis" stand.[10]

1955 wurde in dem für das moderne Arbeitskampfrecht grundlegenden Beschluß des Großen Senats des Bundesarbeitsgerichts auf den Begriff der „Unverhältnismäßigkeit von Mittel und Ziel" beim sozialinadäquaten Arbeitskampf bezug genommen.[11]

II. Der Beschluß des Großen Senats des BAG v. 21. 4. 1971 und die Reaktionen

Als eigentliche „Geburtsstunde" des Grundsatzes der Verhältnismäßigkeit im Arbeitskampfrecht wird allgemein aber erst der Beschluß des Großen Senats vom 21. 4. 1971[12] angesehen. Hier wurde nämlich erstmalig in der Rechtsprechung der Verhältnismäßigkeitsgrundsatz als eigenes selbständiges und zentrales Rechtmäßigkeitskriterium für Arbeitskämpfe herausgestellt.[13]

1. Der Beschluß

Die entscheidende Passage der breit angelegten Entscheidung lautet:[14]

> „Arbeitskämpfe müssen zwar nach unserem freiheitlichen Tarifvertragssystem möglich sein, um Interessenkonflikte über Arbeits- und Wirtschaftsbedingungen im äußersten Fall austragen und ausgleichen zu können. In unserer verflochtenen und wechselseitig abhängigen Gesellschaft berühren aber Streik wie Aussperrung nicht nur die am Arbeitskampf unmittelbar Beteiligten, sondern auch Nichtstreikende und sonstige Dritte sowie die Allgemeinheit vielfach nachhaltig. Arbeitskämpfe müssen deshalb unter dem obersten Gebot der Verhältnismäßigkeit stehen. Dabei sind die wirtschaftlichen Gegebenheiten zu berücksichtigen, und das Gemeinwohl darf nicht offensichtlich verletzt werden."

Anschließend versuchte das Gericht die Relevanz des Verhältnismäßigkeitsgrundsatzes für den Arbeitskampf in drei Punkten zu präzisieren:[15]

---

[10] RGZ 104, S. 327, 330; 119, S. 291, 294; RAG, ARS 8, S. 266, 269.

[11] BAGE 1, S. 291, 300 = AP Nr. 1 zu Art. 9 GG Arbeitskampf. Zu Inhalt und Bedeutung dieser Entscheidung vgl. rückblickend *Schwerdtner,* Jura 1985, S. 19 ff.

[12] BAGE 23, S. 292 = AP Nr. 43 zu Art. 9 GG Arbeitskampf = EzA Art. 9 GG Nr. 6 = NJW 1971, S. 1668 = DB 1971, S. 1061 = BB 1971, S. 701.

[13] Darüber hinaus wird hier der Grundsatz der Verhältnismäßigkeit in einem umfassenden Sinne, nämlich als Sammelbegriff für Geeignetheit, Erforderlichkeit und Verhältnismäßigkeit i. e. S. (Proportionalität) verwendet.

[14] AP Nr. 43 zu Art. 9 GG Arbeitskampf, Bl. 309 R (unter III. A. 1.).

[15] AP Nr. 43 zu Art. 9 GG Arbeitskampf, Bl. 309 R, 310 (unter III. A. 2.).

Arbeitskämpfe dürften nur insoweit eingeleitet und durchgeführt werden, als sie zur Erreichung rechtmäßiger Kampfziele und des nachfolgenden Arbeitsfriedens geeignet und sachlich erforderlich seien. Jede Arbeitskampfmaßnahme dürfe nur nach Ausschöpfung aller Verständigungsmöglichkeiten ergriffen werden; der Arbeitskampf müsse also das letzte mögliche Mittel (ultima ratio) sein. Deshalb sei auch ein Schlichtungsverfahren erforderlich.

Die Mittel des Arbeitskampfes dürften nach ihrer Art nicht über das hinausgehen, was zur Durchsetzung des erstrebten Ziels jeweils erforderlich sei. Das Prinzip der Verhältnismäßigkeit betreffe also nicht nur den Zeitpunkt und das Ziel, sondern auch die Art der Durchführung und die Intensität des Arbeitskampfes. Der Arbeitskampf sei nur rechtmäßig, wenn und solange er nach den Regeln eines fairen Kampfes geführt werde. Ein Arbeitskampf dürfe nicht auf die Vernichtung des Gegners abzielen, sondern er habe den gestörten Arbeitsfrieden wiederherzustellen.

Nach Beendigung des Arbeitskampfes müßten beide Parteien dazu beitragen, daß sobald wie möglich und in größtmöglichem Umfang der Arbeitsfriede wiederhergestellt werde.

Hinsichtlich der Aussperrung zog das Gericht aus dem Verhältnismäßigkeitsgrundsatz den Schluß, Aussperrungen seien grundsätzlich zulässig, regelmäßig aber nur mit Suspensivwirkung, lediglich in Ausnahmefällen unter bestimmten, erschwerten Voraussetzungen dagegen lösend.[16]

2. Die Reaktionen

Der Beschluß des Großen Senats löste eine fast unüberschaubare Flut von Bemerkungen, Äußerungen und Stellungnahmen zum Verhältnismäßigkeitsgrundsatz und dessen Bedeutung im Arbeitskampfrecht aus.

a) Stimmen der Gewerkschaften

Bei den Gewerkschaften stieß das vom Bundesarbeitsgericht postulierte Gebot der Verhältnismäßigkeit von Arbeitskämpfen auf heftigen Widerstand. Als Beleg hierfür stehen die nachfolgenden Zitate.

Der damalige Vorsitzende der IG Metall, Loderer, sagte in seinem Schlußwort auf der von seiner Gewerkschaft 1973 in München veranstalteten wissenschaftlichen Tagung über das Thema „Streik und Aussperrung“:

> „Eine Reihe von Diskussionsbeiträgen und Referaten hat mich erneut in der Feststellung bestärkt, daß es völlig unannehmbar ist, wenn etwa Gerichte versuchen sollten, unter Berufung auf einen angeblichen Verhältnismäßigkeitsgrundsatz, gewerkschaft-

---

[16] Unter III. B. 1., C. und D.

liche Rechte einzuschränken ... Dies ist eine Formel, für deren Begründung nichts als das politische Wollen ihrer Erfinder steht. Ich wage auch zu bezweifeln, ob dies mit der Verfassungsgarantie gewerkschaftlicher Handlungsfreiheit zu vereinbaren ist."[17]

Der 11. Ordentliche Gewerkschaftstag der IG Metall verabschiedete 1974 einstimmig eine Entschließung, in der es heißt:

„Das Bundesarbeitsgericht hat einen Verhältnismäßigkeitsgrundsatz konstruiert und zur Richtschnur von Arbeitskämpfen gemacht. Damit ist eine Öffnung geschaffen worden, mit deren Hilfe praktisch jeder Streik verboten werden könnte, der Unternehmerinteressen ernsthaft bedroht oder dessen Ziele nicht mit der regierungsamtlichen Wirtschaftspolitik übereinstimmen. Darin liegt eine unannehmbare Beschränkung gewerkschaftlicher Handlungsfreiheit. Die Arbeitsgerichte und insbesondere das Bundesarbeitsgericht werden aufgefordert, diesen Grundsatz aufzugeben ..."[18]

In ähnlicher Weise äußerte sich auch der Justitiar der IG Metall, Kittner. Mit der Einführung des Verhältnismäßigkeitsgrundsatzes sei das Einfallstor geschaffen, um antigewerkschaftlichen Stabilitätspostulaten Geltung zu verschaffen.[19]

Um die gewerkschaftliche Meinungspalette abzurunden, sei hier noch auf zwei Anträge hingewiesen, die beide auf dem 9. Ordentlichen Bundeskongreß des Deutschen Gewerkschaftsbundes 1972 angenommen wurden.

In der Begründung des von der Gewerkschaft Handel, Banken und Versicherungen gestellten Antrages Nr. 180, Betreff Sicherung des Grundrechts der Koalitionsfreiheit, heißt es unter anderem:

„Darüber hinaus soll der verfassungsmäßige Grundsatz der Verhältnismäßigkeit, der bisher immer nur auf staatliche Maßnahmen Anwendung gefunden hat, um Freiheitsrechte gegen Eingriffe des Staates zu sichern, auf eben die Ausübung solcher Freiheitsrechte Anwendung finden. Damit wird in Verkehrung der bisherigen Rechtslage ein Grundsatz der Verteidigung der Freiheitsrechte zu einem Prinzip, das auf Einengung von Freiheitsrechten hinzielt. Solchen Tendenzen muß konsequent entgegengetreten werden."

In der von der IG Chemie – Papier – Keramik eingebrachten Entschließung Nr. 181, Betr. Rechtsprechung über Arbeitskampfmaßnahmen, steht zu lesen:

„Indem der Große Senat Arbeitskampfmaßnahmen unter das Gebot der Verhältnismäßigkeit stellt und sich selbst für berufen hält, die Einhaltung dieses Gebotes nachzuprüfen, werden in einem gefährlichen Maße Tür und Tor geöffnet für die Aushöhlung der Koalitionsfreiheit."[20]

---

[17] *Loderer,* in: Kittner, Streik und Aussperrung, S. 551.

[18] Abgedruckt in RdA 1974, S. 372.

[19] GewMH 1973, S. 400, 403.

[20] Zur grundsätzlichen Kritik der Gewerkschaften an dem Grundsatz der Verhältnismäßigkeit s. auch die angenommenen Anträge Nr. 179 auf dem 10. sowie Nr. 232 auf dem 11. Ordentlichen Bundeskongreß des DGB 1975 bzw. 1978.

b) Schrifttum

Im Schrifttum rief die Statuierung des Verhältnismäßigkeitsgrundsatzes als zentraler Rechtmäßigkeitsmaßstab für Arbeitskämpfe neben prinzipiell befürwortenden Stimmen vor allem kritische Stimmen hervor. Die Kritik aus der Literatur blieb dabei aber nicht auf diejenigen Autoren beschränkt, die generell der Rechtsprechung des Bundesarbeitsgerichts ablehnend gegenüberstehen. Im Gegenteil, die Einführung des Verhältnismäßigkeitsprinzips durch das Bundesarbeitsgericht ließ sogar Kritik aus den Reihen der Richterschaft laut werden. So lehnte der Präsident des Landesarbeitsgerichts Frankfurt und vormalige Richter am Bundesarbeitsgericht, Hans G. Joachim, die Einführung des Verhältnismäßigkeitsgrundsatzes in das Arbeitskampfrecht als rechtsdogmatisch nicht deduktiv ableitbar ab.[21]

Vor allem in den ersten Jahren nach dem Beschluß des Großen Senats wurde vehement die Frage diskutiert, ob der Verhältnismäßigkeitsgrundsatz als Rechtmäßigkeitskriterium für Arbeitskämpfe im Arbeitskampfrecht überhaupt Geltung beanspruchen könne[22] oder ob nicht vielmehr das Gericht den Grundsatz unzulässigerweise in das Arbeitskampfrecht eingeführt habe.[23] Hier überwogen – jedenfalls am Anfang der Diskussion – die kritischen und skeptischen Stimmen. Man warf etwa dem Bundesarbeitsgericht vor, es habe den Anwendungsbereich des Verhältnismäßigkeitsgrundsatzes unzulässigerweise überdehnt, weil der Grundsatz zu seiner Anwendung das Bestehen eines Subordinationsverhältnisses zwischen den Beteiligten voraussetze, ein solches Über-Unterordnungsverhältnis aber im Arbeitskampfrecht oder jedenfalls beim Streik nicht gegeben sei.[24] Weiterhin wurde von seiten der Kritiker vorgebracht, die Unterwerfung unter den Grundsatz der Verhältnismäßigkeit

---

[21] *Joachim,* AuR 1973, S. 289, 292; ähnlich auch der Präsident des LAG Schleswig-Holstein, *Zitscher,* AuR 1977, S. 65, 70; vgl. weiterhin *ders.,* DB 1983, S. 1285, 1287 ff.; kritisch zum Rechtmäßigkeitsmaßstab der Verhältnismäßigkeit im Arbeitskampfrecht ebenfalls der Vors. Richter am LAG Berlin, *Germelmann,* Geschichte des Streikrechts, S. 56 sowie der Richter am ArbG *Hässler,* zitiert bei Becker, SchlHA 1977, S. 161, 166.

[22] Die Geltung des Verhältnismäßigkeitsprinzips im Arbeitskampfrecht bejahend aus dem Schrifttum (1971-1979): *Löwisch,* ZfA 1971, S. 319, insb. S. 323 ff.; *Reuter,* JuS 1973, S. 284; *ders.,* RdA 1975, S. 275, 279 ff.; *ders.,* Festschrift Böhm, S. 521, 547 ff.; *ders.,* ZfA 1974, S. 235, 257; *Seiter,* Streikrecht, S. 146 ff.; *ders.,* Übermaßverbot, S. 88 ff.; *Rüthers,* ArbRGegw 10 (1972), S. 23, 31 f.; *Richardi,* NJW 1978, S. 2057 ff.; *Isele,* Festschrift Schnorr von Carolsfeld, S. 219, 228 ff.; *Mayer-Maly,* DB 1979, S. 95, 99 f.; *Rodenbeck,* Streiks, S. 76 ff.

[23] In diesem Sinne aus dem Schrifttum (1971-1979): *Däubler/Hege,* Koalitionsfreiheit, S. 111 f.; *Däubler,* JuS 1972, S. 642, 643 f.; *Säcker,* GewMH 1972, S. 287, 296 ff.; *Klein,* Koalitionsfreiheit, S. 67 ff.; *Auffermann,* Verhältnismäßigkeit, S. 187 ff.; *Wolter,* in: Bieback u. a., Streikfreiheit, S. 224, 235 ff.

[24] *Joachim,* AuR 1973, S. 289, 292; *Wohlgemuth,* Staatseingriff, S. 104; *Wolter,* in: Bieback u. a., Streikfreiheit, S. 224, 237 f.; *Auffermann,* Verhältnismäßigkeit, S. 188 f., 207; *Zitscher,* AuR 1977, S. 65, 70; *Bobke/Grimberg,* Warnstreik, S. 135, 137, 140.

schränke die grundgesetzliche Streikgarantie ohne jeglichen Anhaltspunkt in der Verfassung ein, dies sei nicht zu rechtfertigen.[25] Häufig wurde dem Bundesarbeitsgericht in diesem Zusammenhang auch ein dogmatisches Fehlverständnis des Verhältnismäßigkeitsprinzips bescheinigt: Der Verhältnismäßigkeitsgrundsatz diene der Abwehr von Grundrechtsbeschränkungen, das Gericht verwende ihn statt dessen gerade umgekehrt als Mittel der Grundrechtsbeschränkung.[26]

Neben der Geltung wurde noch ein zweiter großer Problemkreis heftig diskutiert – die Praktikabilität des Verhältnismäßigkeitsgrundsatzes als Rechtmäßigkeitskriterium für Arbeitskämpfe. Diese stand – und steht heute noch – im Kreuzfeuer der Kritik. Im Begriff der Verhältnismäßigkeit sei objektiv die Gefahr der Tarifzensur durch die Gerichte angelegt.[27] Der Grundsatz der Verhältnismäßigkeit suggeriere eine Inhaltlichkeit, die er nicht besitze.[28] Das Bundesarbeitsgericht hantiere mit einer rechtsleeren „Verhältnismäßigkeit".[29] Das Gericht habe einer Generalklausel Einlaß in das Arbeitskampfrecht verschafft, die wegen ihrer Weite zu einer bei Arbeitskämpfen äußerst gefährlichen Rechtsunsicherheit führe.[30] Der Grundsatz der Verhältnismäßigkeit erlaube es angesichts seiner Konturlosigkeit, als spanische Wand für praktisch jedes gewünschte Ergebnis zu dienen.[31] Die Generalklausel des Verhältnismäßigkeitsprinzips gebe den Tarifpartnern nur Steine statt Brot.[32] Im Schrifttum wurde auch die abfällige Frage aufgeworfen, ob es sich bei dem Übermaßverbot um die wissenschaftliche Bezeichnung der „Hutschnurtheorie" handele, nach der alles nicht mehr erlaubt sei, was über die Hutschnur gehe.[33]

---

[25] *Schumann,* in: Däubler, Arbeitskampfrecht, Rdnr. 200.

[26] So insb. *Säcker,* GewMH 1972, S. 287, 296 ff.; *ders.,* ArbRGegw 12 (1974), S. 17, 43 f.; *ders.,* Rechtmäßigkeit des Boykotts, S. 25 ff.

[27] So *Schumann,* in: Däubler, Arbeitskampfrecht, Rdnr. 202. Die Gefahr einer Tarifzensur durch den Verhältnismäßigkeitsgrundsatz betonen ferner *Reuß,* AuR 1971, S. 353, 355 f.; *ders.* AuR 1975, S. 289, 290 ff.; *Däubler,* JuS 1972, S. 642; *Loos,* Arbeitskampfhilfeabkommen, S. 183.

[28] *Schumann,* in: Däubler, Arbeitskampfrecht, Rdnr. 202; *Weiss,* in: Dorndorf/Weiss, Warnstreiks, S. 81, 86; jüngst auch *Mayer-Maly,* Anm. zu BAG, AP Nr. 84 zu Art. 9 GG Arbeitskampf, Bl. 372 R.

[29] *Ridder,* Diskussionsbeitrag, in: Kittner, Streik und Aussperrung, S. 535; ähnlich *Wolf,* Aussperrung S. 328 „... das inhaltslose »Prinzip der Verhältnismäßigkeit« ...".

[30] *Däubler/Hege,* Koalitionsfreiheit, S. 111; *Schumann,* in: Däubler, Arbeitskampfrecht, Rdnr. 202; *Wolter,* in Bieback u. a., Streikfreiheit, S. 224, 232, 235; *Reuß,* AuR 1971, S. 353, 355. Die Rechtsunsicherheit im Zusammenhang mit dem Verhältnismäßigkeitsgrundsatz sprechen ferner an *Krejci,* Aussperrung, S. 138, 140; *Reuter,* Festschrift Böhm, S. 521, 552; *Blomeyer,* ZfA 1975, S. 243, 254; *Zöllner,* DB 1985, S. 2450, 2458.

[31] So *Grunsky,* ZRP 1976, S. 129, 131; ähnlich *Schumann,* in: Däubler, Arbeitskampfrecht, Rdnr. 202; *Zachert/Metzke/Hamer,* Aussperrung, S. 67; *Wolf,* Aussperrung, S. 328; *Buschmann,* BlStSozArbR 1981, S. 97, 100.

[32] *Raiser,* RdA 1987, S. 201, 208.

[33] *van Gelder,* AuR 1972, S. 97, 107.

Sogar G. Müller, der damalige Präsident des Bundesarbeitsgerichts, der selbst als Vorsitzender am Beschluß des Großen Senats maßgeblich mitgewirkt hatte, ließ durchblicken, daß der Verhältnismäßigkeitsgrundsatz nicht ohne weiteres ein praktikabler Rechtmäßigkeitsmaßstab für Arbeitskämpfe sei, wenn er davon sprach, daß die gegenwärtige Situation derjenigen vor 50 Jahren vergleichbar sei, als sich Rechtsprechung und Rechtswissenschaft anschickten, den im bürgerlichen Recht tragenden Grundsatz von Treu und Glauben zu typisieren, um dieses Rechtspostulat für die Praxis handlich und übersichtlich zu machen.[34]

III. Die weitere Diskussion in Rechtsprechung und Literatur bis heute

Bis heute ist die Diskussion um den Verhältnismäßigkeitsgrundsatz im Arbeitskampfrecht nicht zur Ruhe gekommen. Vielmehr wurde sie durch weitere Entscheidungen des Bundesarbeitsgerichts[35] und der Instanzgerichte,[36] die den Grundsatz als Rechtmäßigkeitsmaßstab für Arbeitskämpfe aufgriffen, immer wieder von neuem entfacht. Eine besondere Stellung unter diesen späteren Judikaten nehmen die Entscheidungen des 1. Senats des Bundesarbeitsgerichts vom 10. 6. 1980 ein.[37] Mit diesen Entscheidungen wurde nämlich ein weiterer Höhepunkt in der Kontroverse um das Verhältnismäßigkeitsprinzip erreicht.

Das Bundesarbeitsgericht hatte in diesen Entscheidungen über die Zulässigkeit von Aussperrungen in der Druckindustrie bzw. in der baden-württembergischen Metallindustrie 1978 zu befinden. Das Gericht hielt zwar die

---

[34] *G. Müller,* RdA 1971, S. 321, 323; dazu kritisch *Wolf,* Aussperrung, S. 334 f.

[35] BAG vom 26. 10. 1971 = BAGE 23, S. 484 = AP Nr. 44 zu Art. 9 GG Arbeitskampf; BAG vom 17. 12. 1976 = BAGE 28, S. 295 = AP Nr. 51 zu Art. 9 GG Arbeitskampf; BAG vom 12. 9. 1984 = BAGE 46, S. 322 = AP Nr. 81 zu Art. 9 GG Arbeitskampf; BAG vom 12. 3. 1985 = BAGE 48, S. 195 = AP Nr. 84 zu Art. 9 GG Arbeitskampf.

[36] Der Grundsatz der Verhältnismäßigkeit als Rechtmäßigkeitsmaßstab wird u. a. in folgenden instanzgerichtlichen Entscheidungen angesprochen: LAG Hamm, EzA Art. 9 GG Arbeitskampf Nr. 31, 39, 49; LAG Bad.-Würt., AuR 1974, S. 316; LAG Bad.-Würt., EzA Art. 9 GG Arbeitskampf Nr. 27; LAG Bad.-Würt., DB 1979, S. 455; LAG Bad.-Würt., DB 1982, S. 1409; LAG Schleswig-Holstein, EzA Art. 9 GG Arbeitskampf Nr. 29; ArbG Kassel, NJW 1979, S. 382; ArbG Düsseldorf, EzA Art. 9 GG Arbeitskampf Nr. 15; ArbG Stuttgart, DuR 1973, S. 416.

[37] Relevant im Zusammenhang mit dem Verhältnismäßigkeitsgrundsatz sind nur die Entscheidungen 1 AZR 822/79 = BAGE 33, S. 141 = AP Nr. 64 zu Art. 9 GG Arbeitskampf sowie 1 AZR 168/79 = BAGE 33, S. 185 = AP Nr. 65 zu Art. 9 GG Arbeitskampf, wobei sich die allgemeinen Ausführungen zum Verhältnismäßigkeitsgrundsatz in beiden Entscheidungen inhaltlich und auch nahezu wörtlich entsprechen. Die 3. Entscheidung v. 10. 6. 1980, 1 AZR 331/79 = AP Nr. 66 zu Art. 9 GG Arbeitskampf betraf das Problem der selektiven Aussperrung gewerkschaftlich organisierter Arbeitnehmer.

Abwehraussperrung als Kampfmittel für grundsätzlich zulässig, schränkte aber ihren Einsatz stark ein: räumlich grundsätzlich auf das umkämpfte Tarifgebiet, der Intensität nach auf maximal ein Viertel der Arbeitnehmer des Tarifgebietes, soweit nicht die Höchstgrenze von 50 % kampfbetroffener Arbeitnehmer überschritten wird.[38]

Diese vom Bundesarbeitsgericht aufgestellte „Quotenregelung", mit der das Gericht die Proportionalität von Abwehraussperrungen praktikabel zu konkretisieren suchte, war und ist heute noch ihrerseits Gegenstand einer zumeist kritischen Diskussion,[39] die „Quotenregelung" diente aber auch als Ausgangspunkt einer erneuten kontrovers geführten Diskussionsrunde um den Verhältnismäßigkeitsgrundsatz im Arbeitskampfrecht. Wieder wurde die Geltung dieses Grundsatzes von nicht wenigen Stimmen in Frage gestellt bzw. sogar verneint,[40] wenngleich mehrheitlich nun die Geltung des Verhältnismäßigkeitsprinzips für das Arbeitskampfrecht bejaht wurde.[41] Wieder stand die Frage der Brauchbarkeit des Verhältnismäßigkeitsgrundsatzes im Blickpunkt der Diskussion.[42] Deutlich beherrscht wurde dabei die Diskussion um Geltung und Praktikabilität des Grundsatzes durch den Austausch bereits bekannter Argumente; neue Überlegungen zum Verhältnismäßigkeitsgrundsatz traten demgegenüber in den Hintergrund.

Die Verzögerung eines Verfahrens brachte es mit sich, daß sich das Bundesarbeitsgericht nochmals nach 1980 mit der 1978 erfolgten Abwehraussperrung in der Druckindustrie zu beschäftigen hatte. Diese Entscheidung vom 12. 3. 1985[43] ist der bislang letzte Markstein in der Entwicklung des Verhältnismäßigkeitsgrundsatzes im Arbeitskampfrecht. Auch in diesem Judikat hielt das

---

[38] s. BAG, AP Nr. 64 zu Art. 9 GG Arbeitskampf, Bl. 924 ff.

[39] s. nur die Nachw. bei *Kalb,* Arbeitskampfrecht, Rdnr. 173. Zuletzt kritisch zur Quotenregelung *Zöllner,* DB 1985, S. 2450, 2458 f.; *Seiter,* AfP 1985, S. 186, 189 ff.; *Schmidt-Preuß,* BB 1986, S. 1093, 1097 f., sowie bemerkenswerterweise der damalige Vorsitzende des entscheidenden 1. Senats, *G. Müller,* Arbeitskampf, S. 167 f.

[40] Kritisch zur Geltung des Verhältnismäßigkeitsgrundsatzes aus dem Schrifttum (ab 1980): *Schumann,* in: Däubler, Arbeitskampfrecht, Rdnr. 199 ff.; *Bieback,* in: Däubler, Arbeitskampfrecht, Rdnr. 334; *Bobke/Grimberg,* Warnstreik, S. 131 ff., insb. S. 135; *Pfarr/Brandt,* AuR 1981, S. 325, 328 ff.; *Däubler,* Arbeitsrecht 1, S. 231 ff.; *Kittner,* in: Alternativkommentar, Art. 9 Abs. 3 GG, Rdnr. 66; *Wolf,* Aussperrung, S. 288 ff., insb. S. 298.

[41] Die Geltung des Verhältnismäßigkeitsprinzips im Arbeitskampfrecht bejahend aus dem Schrifttum (ab 1980): *Mayer-Maly,* ZfA 1980, S. 473, insb. S. 481 ff.; *Rüthers,* Aussperrung, S. 97 ff.; *Brodmann,* Arbeitskampf, S. 102 ff., insb. S. 105; *Dütz,* Anm. zu LAG Bad.-Württ., EzA Art. 9 GG Arbeitskampf Nr. 27; *Ammann,* Streikrecht, S. 29 ff.; *Scholz/Konzen,* Aussperrung, S. 135 ff.; *G. Müller,* Arbeitskampf, S. 273; *Brox/Rüthers,* Arbeitskampfrecht, Rdnr. 163, 192 ff.; *Loritz,* ZfA 1985, S. 185, 206 ff.; *Kalb,* Arbeitskampfrecht, Rdnr. 120; *Gamillscheg,* Arbeitsrecht II, S. 151 ff.; *v. Hoyningen-Huene,* JuS 1987, S. 505, 507.

[42] s. zu den Nachw. 3. Teil B. II. 2. b).

[43] AP Nr. 84 zu Art. 9 GG Arbeitskampf = EzA Art. 9 GG Arbeitskampf Nr. 58 = NJW 1985, S. 2548 = DB 1985, S. 1894.

Bundesarbeitsgericht ausdrücklich an dem Grundsatz der Verhältnismäßigkeit als Rechtmäßigkeitsmaßstab für Arbeitskämpfe fest.[44] Wie in seiner Entscheidung vom 10. 6. 1980 sah der 1. Senat des Bundesarbeitsgerichts die erfolgte bundesweite und unbefristete Abwehraussperrung als unverhältnismäßig und damit als rechtswidrig an. Anders als in der Entscheidung von 1980 begründet das Gericht die Unverhältnismäßigkeit aber nicht mehr unter Bezugnahme auf die Quotenregelung, sondern verweist darauf, daß „zwischen der Zahl der bestreikten Betriebe und der zum Streik aufgerufenen Arbeitnehmer einerseits und der Zahl der Arbeitnehmer, die nach dem Aussperrungsbeschluß ausgesperrt werden sollten, ... ein auffälliges Mißverhältnis" bestehe.[45] Damit scheint das Bundesarbeitsgericht in der Sache eine Abkehr von der Quotenregelung vollzogen zu haben.[46] Auch diese Entscheidung wird, wie die bereits vorliegenden Anmerkungen zu ihr zeigen,[47] die Kritik an dem Verhältnismäßigkeitsgrundsatz im Arbeitskampfrecht wohl kaum verstummen lassen. Ein Ende der Diskussion um den Grundsatz der Verhältnismäßigkeit als Rechtmäßigkeitsmaßstab scheint gegenwärtig nicht in Sicht.

C. Die Geltung des Grundsatzes der Verhältnismäßigkeit als Rechtmäßigkeitskriterium im Arbeitskampfrecht

I. Vorbemerkung

Die zurückliegende Bestandsaufnahme läßt zwei große Fragen- bzw. Problemkreise im Hinblick auf den Verhältnismäßigkeitsgrundsatz deutlich hervortreten. Da ist zum einen die Frage des „Ob": Kann das Verhältnismäßigkeitsprinzip überhaupt als Rechtmäßigkeitsmaßstab für Arbeitskampfmaßnahmen Geltung beanspruchen? Besitzt der Verhältnismäßigkeitsgrundsatz im Arbeitskampfrecht also die Funktion eines Rechtmäßigkeitskriteriums für Arbeitskämpfe? Zum anderen stellt sich die Frage des „Wie", die Frage nach Handhabung und Praktikabilität des Grundsatzes der Verhältnismäßigkeit im Arbeitskampfrecht. Kann der Grundsatz für das Arbeitskampfrecht praktikabel gehandhabt werden? Ist der Grundsatz ein brauchbares Rechtmäßigkeitsmerkmal für Arbeitskämpfe? Welche Probleme stellen sich bei seiner Anwendung im Bereich des Arbeitskampfrechts? Welchen Nutzwert bringt der Verhältnismäßigkeitsgrundsatz für die arbeitskampfrechtliche Praxis?

---

[44] s. unter II 2 b der Gründe.

[45] BAG, AP Nr. 84 zu Art. 9 GG Arbeitskampf, Bl. 370.

[46] So auch die Einschätzung von *Schmidt-Preuß,* BB 1986, S. 1093, 1098; zurückhaltender in der Beurteilung *Konzen,* SAE 1986, S. 57.

[47] s. *Mayer-Maly,* Anm. zu BAG, AP Nr. 84 zu Art. 9 GG Arbeitskampf; *Seiter,* AfP 1985, S. 186; *Schmidt-Preuß,* BB 1986, S. 1093; *Konzen,* SAE 1986, S. 57.

Die beiden hier kurz skizzierten Fragenkomplexe des „Ob“ und des „Wie“ sollen im Rahmen dieser Arbeit näher untersucht werden; dabei gilt es beide Fragenkreise im folgenden sorgfältig zu trennen,[48] erkennbar besitzt nämlich die Frage des „Ob“ eine logische Vorrangstellung gegenüber der Frage des „Wie“. Nur und erst dann, wenn die Geltung des Verhältnismäßigkeitsgrundsatzes als Richtschnur für Arbeitskämpfe bejaht worden ist, kann auf die logisch nachfolgende Frage des „Wie“ eingegangen werden.[49]

Das bedeutet für den Fortgang der Untersuchung, daß zunächst die Frage des „Ob“, also die Frage, ob der Verhältnismäßigkeitsgrundsatz im Arbeitskampfrecht Geltung beanspruchen kann, beleuchtet werden muß, bevor die Berechtigung besteht, auf die Frage des „Wie“ einzugehen; anderenfalls würden sich die Ausführungen zur Handhabung und Praktikabilität des Grundsatzes in dem hypothetischen, nicht abgesicherten Rahmen der Geltung des Verhältnismäßigkeitsgrundsatzes im Arbeitskampfrecht bewegen. Auch kann es nicht Sinn der Untersuchung sein, sich bei der Frage des „Ob“ mit der Feststellung zu begnügen, daß der Verhältnismäßigkeitsgrundsatz schon irgendwie gelte.[50] Vielmehr soll nachfolgend eine umfassendere konsistente Erörterung der arbeitskampfrechtlichen Geltung des Verhältnismäßigkeitsgrundsatzes als Rechtmäßigkeitsvoraussetzung für Arbeitskämpfe versucht werden.

II. Die Geltungsproblematik als Frage der Zulässigkeit richterlicher Rechtsfortbildung

Der Grundsatz der Verhältnismäßigkeit besitzt, obwohl im Grundgesetz nicht ausdrücklich genannt, Verfassungsrang.[51] Der Große Senat des Bundesarbeitsgerichts hat in seinem Beschluß vom 21. 4. 1971 diesem Verfassungsgrundsatz die Funktion eines Rechtmäßigkeitsmaßstabes für Arbeitskampfmaßnahmen zugewiesen. Ist dieser rechtsschöpferische Schritt des Gerichts rechtlich nicht zu beanstanden, so besitzt der Grundsatz der Verhältnismäßigkeit die Eigenschaft eines Rechtmäßigkeitsmerkmales für Arbeitskampfmaßnahmen, gilt mithin der Verhältnismäßigkeitsgrundsatz auch als Richtschnur für Arbeitskämpfe. Ist hingegen der im Beschluß von 1971 vollzogene Schritt

---

48 Sichtbar wird auch die Trennung der beiden Problemkreise bei BAG, AP Nr. 64 zu Art. 9 GG Arbeitskampf, unter B I 3 b: „Diese Feststellung läßt jedoch nicht den Schluß zu, daß das Übermaßverbot im Arbeitskampf keine Geltung beanspruchen könne. Es zeigt lediglich, daß eine schnelle und praktikable Konkretisierung unerläßlich ist.“

49 So erörtert *Auffermann,* der die Geltung des Grundsatzes als Rechtmäßigkeitsmaßstab für Arbeitskämpfe ablehnt, von seinem Standpunkt aus folgerichtig nicht mehr die praktische Handhabung des Verhältnismäßigkeitsgrundsatzes.

50 So aber *Zöllner,* Diskussionsbeitrag, ZfA 1980, S. 506; s. hierzu auch *Pfarr/ Brandt,* AuR 1981, S. 325, 326.

51 s. oben 2. Teil A. III.

des Gerichts seinerseits rechtlich unzulässig, so kann dem Verhältnismäßigkeitsgrundsatz auch nicht die Aufgabe eines Zulässigkeitsmaßstabes für Arbeitskämpfe zukommen, kann der Grundsatz demnach nicht im Arbeitskampfrecht als Rechtmäßigkeitskriterium für Arbeitskämpfe, insbesondere für Streik und Aussperrung, Geltung beanspruchen. Damit rückt die Frage der rechtlichen Zulässigkeit der Statuierung des allgemeinen Verfassungsgrundsatzes der Verhältnismäßigkeit als Rechtmäßigkeitsmaßstab für Arbeitskampfmaßnahmen in den Blickpunkt der Erörterung.

Eine tragfähige Beurteilung der Zulässigkeit dieses Schrittes setzt zunächst voraus, daß der bisher nicht näher qualifizierte „Schritt" des Großen Senats in rechtliche Kategorien eingeordnet wird. Hierzu ist eine Rückbesinnung auf die einleitenden Sätze dieser Arbeit hilfreich. Der Bereich des Arbeitskampfrechts ist weitestgehend gesetzlich nicht geregelt, er ist vielmehr ganz überwiegend richterrechtlich geprägt, d. h., die Gerichte, insbesondere das Bundesarbeitsgericht, waren und werden im Arbeitskampfrecht rechtsfortbildend tätig, indem sie statt des Gesetzgebers in diesem Rechtsbereich Regelungen treffen (sog. gesetzesvertretendes Richterrecht).[52] Das Arbeitskampfrecht stellt sich als ein besonders auffälliger Schauplatz richterlicher Rechtsfortbildung dar,[53] manche meinen sogar, es handele sich um ein Feld hypertropher Rechtsfortbildung.[54] Insbesondere die von der Rechtsprechung getroffenen Regelungen zur Entscheidung der Frage, welche Anforderungen an die Rechtmäßigkeit von Arbeitskämpfen gestellt werden können, sind, wie etwa Lieb[55] herausgestellt hat, als Akte richterlicher Rechtsfortbildung zu qualifizieren, da gerade in dieser für das Arbeitskampfrecht überaus bedeutsamen Frage der Gesetzgeber bis heute geschwiegen hat.

Diese Feststellung bedeutet für die hier relevante Statuierung des Verhältnismäßigkeitsgrundsatzes im Arbeitskampfrecht folgendes: Wenn der Große Senat des Bundesarbeitsgerichts in seinem Beschluß vom 21. 4. 1971 den Verfassungsgrundsatz der Verhältnismäßigkeit als Rechtmäßigkeitsvoraussetzung für Arbeitskämpfe installiert hat, so ist der Große Senat – methodisch gesehen – damit rechtsfortbildend tätig geworden. Die Einführung des Verhältnismäßigkeitsprinzips stellt sich mithin als ein Akt richterlicher Rechtsfortbildung dar. Dieser Befund hat für die Frage der Geltung des Verhältnismäßigkeitsgrundsatzes im Arbeitskampfrecht außerordentliche, nicht zu unterschätzende Bedeutung, denn mit ihm ist der Ansatzpunkt zur Lösung der Problematik um die arbeitskampfrechtliche Geltung des Verhältnismäßigkeitsprinzips gewonnen.

---

[52] s. dazu *Ipsen*, Richterrecht, S. 79 ff.

[53] *Badura*, Staatsrecht, S. 216.

[54] *Konzen*, AcP 177 (1977), S. 473, 479.

[55] Arbeitsrecht, S. 135; ferner *Säcker*, GewMH 1972, S. 287, 296.

Daß die Gerichte die Aufgabe und Befugnis zur Rechtsfortbildung besitzen, ist heute allgemein anerkannt[56] und wird für den Großen Senat des Bundesarbeitsgerichts ausdrücklich in § 45 Abs. 2 ArbGG hervorgehoben.[57] Aus diesem Umstand nun schließen zu wollen, daß damit zugleich auch die Geltung des Grundsatzes der Verhältnismäßigkeit als Rechtmäßigkeitskriterium im Arbeitskampfrecht zu bejahen sei, wäre jedoch vorschnell und unzutreffend. Genauso wie die grundsätzliche rechtliche Möglichkeit richterlicher Rechtsfortbildung anerkannt ist, so ist ebenfalls unbestritten, daß richterliche Rechtsfortbildung nicht unbeschränkt zulässig sein kann, sondern daß auch für diese Tätigkeit des Richters Grenzen der Zulässigkeit bestehen.[58] Nur wenn bei der Einführung des Verhältnismäßigkeitsgrundsatzes als Rechtmäßigkeitsmaßstab in das Arbeitskampfrecht diese noch zu bestimmenden Grenzen nicht überschritten worden sind, kann die Geltung des Grundsatzes für Arbeitskämpfe bejaht werden. Die Frage der Geltung des Verhältnismäßigkeitsgrundsatzes im Arbeitskampfrecht erweist sich damit letztlich als eine Frage der Zulässigkeit richterlicher Rechtsfortbildung, der sogleich nachzugehen sein wird.

In der Diskussion um den Verhältnismäßigkeitsgrundsatz im Arbeitskampfrecht wird zwar verschiedentlich die Einführung des Verhältnismäßigkeitsprinzips als Rechtmäßigkeitsmaßstab in das Arbeitskampfrecht als Akt richterlicher Rechtsfortbildung erkannt.[59] So spricht Ridder in grundsätzlicher Kritik gegenüber dem Beschluß des Großen Senats überzogen davon, daß die Anwendung des Verhältnismäßigkeitsgrundsatzes durch das Bundesarbeitsgericht im Arbeitskampfrecht keine legitime Rechtsfortbildung mehr sei, sondern zur Rechtsumbildung contra legem et constitutionem pervertiere.[60] Eine sich an die Erkenntnis des Rechtsfortbildungscharakters anschließende umfassende Prüfung der in Rede stehenden Rechtsfortbildung ist – soweit ersichtlich – bisher jedoch noch nicht versucht worden. Vielmehr werden nur allzu oft ungeordnet Argumente für und gegen den Verhältnismäßigkeitsgrundsatz ausgetauscht.

---

56 s. nur BVerfGE 34, S. 269, 287 f.; 49, S. 304, 318; 54, S. 100, 111 f.; 57, S. 220, 248; 65, S. 182, 190 f; 69, S. 188, 203; 69, S. 315, 371; ferner *Wank,* Rechtsfortbildung, S. 16.

57 Zur Rechtsfortbildungsbefugnis s. auch §§ 137 GVG, 11 Abs. 4 FGO, 11 Abs. 4 VwGO.

58 s. dazu BVerfGE 49, S. 304, 318.

59 s. *Reuß,* AuR 1975, S. 289, 290; *ders.,* AuR 1976, S. 97, 100; *Krejci,* Aussperrung, S. 140; *Konzen,* AcP 177 (1977), S. 473, 479; *van Gelder,* AuR 1972, S. 97, 106 f.; *Ihlefeld,* AuR 1978, S. 61; *Seiter,* Streikrecht, S. 151 f.; *ders.,* Übermaßverbot, S. 90; *ders.,* RdA 1981, S. 65, 76; *Randerath,* Kampfkündigung, S. 33 f.; *Lieb,* Arbeitsrecht, S. 135; *Loos,* Arbeitskampfhilfeabkommen, S. 170.

60 *Ridder,* Diskussionsbeitrag, in: Kittner, Streik und Aussperrung, S. 536.

III. Die Statuierung des Verhältnismäßigkeitsgrundsatzes als Akt zulässiger richterlicher Rechtsfortbildung

Ist im vorangegangenen festgestellt worden, daß die Geltung des Verhältnismäßigkeitsgrundsatzes in der Funktion eines Rechtmäßigkeitskriteriums für Arbeitskämpfe von der Zulässigkeit der vom Bundesarbeitsgericht vorgenommenen Rechtsfortbildung abhängig ist, so wird, um die Frage der Geltung des Grundsatzes im Arbeitskampfrecht einer Antwort zuzuführen, im folgenden der Rechtsfortbildungsakt „Statuierung des Verhältnismäßigkeitsprinzips als Rechtmäßigkeitsmaßstab für Arbeitskämpfe" auf seine rechtliche Zulässigkeit hin zu untersuchen sein.

1. Der Prüfungsmaßstab

Jede Überprüfung richterlicher Rechtsfortbildung bedingt, daß zunächst der Prüfungsmaßstab festgelegt wird. Wann ist eine Rechtsfortbildung durch den Richter zulässig? Unter welchen Gesichtspunkten ist die Zulässigkeit der Rechtsfortbildung zu untersuchen? Oder allgemeiner gefragt, wie sind die Grenzen richterlicher Rechtsfortbildung zu bestimmen?

a) Die Diskussion um die Grenzen richterlicher Rechtsfortbildung

Besteht heute in der Methodenlehre allgemein Einigkeit darüber, daß (selbstverständlich) auch die richterliche Rechtsfortbildung Grenzen kennt, so besteht hingegen kein Konsens darüber, wie im einzelnen die Grenzen zu bestimmen sind. Die hiermit angesprochene Problematik gehört zu den wohl am meisten diskutierten Fragen in der Rechtswissenschaft; die zu diesem Fragenkreis vorliegende Literatur wirkt fast unüberschaubar.[61] Eine Darstellung und Erörterung der verschiedenen Ansichten und Stellungnahmen würde daher über den Rahmen der vorliegenden Themenstellung hinausführen. Deshalb erscheint ein Verzicht auf die Wiedergabe der in der gesamten Rechtswissenschaft geführten Kontroverse unausweichlich.[62]

---

[61] s. nur aus jüngster Zeit zur richterlichen Rechtsfortbildung und deren Grenzen *Wank,* RdA 1987, S. 129 ff.; *Mayer-Maly,* JZ 1986, S. 557; *Kirchhof,* NJW 1986, S. 2275; *Assmann,* JZ 1986, S. 881; *Dieterich,* RdA 1986, S. 2; *v. Hoyningen-Huene,* BB 1986, S. 2133; *Wagner,* BB 1986, S. 465; *Raiser,* ZRP 1985, S. 111; *Bydlinski,* JZ 1985, S. 149; *Peter,* RdA 1985, S. 337, 340 ff.

[62] Zur Rechtsfortbildungsproblematik s. ausführlich die Monographien von *Wank,* Rechtsfortbildung, sowie *Ipsen,* Richterrecht.

b) Die Entscheidung für einen umfassenden Prüfungsmaßstab

Muß in dieser Arbeit darauf verzichtet werden, die allgemeine Problematik der Grenzziehung richterlicher Rechtsfortbildung zu diskutieren, so ist als äquivalenter Ausgleich für diesen Verzicht unter den vielen Lösungsansätzen für die anstehende und durchzuführende Prüfung der Zulässigkeit der hier relevanten Rechtsfortbildung des Bundesarbeitsgerichts zumindest ein Ansatz zu wählen, der sich als umfassender Prüfungsmaßstab richterlicher Rechtsfortbildung darstellt, ein Ansatz, der den beiden entscheidenden Rechtmäßigkeitsaspekten richterlicher Fortbildung des Rechts Rechnung trägt, ein Ansatz also, der sowohl den methodischen als auch den verfassungsrechtlichen Aspekt richterlicher Rechtsfortbildung berücksichtigt.

Ein derartiger Ansatz ist bereits von Wank[63] ausführlich dargelegt worden. Zunehmend, wenn auch mit Unterschieden im Detail, beginnt sich dieser sowohl den methodischen als auch den verfassungsrechtlichen Aspekt berücksichtigende umfassende Prüfungsmaßstab in der Diskussion um die Bestimmung der Grenzen richterlicher Rechtsfortbildung durchzusetzen. Von diesem Ansatz ausgehend ist jeder Akt richterlicher Rechtsfortbildung in zweifacher Hinsicht aus zwei unterschiedlichen Blickwinkeln auf seine Zulässigkeit hin zu kontrollieren.

Zunächst ist die richterliche Rechtsfortbildung – ähnlich wie bei einem Gesetz – auf ihre formelle, kompetenzielle Seite hin zu überprüfen. Hier ist zu klären, ob das Gericht im Verhältnis zum Gesetzgeber überhaupt die Kompetenz besitzt, die relevante Sachfrage mittels Rechtsfortbildung zu entscheiden.[64] Die Antwort hierauf hat aus dem Verfassungsrecht zu erfolgen. Darüber herrscht heute im neueren Schrifttum Einigkeit.[65] Nur wenn das Gericht die vom Grundgesetz vorgesehene Kompetenzverteilung zwischen Legislative und Judikative gemäß Gewaltenteilungs-, Rechtsstaats- und Demokratieprinzip einhält, obliegt ihm die Rechtsfortbildungskompetenz.[66]

Von der Rechtsfortbildungskompetenz als dem ersten Prüfungsaspekt richterlicher Rechtsfortbildung ist der zweite, sich anschließende Prüfungsgesichtspunkt zu trennen. Ebenso wie ein Gesetz neben seiner formellen Seite auch in materieller Hinsicht zu überprüfen ist, so muß auch die richterliche Rechtsfortbildung in materieller, sprich inhaltlicher Hinsicht auf ihre recht-

---

[63] s. insb. Rechtsfortbildung; ferner JuS 1980, S. 545; RdA 1982, S. 363, 364 f.; RdA 1987, S. 129, 131 ff.

[64] *Wank*, JuS 1980, S. 545, 551; *ders.*, RdA 1982, S. 363, 364; *Schneider*, DÖV 1975, S. 443, 446; *Ipsen*, Richterrecht, S. 48 f.

[65] s. *Wank*, JuS 1980, S. 545, 552 m. w. N.; ferner *Ipsen*, DVBl 1984, S. 1102, 1103 f.; *Peter*, RdA 1985, S. 337, 340.

[66] *Wank*, RdA 1982, S. 363, 364; *ders.*, JuS 1980, S. 545, 552; *ders.*, Rechtsfortbildung, S. 253 ff.

liche Zulässigkeit untersucht werden. Denn die Tatsache, daß der Richter die Rechtsfortbildungsbefugnis für ein bestimmtes Sachproblem besitzt, kann nicht bedeuten, daß er bei der Rechtsfortbildung als Rechtsschöpfungsakt willkürlich, nach eigenem Gutdünken, ohne jegliche rechtliche Bindung verfahren könnte. Auch bei der Rechtsfortbildung ist der Richter nicht von seiner Bindung an Gesetz und Recht (vgl. Art. 20 Abs. 3 GG) freigestellt. Der Richter hat vielmehr, wenn er über eine bestimmte Frage rechtsfortbildend befindet, die Wertentscheidungen der Rechtsordnung, insbesondere die der Verfassung, zu berücksichtigen und darauf zu achten, daß das Ergebnis seiner Rechtsfortbildung mit diesen Wertentscheidungen verträglich ist und nicht zu diesen im Widerspruch steht.[67] Rechtsfortbildung als Akt schöpferischer Rechtsfindung soll nur das zur Geltung bringen, was der Rechtsordnung bereits immanent ist, auch wenn es noch in keinem Gesetzestext zum Ausdruck gekommen ist.[68] Erweist sich die von einem Gericht gefundene Problemlösung mit dem geltenden Recht und dessen Wertentscheidungen als unvereinbar in dem Sinne, daß es an der methodischen Begründbarkeit der gefundenen Lösung aus der Rechtsordnung (zumindest im Sinne ihrer Vertretbarkeit) fehlt, so ist die Entscheidung falsch, die Sachrichtigkeit der Rechtsfortbildung damit zu verneinen.[69]

Nur wenn neben der Rechtsfortbildungskompetenz auch die inhaltliche Sachrichtigkeit der Entscheidung bejaht werden kann, ist die richterliche Rechtsfortbildung zulässig und sind ihre Grenzen nicht überschritten.[70] Für die hier zu überprüfende Rechtsfortbildung ergibt sich damit eine zweistufige Zulässigkeitsprüfung. In einem ersten Schritt soll die Rechtsfortbildungskompetenz des Bundesarbeitsgerichts hinterfragt werden, in einem zweiten Schritt sodann die inhaltliche Sachrichtigkeit der Rechtsfortbildung.

2. Die Prüfung der Zulässigkeit unter Zugrundelegung des umfassenden Prüfungsmaßstabes

a) Die Rechtsfortbildungskompetenz des BAG

Der Große Senat des Bundesarbeitsgerichts hat in seinem Beschluß vom 21. April 1971 dem allgemeinen Verfassungsgrundsatz der Verhältnismäßigkeit die Funktion eines Rechtmäßigkeitsmaßstabes für Arbeitskampfmaßnahmen

---

67 *Pawlowski,* Methodenlehre, Rdnr. 63; *Raiser,* ZRP 1985, S. 111, 117; *Hanau,* Festschrift Hübner, S. 467, 474; *Brox/Rüthers,* Arbeitskampfrecht, Rdnr. 122; *Bobke,* AuR 1982, S. 41, 45, 48 f.; *Krejci,* Aussperrung, S. 119 ff.; *v. Hoyningen-Huene,* BB 1986, S. 2133, 2134, 2136 f.

68 BVerfGE 34, S. 269, 287; *Richardi,* RdA 1986, S. 146, 148.

69 Vgl. dazu *Wank,* Rechtsfortbildung, S. 257 f.; *Mayer-Maly,* JZ 1986, S. 557, 560.

70 s. *Wank,* JuS 1980, S. 545 ff.; *ders.,* RdA 1982, S. 363, 364; *ders.,* RdA 1987, S. 129, 150, 157, 160.

zugewiesen. Das Gericht hat damit im Wege der Rechtsfortbildung das Rechtmäßigkeitskriterium „Verhältnismäßigkeit" kreiert. Besitzt das Bundesarbeitsgericht die Kompetenz, Rechtmäßigkeitskriterien für Arbeitskämpfe im Wege der Rechtsfortbildung zu schaffen, so ist folglich auch die vom Gericht vorgenommene Statuierung des Verhältnismäßigkeitsprinzips als Rechtmäßigkeitsmaßstab für Arbeitskampfmaßnahmen in kompetenzieller Hinsicht zulässig.

Die Rechtsfortbildungskompetenz des Bundesarbeitsgerichts hier zu bejahen, scheint nicht frei von Bedenken zu sein, denn obgleich die Gerichte schon seit Jahrzehnten im Arbeitskampfrecht rechtsfortbildend tätig sind, wird zunehmend im Schrifttum die Rechtsfortbildungskompetenz der Gerichte für das Arbeitskampfrecht in Zweifel gezogen bzw. mit einem Fragezeichen versehen.[71] Die Gerichte nehmen nämlich hier nicht wie sonst üblich eine punktuelle Rechtsfortbildung vor, sondern werden vielmehr flächendekkend durch Formulierung abstrakt-genereller Rechtsregeln in dem durch gesetzgeberische Untätigkeit geprägten Arbeitskampfrecht rechtsfortbildend tätig, sie nehmen damit faktisch die Rolle des Gesetzgebers ein. Die Gerichte erfüllen Aufgaben, die an sich dem parlamentarischen Gesetzgeber obliegen und vorbehalten sind.[72]

Als der Große Senat in seinem Beschluß vom 21. 4. 1971 den allgemeinen Verfassungsgrundsatz der Verhältnismäßigkeit als Rechtmäßigkeitsmaßstab für Arbeitskämpfe statuierte, hat er nicht in einem beliebigen, unbedeutenden Fragenkomplex im Bereich des Arbeitskampfrechts eine Entscheidung getroffen, sondern die zentrale Frage des Arbeitskampfrechts, wie und durch welche Kriterien rechtmäßige von rechtswidrigen Kampfmaßnahmen abzugrenzen sind, im „Kernbereich" berührt. Dieser Umstand, daß das Bundesarbeitsgericht in einer zentralen Frage im Wege der Rechtsfortbildung eine Entscheidung getroffen hat, läßt die Bedenken an der Rechtsfortbildungskompetenz des Gerichts nicht geringer werden. Eine nicht nur kusorische, sondern umfassende Prüfung erscheint deshalb hier angezeigt.

Nachfolgend gilt es zu klären, ob das Bundesarbeitsgericht überhaupt im gesetzlich weitgehend ungeregelten Arbeitskampfrecht und speziell für die zentrale Frage der Abgrenzung von rechtmäßigen zu rechtswidrigen Arbeits-

---

[71] *Dieterich,* RdA 1978, S. 329, 331; *Scholz/Konzen,* Aussperrung, S. 74 f.; *Schmidt-Preuß,* BB 1986, S. 1093, 1097; *Richardi,* RdA 1986, S. 146, 149; *Zöllner,* DB 1985, S. 2450, 2453; *Kloepfer,* NJW 1985, S. 2497, 2500 f.; *Ihlefeld,* AuR 1978, S. 61. Die wohl noch h. L. geht, ohne größeres Problembewußtsein zu zeigen, unter Hinweis auf das sog. Rechtsverweigerungsverbot von der Rechtsfortbildungsbefugnis der Gerichte im Arbeitskampfrecht aus; zu Recht kritisch zur Argumentation mit dem Rechtsverweigerungsverbot *Ipsen,* Richterrecht, S. 53 ff.; *Wank,* Rechtsfortbildung, S. 239 und zuletzt *Mayer-Maly,* JZ 1986, S. 557, 560; *Kloepfer,* NJW 1985, S. 2497, 2501.

[72] s. *Richardi,* RdA 1986, S. 146, 149. – Zur allg. Problematik gesetzesvertretenden Richterrechts *Ipsen,* Richterrecht, S. 80 ff.

kampfmaßnahmen durch Aufstellen von Zulässigkeitskriterien die Befugnis zur Rechtsfortbildung besitzt. Die Antwort hierauf hängt davon ab, ob das Bundesarbeitsgericht nach der Kompetenzverteilung zwischen Legislative und Judikative gemäß Gewaltenteilungs-, Rechtsstaats- und Demokratieprinzip zur Entscheidung befugt ist.

aa) Das Gewaltenteilungsprinzip

Entscheidende Bedeutung zur Bestimmung von Umfang und Grenzen richterlicher Rechtsfortbildungskompetenz kommt dem in Art. 20 Abs. 2 Satz 2 niedergelegten Gewaltenteilungsprinzip zu.[73]

(1) Das Gewaltenteilungsprinzip in seiner Funktion als Prinzip der sachgemäßen Aufgabenverteilung

Das Gewaltenteilungsprinzip dient heute zunächst der Sicherung individueller Freiheit des Bürgers gegenüber der Staatsgewalt.[74] Außer dieser Freiheitssicherung im Verhältnis Staat – Bürger fällt dem Gewaltenteilungsprinzip im heutigen Verfassungsstaat noch eine weitere, häufig übersehene Funktion zu, die ihrerseits für die richterliche Rechsfortbildungsproblematik relevant ist: Durch die Aufteilung der Staatsgewalt in die drei Teilgewalten der Legislative, der Exekutive und der Judikative soll dazu beigetragen werden, daß der Staat seine ihm zufallenden Aufgaben funktionsadäquat bewältigt.[75] Diejenige Teilgewalt, die von ihrer Struktur her eine bestimmte Aufgabe am besten bewältigen kann, soll nach dem Kompetenzgefüge die Wahrnehmung dieser Aufgabe obliegen.[76] Umgekehrt kann dann aber aus dem Gewaltenteilungsprinzip auch gefolgert werden, daß das Prinzip einer Teilgewalt verbietet, auch Aufgaben wahrzunehmen, die ihrer Struktur nicht entsprechen, für die sie nicht hinreichend gerüstet erscheint und die von einer anderen Teilgewalt eindeutig besser erfüllt werden können.[77]

---

[73] s. statt vieler *Wank,* Rechtsfortbildung, S. 89; *ders.,* JuS 1980, S. 545, 552; *Ipsen,* Richterrecht, S. 128 ff.; *Tettinger,* Rechtsanwendung, S. 42 f.; jüngst *Peter,* RdA 1985, S. 337, 338, 340, 342 f.; a. A. *Moritz,* RdA 1977, S. 197, 201. Allg. zum Gewaltenteilungsprinzip *Herzog,* in: Maunz/Dürig, Grundgesetz, Art. 20, V, Rdnr. 1 ff; *Hesse,* Grundzüge, Rdnr. 475 ff.; zuletzt *Fastenrath,* JuS 1986, S. 194 ff.; *Badura,* Staatsrecht, S. 205 ff.

[74] BVerfGE 3, S. 225, 247; 7, S. 183, 188; 9, S. 268, 279; 34, S. 52, 59.

[75] *Ipsen,* Richterrecht, S. 133 ff.; *Wank,* Rechtsfortbildung, S. 91; *Schlüter,* Obiter Dictum, S. 13 ff.; *Tettinger,* Rechtsanwendung, S. 43; *H. P. Schneider,* DÖV 1975, S. 443, 446; *Krey,* JZ 1978, S. 465, 466; *Noll,* Gesetzgebungslehre, S. 53.

[76] Vgl. *Wank,* Rechtsfortbildung, S. 254, 257; *ders.,* RdA 1987, S. 129, 133; *Hesse,* Grundzüge, Rdnr. 488.

[77] Vgl. hierzu auch *Wank,* Rechtsfortbildung, S. 92, 207; ähnlich *Hesse,* Grundzüge, Rdnr. 489; *Schlüter,* Obiter Dictum, S. 17 f. Gegen die immer noch vorherrschende

(2) Folgerungen

Für die Zulässigkeitsproblematik richterlicher Rechtsfortbildung läßt sich aus diesem dem Gewaltenteilungsgrundsatz immanenten Prinzip der sachgemäßen Aufgabenverteilung folgendes ableiten: Die rechtsprechende Gewalt kann im Hinblick auf den Gewaltenteilungsgrundsatz nur dann die Rechtsfortbildungskompetenz für sich in Anspruch nehmen, wenn sie eine bestimmte Aufgabe besser oder ebenso gut wie der Gesetzgeber bewältigen kann.[78] Die Judikative ist hingegen grundsätzlich nicht zur Rechtsfortbildung befugt, falls die zu regelnde Aufgabe eindeutig besser vom Gesetzgeber erfüllt werden kann.

Übertragen auf den Problembereich des Arbeitskampfrechts und des Verhältnismäßigkeitsgrundsatzes dort führt dies zu folgender Fragestellung: Kann der Gesetzgeber das Arbeitskampfrecht und speziell dort die Abgrenzung zwischen rechtmäßigen und rechtswidrigen Kampfmaßnahmen eindeutig besser durch Gesetz regeln als das Bundesarbeitsgericht durch Rechtsfortbildung? Um diese Frage adäquat beantworten zu können, empfiehlt es sich, zunächst einen Blick auf das heutige Arbeitskampfrecht zu werfen.

(3) Die spezifische Situation des Arbeitskampfrechts und ihre Auswirkung auf das Prinzip der sachgemäßen Aufgabenverteilung

Das Arbeitskampfrecht ist zwar seit Jahrzehnten in Deutschland richterrechtlich geprägt, richterliche Rechtsfortbildung kann also in diesem Rechtsbereich auf eine lange Tradition zurückblicken. Dennoch ist die Kritik am gegenwärtigen Arbeitskampfrecht nicht zu überhören. Vor allem in jüngerer Zeit mehren sich die Stimmen, die das heutige richterliche Arbeitskampfrecht für unbefriedigend halten.[79] Diese zunehmend anzutreffende Skepsis und Kritik resultiert nicht zuletzt aus der Tatsache, daß das Bundesarbeitsgericht in seiner Rechtsprechung erhebliche Änderungen und Schwankungen erkennen läßt.[80] Dieser Umstand muß zwangsläufig zu einem hohen Maß an Rechtsunsicherheit führen. Denn angesichts einer für Veränderungen durchaus zugäng-

---

Auffassung (etwa *Ipsen,* DVBl 1984, S. 1102, 1104), daß das Gewaltenteilungsprinzip erst dann verletzt sei, wenn eine Teilgewalt in den „Kernbereich" einer anderen einbricht, wendet sich mit Recht *Schlüter,* Obiter Dictum, S. 12 ff.; siehe dazu auch *Wank,* Rechtsfortbildung, S. 91 f.

[78] Vgl. *Wank,* Rechtsfortbildung, S. 207.

[79] So zuletzt *Rüthers,* NZA 1986, S. 11, 14; *Gentz,* NZA 1985, S. 305; *Kirchner,* RdA 1986, S. 159, 160; *Reichel,* Tarifvertragsgesetz, E III 11 e. 4.

[80] Vgl. nur die Rspr. des BAG zur Zulässigkeit der Aussperrung (BAG, AP Nr. 43, 64, 84 zu Art. 9 GG Arbeitskampf) und zum ultima-ratio-Prinzip (BAG, AP Nr. 43, 51, 81 zu Art. 9 GG Arbeitskampf).

lichen Rechtsprechung kann niemand mehr berechtigterweise darauf vertrauen, daß das Bundesarbeitsgericht in Zukunft seine Rechtsprechung beibehalten wird.[81] Vielmehr müssen die Kampfparteien mit Weiterentwicklungen und Kurskorrekturen in der Judikatur rechnen. Das bedeutet, daß die Arbeitskampfparteien im laufenden, konkreten Arbeitskampf nicht, zumindest aber nicht zuverlässig wissen, wo die von der Rechtsprechung abzustekkenden Grenzen ihrer Kampfaktivitäten liegen.[82]

Weiter kommt als Kritikpunkt an dem heutigen Arbeitskampfrecht hinzu, daß auch nach Jahrzehnten richterlicher Rechtsfortbildung im Arbeitskampfrecht immer noch eine Vielzahl offener bzw. umstrittener Fragen existiert. Dies liegt zum einen mit daran, daß das Richterrecht, auch wenn es flächendeckend konzipiert ist, notwendigerweise in einem gewissen Maße bruchstückhaft bleiben muß, denn wo kein Kläger ist, findet sich auch kein Richter, erfolgt damit auch keine richterliche Rechtsfortbildung.[83] Zum anderen läßt sich dieser Befund damit erklären, daß die Autorität des Richters begrenzt ist und immer schwächer bleibt als die des Gesetzgebers.[84]

Mit dem zunehmenden Erkennen dieser Schwachstellen des Richterrechts wird auch der Ruf nach dem Gesetzgeber im Arbeitskampfrecht immer lauter.[85] Zu den Rufern zählt auch der Präsident des Bundesarbeitsgerichts, Kissel, der die Arbeitsgerichtsbarkeit vor allem von der alleinigen Verantwortung für das Arbeitskampfrecht entbunden sehen möchte.[86] Kissel war es aber auch, der mit Recht deutlich herausstellte, daß, wenn nach dem Gesetzgeber gerufen wird, man nicht dem Irrglauben erliegen darf, der Gesetzgeber könne mit einem Federstrich sämtliche aktuellen und zukünftigen Probleme und offenen Fragen beseitigen.[87]

In Anbetracht dieses Umstandes könnte der Gesetzgeber aber durch eine „Rahmengesetzgebung" zumindest bestimmte Grundsätze des Arbeitskampfrechts normieren und bedeutsame, grundlegende Fragen in diesem Bereich eindeutig und verbindlich regeln. So könnte er, ausgehend von den vom Bundesarbeitsgericht aufgestellten Regeln[88], bisher dort bestehende Unklarheiten

---

[81] *Gentz,* NZA 1985, S. 305, 306; s. auch *Seiter,* RdA 1986, S. 165, 179 f.

[82] *Gentz,* NZA 1985, S. 305, 306.

[83] *Hettlage,* BB 1985, S. 2253.

[84] *Hettlage,* BB 1985, S. 2253.

[85] In diesem Sinne *G. Müller,* DB 1982, Beilage Nr. 16, S. 20; *Kloepfer,* NJW 1985, S. 2497 ff.; *Rüfner,* RdA 1985, S. 193, 195; *Hettlage,* BB 1985, S. 2253 ff.; *Löwisch,* ZfA 1985, S. 53, 58; *Lisken,* ZRP 1985, S. 264; *Schwerdtner,* ZfA 1979, S. 1, 5 f.; *Rösner,* Wirtschaftsdienst 1985, S. 552, 558; *Sölter,* Tarifautonomie, S. 156. *Scholz,* DB 1987, S. 1192, 1198. Zum Für und Wider einer gesetzlichen Regelung des Arbeitskampfrechts *Seiter,* RdA 1986, S. 165, 177 ff., der sich im Ergebnis für eine gesetzliche Regelung ausspricht (S. 181).

[86] *Kissel,* FAZ vom 15. 12. 1984, S. 16; *ders.,* AuR 1982, S. 137, 138 f.

[87] *Kissel,* AuR 1982, S. 137 f.; *ders.,* NJW 1982, S. 1777, 1780.

beseitigen und von ihm für notwendig erachtete Verdeutlichungen, Ergänzungen, Konkretisierungen oder auch Korrekturen vornehmen.[89] Damit würde der Gesetzgeber ein bedeutendes Stück Rechtssicherheit für die Beteiligten in das Arbeitskampfrecht bringen.[90]

So wünschenswert und vorteilhaft eine gesetzliche Kodifikation des Arbeitskampfrechts für die Rechtssicherheit und -klarheit auch sein mag,[91] eines muß man sich vor Augen halten: Daß der Gesetzgeber in der Bundesrepublik seit mehr als 35 Jahren im Arbeitskampfrecht schweigt[92] und dies auch in Zukunft tun wird,[93] beruht nicht auf Unlust, Arbeitsüberlastung oder einem gesetzgeberischen Versehen, sondern auf der Einsicht, daß eine (befriedigende) gesetzliche Regelung des Arbeitskampfrechts in dessen zentralen Fragen politisch nicht durchsetzbar ist.[94] Dieses Defizit läßt sich auf das Zusammenwirken verschiedener Faktoren zurückführen.

Zum einen besteht weder zwischen den politischen Parteien noch zwischen den Tarifpartnern, noch in der Rechtswissenschaft oder in der Bevölkerung ein hinreichender Konsens darüber, wie das Arbeitskampfrecht inhaltlich geregelt werden soll. Vielmehr lassen sich nur tiefgreifende, in absehbarer Zeit nicht einzuebnende Meinungsunterschiede konstatieren.[95] Zum anderen ist keiner der Sozialpartner, weder die Gewerkschaften noch die Arbeitgeber, an einer Kodifikation des Arbeitskampfrechts interessiert, weil jeder Einbußen in seiner gegenwärtigen rechtlichen Position befürchtet.[96]

---

88 Beispiele für die Übernahme von Richterrecht durch den Gesetzgeber im Arbeitsrecht bei *v. Hoyningen-Huene,* BB 1986, S. 2133, 2135.

89 In diese Richtung gehen auch die Überlegungen von *Hettlage,* BB 1985, S. 2253; *G. Müller,* Arbeitskampf, S. 300; *Löwisch,* ZfA 1985, S. 53 ff.

90 s. *Peter,* RdA 1985, S. 337.

91 Skeptisch gegenüber dem Nutzen eines Arbeitskampfgesetzes *Raiser,* ZRP 1985, S. 111, 115: „Ein vom Bundestag verabschiedetes Arbeitskampfgesetz könnte schwerlich besseres leisten als die von den Sozialpartnern vorangetriebene und von der Wissenschaft gestützte und kritisch begleitete Judikatur."

92 Zu den in der Vergangenheit erfolgten vergeblichen Vorstößen in Richtung einer gesetzlichen Regelung des Arbeitskampfrechts *Seiter,* RdA 1986, S. 165, 167 f.

93 So hat die derzeitige Bundesregierung durch ihren zuständigen Minister erneut versichert, sie beabsichtige nicht, eine allg. Kodifikation des Arbeitskampfrechts vorzuschlagen, vgl. Bundesminister Blüm, Prot. der 72. Sitzung des Bundestagsausschusses für Arbeit und Sozialordnung v. 25. 9. 1985, S. 72/2.

94 Vgl. zur Frage der politischen Durchsetzbarkeit eines Arbeitskampfgesetzes *Ipsen,* DVBl 1984, S. 1102, 1106; *Rüthers,* DÖV 1986, S. 164, 165; *ders.,* ZfA 1982, S. 237, 253; *Benda,* RdA 1986, S. 143, 144; *Richardi,* RdA 1986, S. 146, 153; *Gentz,* NZA 1985, S. 305, 307; *Zöllner,* DB 1985, S. 2450, 2453; *Kloepfer,* NJW 1985, S. 2497, 2504 f.; *Gerhardt,* Koalitionsgesetz, S. 312; *Dieterich,* RdA 1978, S. 329, 335; *Friauf,* RdA 1986, S. 188, 189, 195.

95 Den fehlenden Konsens im Arbeitskampfrecht heben hervor *Zöllner,* DB 1985, S. 2450, 2452 f.; *Dieterich,* RdA 1978, S. 329, 335; *Konzen,* Jura 1981, S. 585, 589; *Benda,* RdA 1986, S. 143, 145 f.; *Richardi,* RdA 1986, S. 146, 150; *Rüthers,* Arbeitsgesellschaft, S. 59.

96 *Schwerdtner,* ZfA 1979, S. 1, 5.

Vor allem bei den Gewerkschaften gibt es erhebliche Widerstände gegen eine gesetzliche Regelung des Arbeitskampfrechts.[97] Deutlicher Beleg hierfür ist der auf dem 12. Ordentlichen Bundeskongreß des DGB 1982 angenommene Antrag Nr. 238, Betr. Gewerkschafts- und Arbeitskampfrecht. Darin heißt es unter anderem:

> „Die Delegierten des 12. Ordentlichen DGB-Bundeskongresses bekräftigen in diesem Zusammenhang ausdrücklich die Aussage des 11. Ordentlichen DGB-Bundeskongresses, allen Bestrebungen zur Schaffung eines ‚Verbändegesetzes' den entschiedensten Widerstand entgegenzusetzen. Alle demokratischen Parteien werden aufgefordert, sich unmißverständlich von derartigen Vorhaben zu distanzieren."

Beispielhaft für den Widerstand der Gewerkschaften steht auch eine Äußerung des langjährigen Vorsitzenden der Gewerkschaft ÖTV, Kluncker:[98]

> „Ich würde mich dagegen wehren, wenn es in diesem Lande ein gesetzliches Streikrecht geben würde. Es hat zu keiner Zeit in der demokratischen Entwicklung irgendwelche Streikgesetze gegeben, die für die Arbeitnehmer positiv waren. Es waren immer obrigkeitsstaatliche Reglementierungen. Und dazu sehe ich keine Veranlassung, weder aus der Praxis von Arbeitskämpfen in diesem Lande noch aus irgendeinem Notstand."

Des weiteren besitzen sowohl Gewerkschaften als auch die Arbeitgeberseite erheblichen Einfluß im politischen Bereich.[99] Aufgrund ihres Einflusses sind sie in der Lage, bereits frühzeitig einem ihnen nicht genehmen Gesetzesvorschlag entgegenzuwirken.

Welch gewichtigen Einfluß auf das Zustandekommen von Gesetzen etwa die Gewerkschaften besitzen, wird an der Zusammensetzung des 10. Deutschen Bundestages deutlich. Von den 520 Abgeordneten waren 312 Mitglied einer Arbeitnehmervereinigung und die meisten von ihnen bekleideten dort eine Funktionärsstellung. Von diesen 312 Bundestagsabgeordneten waren wiederum 230 allein in den dem DGB zugehörigen Gewerkschaften als Mitglied eingeschrieben.[100]

Maßgeblich dafür, daß in der Vergangenheit eine gesetzliche Kodifikation des Arbeitskampfrechts unterblieben ist und auch in Zukunft nicht erfolgen wird, dürfte folgender Umstand sein: Jeder Regierung und der sie tragenden Parlamentsmehrheit würde eine existenzgefährdende Zerreißprobe drohen, sollte sie gesetzliche Regelungen im Bereich des Arbeitskampfrechts versuchen.[101]

---

[97] Dazu *Seiter,* RdA 1986, S. 165, 174 f.; *ders.,* Streikrecht, S. 1; *Gerhardt,* Koalitionsgesetz, S. 312; *Däubler,* AuR 1982, S. 361, 365.

[98] Die Zeit vom 30. 7. 1971, Nr. 31, S. 27.

[99] Zum Einfluß der Gewerkschaften in Staat und Gesellschaft s. BVerfGE 38, S. 281, 305.

[100] Angaben bei *Hromadka,* Tariffibel, S. 53. Zu den entsprechenden Quoten im 9. Deutschen Bundestag s. *Reichel,* Tarifvertragsgesetz, E III 22.

Es bedarf keiner großen Vorstellungskraft, sich die politischen Folgen auszumalen, die sich etwa durch eine gesetzliche Regelung der Aussperrung nach Art der Entscheidung des Bundesarbeitsgerichts vom 10. 6. 1980 ergeben würden. Die die Regierung stellenden Parteien würden riskieren, durch die grundsätzliche Zulassung der Aussperrung die Unterstützung der Arbeitnehmer zu verlieren, auf der anderen Seite müßten diese Parteien und ihre Mandatsträger durch die quotenmäßige Beschränkung der Aussperrung mit geharnischter Kritik aus dem Arbeitgeberlager rechnen, die sich bei den nächsten Parlamentswahlen in vielfältiger Weise bemerkbar machen kann.[102]

Nicht zuletzt würde wohl auch jedes Gesetzesvorhaben im Arbeitskampfrecht so viel Zündstoff in sich bergen, daß eine erhebliche Gefährdung des politischen Friedens auch außerhalb des Parlaments nicht auszuschließen wäre. Eine innenpolitische Machtprobe mit den Tarifvertragsparteien schiene vorprogrammiert und unvermeidbar zu sein.[103]

Das Zusammenwirken all dieser aufgezeigten Faktoren führt dazu, daß eine (befriedigende)[104] gesetzliche Regelung zumindest bedeutsamer Arbeitskampfrechtsfragen aus den politischen Gegebenheiten heraus nicht möglich erscheint.[105]

Dieser Befund bedeutet für die Ausgangsfrage, ob der Gesetzgeber das Arbeitskampfrecht und dort speziell die zentrale Frage der Abgrenzung zwischen rechtmäßigen und rechtswidrigen Kampfmaßnahmen besser durch Gesetz regeln kann als das Bundesarbeitsgericht durch Rechtsfortbildung: Ist der Gesetzgeber, und sei es „nur“ aus politischen Gründen, nicht in der Lage, zumindest in zentralen Fragen des Arbeitskampfrechts eine (befriedigende) gesetzliche Regelung zu treffen, so ist damit auch impliziert, daß er – aufgrund

---

101 *Rüthers,* Arbeitsgesellschaft, S. 59; *ders.,* NZA 1986, S. 11, 14. – Die existenzgefährdende Zerreißprobe bei den großen Volksparteien stellen *Kloepfer,* NJW 1985, S. 2497, 2504 und *Benda,* RdA 1986, S. 143 heraus.

102 *Däubler,* AuR 1982, S. 361, 365; *ders.,* Arbeitskampfrecht, Rdnr. 86.

103 So auch *Rüthers,* Arbeitsgesellschaft, S. 59; *ders.,* ZfA 1982, S. 237, 253; s. ferner *Benda,* RdA 1986, S. 143, 144; *Seiter,* FAZ vom 2. 3. 1985, S. 15; *Bertelsmann,* Aussperrung, S. 160 f.

104 Politisch vorstellbar wäre allenfalls, daß der Gesetzgeber im Arbeitskampfrecht eine Regelung schafft, die sich aus nichtssagenden Formelkompromissen zusammensetzt und gerade die relevanten und streitigen Fragen offen läßt, die Fragen damit zwangsläufig der Entscheidung der Gerichte überantwortet. Eine solche Regelung würde zum einen die bestehende Rechtsunsicherheit nicht abbauen können und damit auch keine gegenüber dem Richterrecht des BAG bessere Regelung darstellen, zum anderen würde sie nicht den Anforderungen des Rechtsstaats- und Demokratieprinzips unter Zugrundelegung der „Wesentlichkeitstheorie“ gwenügen; s. zum letzteren Aspekt im folgenden unter bb).

105 Daß die nach monatelangem heftigen Streit 1986 erfolgte Neuregelung des § 116 AFG nicht als Beweis des Gegenteils angesehen werden kann, wurde auf dem RdA-Symposion zum Arbeitskampfrecht mehrfach betont, s. etwa *Benda,* RdA 1986, S. 143, 144; *Seiter,* RdA 1986, S. 165, 168; *Friauf,* RdA 1986, S. 188, 189, 195.

der politischen Gegebenheiten – in diesem Fragenkreis keine bessere Regelung treffen kann als das heutige richterrechtlich geprägte Arbeitskampfrecht.

Mit dieser Feststellung ist zugleich auch eine weitere Schlußfolgerung verbunden: Kann der Gesetzgeber die Frage, wie rechtmäßige von rechtswidrigen Kampfmaßnahmen abzugrenzen sind, nicht besser durch Gesetz regeln als das Bundesarbeitsgericht durch Rechtsfortbildung, so können damit auch der Gewaltenteilungsgrundsatz und das aus ihm abgeleitete Prinzip der sachgemäßen Aufgabenverteilung einer Rechtsfortbildungskompetenz nicht entgegenstehen. Somit ergibt sich aus dem Gewaltenteilungsprinzip letztlich kein Anhaltspunkt dafür, die Kompetenz des Bundesarbeitsgerichts zu der hier zu erörternden Rechtsfortbildung „Statuierung des Verhältnismäßigkeitsgrundsatzes als Rechtmäßigkeitsmaßstab für Arbeitskämpfe" zu verneinen.

bb) Rechtsstaats- und Demokratieprinzip

Eine weitere Leitlinie zur Bestimmung der Grenzen zulässiger Rechtsfortbildung durch die Gerichte läßt sich aus dem Rechtsstaats-[106] und Demokratieprinzip[107] gewinnen.

In unserer Verfassungsordnung ist es dem Gesetzgeber grundsätzlich nach seinem Ermessen freigestellt, ob er ein bestimmtes Problem einer gesetzlichen Regelung zuführen will oder nicht.[108] Heute ist ganz überwiegend anerkannt, daß der Gesetzgeber nicht jedes sich stellende Rechtsproblem selbst regeln muß. Es besteht kein Totalvorbehalt des Gesetzes.[109]

(1) Die Pflicht des Gesetzgebers zur Entscheidung wesentlicher Fragen in grundlegenden normativen Bereichen

In unserer Rechtsordnung gibt es aber auch Bereiche, in denen sich das gesetzgeberische Ermessen gewissermaßen auf null reduziert, in denen der Gesetzgeber zum Tätigwerden verpflichtet ist. Diese Bereiche, in denen der Gesetzgeber zur Regelung aufgerufen ist, versucht die heute ganz herrschende Meinung unter Rückgriff auf die Prinzipien des Rechtsstaates und der Demokratie mit Hilfe der sog. Wesentlichkeitstheorie festzulegen. Die vom Bundesverfassungsgericht[110] entwickelte und in der Literatur[111] im Grundsatz weit-

---

106 Zum Rechtsstaatsprinzip allg. *Herzog*, in: Maunz/Dürig, Grundgesetz, Art. 20, VII, Rdnr. 1 ff.; *Stern*, Staatsrecht I, S. 759 ff.; *Degenhart*, Staatsrecht I, S. 68 ff.

107 Zum Demokratieprinzip allg. *Stern*, Staatsrecht I, S. 583 ff.; *Degenhart*, Staatsrecht I, S. 1 ff.

108 *Wank*, Rechtsfortbildung, S. 232; *Stern*, Staatsrecht I, S. 916; *Friauf*, RdA 1986, S. 188, 195.

109 Die Lehre vom Totalvorbehalt, vertreten etwa von *Jesch*, Gesetz, S. 175 ff. und *Rupp*, Grundfragen, S. 135, kann heute als überholt angesehen werden.

gehend übernommene Wesentlichkeitstheorie besagt, daß der Gesetzgeber aufgrund des Rechtsstaats- und Demokratieprinzips[112] verpflichtet ist, losgelöst vom Merkmal des „Eingriffs", in grundlegenden normativen Bereichen, zumal im Bereich der Grundrechtsausübung, soweit diese staatlicher Regelung zugänglich ist, die wesentlichen Entscheidungen selbst zu treffen.

Die Wesentlichkeitstheorie wurde zwar in Fallkonstellationen entwickelt, in denen das Verhältnis der Exekutive zur Legislative berührt war, dennoch beschränkt sich ihr Anwendungsbereich nicht lediglich auf die Kompetenzabgrenzung der Verwaltung zum Gesetzgeber. Da die Wesentlichkeitstheorie an den Gestaltungsauftrag des Gesetzgebers und vor allem an seine besondere Verantwortung für den Grundrechtsbereich anknüpft, kann das Kriterium der „Wesentlichkeit" auch für die Abgrenzung der Kompetenzen zwischen Gesetzgeber und Rechtsprechung herangezogen werden.[113]

(2) Die korrespondierende Unterlassungspflicht der Rechtsprechung

Verpflichten – ausgehend von der Wesentlichkeitstheorie – das Rechtsstaats- und Demokratieprinzip den Gesetzgeber, in grundlegenden normativen Bereichen die wesentlichen Sachfragen selbst zu entscheiden, so setzen diese beiden Verfassungsprinzipien – spiegelbildlich – Exekutive und Judikative Grenzen für deren Handeln: Wesentliche Entscheidungen fallen grundsätzlich[114] in den Zuständigkeitsbereich des Gesetzgebers; Judikative und Exekutive sind für diese Entscheidungen im Regelfall nicht zuständig. Die Pflicht des Gesetzgebers zum Tätigwerden korrespondiert hier also mit der Unterlassungspflicht zur Rechtssetzung für Judikative und Exekutive.

Für die Kompetenzproblematik richterlicher Rechtsfortbildung bedeutet dies: Aufgrund der Prinzipien des Rechtsstaates und der Demokratie fehlt dem Richter grundsätzlich dort die Befugnis zur Rechtsfortbildung, wo der Gesetzgeber zum Tätigwerden verpflichtet ist, nämlich bei wesentlichen Ent-

---

110 BVerfGE 34, S. 165, 192; 41, S. 251, 259 f.; 45, S. 400, 417 f.; 47, S. 46, 78 f; 49, S. 89, 126 f.; 58, S. 257, 268 ff.; 61, S. 260, 275; einschränkend BVerfGE 68, S. 1, 108. – Zur Entwicklung der Wesentlichkeitsrechtsprechung s. näher *Umbach,* Festschrift Faller, S. 111, 116 ff.

111 Z.B. *Hesse,* Grundzüge, Rdnr. 509. Kritisch zur Wesentlichkeitstheorie *Krebs,* Jura 1979, S. 304, 308; *Kloepfer,* JZ 1984, S. 685, 692 f.

112 In BVerfGE 45, S. 400, 417 betont das BVerfG ausdrücklich die Herleitung der Wesentlichkeitstheorie aus dem Rechtsstaats- und Demokratieprinzip; zu dieser Herleitung s. auch *Böckenförde,* Gesetz, S. 392, Fußn. 57 sowie jüngst im Zusammenhang mit dem Arbeitskampfrecht *Friauf,* RdA 1986, S. 188, 192.

113 s. hierzu *Wank,* Rechtsfortbildung, S. 233; *ders.,* RdA 1987, S. 129, 155; *Friauf,* RdA 1986, S. 188, 192. Zur Anwendbarkeit der Wesentlichkeitstheorie im Verhältnis Legislative zu Judikative äußern sich auch *Kloepfer,* NJW 1985, S. 2497, 2499 ff.; *Ipsen,* DBVl 1984, S. 1102, 1105 f.; *Däubler,* Arbeitskampfrecht, Rdnr. 105x.

114 s. zu Ausnahmen BVerfGE 68, S. 1, 108 f.

scheidungen in grundlegenden normativen Bereichen. Diese Feststellung hat auch jüngst Kloepfer getroffen, wenn er ausführt, die Rechtsfortbildung dürfe sich – in der Terminologie der Wesentlichkeitstheorie – nicht auf wesentliche Fragen beziehen, weil diese allein dem parlamentarischen Gesetzgeber vorbehalten seien.[115]

(3) Das Arbeitskampfrecht als grundlegender normativer Bereich

Werden die soeben angestellten Überlegungen für das Arbeitskampfrecht und die hier zu erörternde Problematik nutzbar gemacht, so ergibt sich folgendes Bild: Das Arbeitskampfrecht stellt einen zentralen Bereich des Arbeits- und Wirtschaftslebens dar, es handelt sich hierbei um eine Materie von besonderer herausgehobener Bedeutung für das Gemeinwesen.[116] Des weiteren handelt es sich beim Arbeitskampfrecht um einen grundrechtsrelevanten Bereich. Zunächst ist Arbeitskampf Grundrechtsausübung.[117] Darüber hinaus steht im Bereich des Arbeitskampfrechts nicht nur die für die Grundrechtsproblematik typische Freiheitsabgrenzung zwischen Staat und Bürger, hier Kampfpartei, in Rede, sondern es gilt auch, Konfliktpotentiale zwischen einer Arbeitskampfpartei und der Grundrechtssphäre des jeweiligen Kampfgegners ebenso wie derjenigen von unbeteiligten Dritten zu bewältigen.[118] Sowohl der Bedeutung für das Gemeinwesen als auch der Grundrechtsrelevanz wegen handelt es sich beim Arbeitskampfrecht folglich um einen grundlegenden normativen Bereich.[119] Da zudem das Gebiet des Arbeitskampfrechts einer staatlichen Regelung durchaus zugänglich ist,[120] müßte deshalb an sich – unter Zugrundelegung der Wesentlichkeitstheorie – der Gesetzgeber alle für den Bereich des Arbeitskampfrechts wesentlichen Entscheidungen selbst treffen.[121]

Zu den wesentlichen Entscheidungen gehört ohne Zweifel auch die Abgrenzung zwischen rechtmäßigen und rechtswidrigen Kampfmaßnahmen. Damit würde die Festlegung von Rechtmäßigkeitsvoraussetzungen für Arbeitskampfmaßnahmen dem Gesetzgeber und gerade nicht den Gerichten oblie-

---

115 *Kloepfer,* NJW 1985, S. 2497, 2500.

116 Vgl. *Kloepfer,* NJW 1985, S. 2497, 2499; *G. Müller,* Arbeitskampf, S. 371.

117 *Ipsen,* DVBl 1984, S. 1102, 1105; *Jacob,* Staatsnotstand, S. 44 ff.; *Seiter,* Streikrecht, S. 85 ff.; *Wolf,* Aussperrung, S. 128 f., 138, 140; *Friauf,* RdA 1986, S. 188, 189; *Plander,* AuR 1986, S. 65; abweichend *Brox/Rüthers,* Arbeitskampfrecht, Rdnr. 82 ff.

118 *Friauf,* RdA 1986, S. 188, 192.

119 So auch jüngstens *Friauf,* RdA 1986, S. 188, 192: „Daß es sich beim Arbeitskampfrecht ... um einen grundlegenden normativen Bereich im Sinne der Wesentlichkeitstheorie handelt, kann vernünftigerweise nicht bezweifelt werden."

120 Dazu näher *Kloepfer,* NJW 1985, S. 2497, 2501 ff.

121 So auch *Seiter,* RdA 1986, S. 165, 171; *Friauf,* RdA 1986, S. 188, 192; *Kloepfer,* NJW 1985, S. 2497, 2499; *Kissel,* NZA 1986, S. 73, 77; abweichend *Ipsen,* DVBl 1984, S. 1102, 1105 f.

gen, denn aus der Feststellung, daß der Gesetzgeber aufgrund des Rechtsstaats- und Demokratieprinzips verpflichtet ist, eine bestimmte Sachfrage selbst zu regeln, folgt – wie bereits ausgeführt – eine Sperrwirkung für die Rechtsprechung. Den Gerichten ist durch das Rechtsstaats- und Demokratieprinzip verwehrt, die betreffende Sachfrage selbst zu regeln. Dies würde bedeuten, daß das Bundesarbeitsgericht zur Einführung des Rechtmäßigkeitskriteriums „Verhältnismäßigkeitsgrundsatz" schon kompetenziell nicht befugt war, die Rechtsfortbildung bereits aus diesem Grunde unzulässig war.

(4) Die spezifische Situation des Arbeitskampfrechts und ihre Auswirkung

Ein derartiges Ergebnis würde aber eine gewichtige Besonderheit des Arbeitskampfrechts nicht berücksichtigen, die bereits oben angesprochen worden ist. Im Zusammenhang mit dem Gewaltenteilungsprinzip ist dargelegt worden, daß eine (befriedigende) gesetzliche Regelung des Arbeitskampfrechts zumindest in zentralen Bereichen politisch nicht durchsetzbar ist.[122] Bedingt gerade durch diesen Umstand ergab sich im Hinblick auf die Rechtsfortbildungskompetenz des Bundesarbeitsgerichts keine Sperre aus dem Gewaltenteilungsprinzip. Ebenso wie beim Gewaltenteilungsprinzip darf auch im Zusammenhang mit dem Rechtsstaats- und Demokratieprinzip die politische und faktische Unmöglichkeit einer gesetzlichen Regelung des Arbeitskampfrechts nicht unberücksichtigt bleiben. Vielmehr muß untersucht werden, ob sich dieser Umstand auch hier kompetenzbegründend für das Bundesarbeitsgericht auswirkt.

Im verfassungsrechtlichen Normalfall kann der Gesetzgeber seine ihm durch Rechtsstaats- und Demokratieprinzip auferlegte Pflicht zur Entscheidung von wesentlichen Fragen ohne weiteres erfüllen. Eine Untätigkeit des Gesetzgebers stellt sich in diesem Normalfall als eine nicht zu entschuldigende Verletzung der Gesetzgebungspflicht dar. Deshalb ist es auch gerechtfertigt, daß kein anderes Organ die entsprechenden wesentlichen Entscheidungen treffen darf; denn anderenfalls würde der Gesetzgeber in seiner pflichtwidrigen und vorwerfbaren Untätigkeit bestärkt werden.

Im Arbeitskampfrecht hingegen liegt eine vom Normalfall erheblich abweichende Situation vor. Hier kann der Gesetzgeber seine durch Rechtsstaats- und Demokratieprinzip statuierte Gesetzgebungspflicht aufgrund politischer Gegebenheiten faktisch nicht erfüllen. Dieser Umstand läßt die Untätigkeit des Gesetzgebers im Arbeitskampfrecht in einem anderen Lichte als sonst erscheinen. Die Untätigkeit wird hier wegen Unzumutbarkeit entschuldigt, wenn nicht gar wegen faktischer Unmöglichkeit gerechtfertigt. Auch für den

---

122 s. oben 3. Teil C. III. 2. a) aa) (3).

Gesetzgeber muß der Grundsatz gelten, daß die Rechtsordnung nicht wirklichkeitsfremd etwas Unmögliches verlangen kann.

Für die Frage der Kompetenz der Judikatur kann diese „Verfassungsstörung" (der Gesetzgeber kann faktisch seiner durch Rechtsstaats- und Demokratieprinzip begründeten Pflicht zur Gesetzgebung nicht nachkommen) auch nicht ohne Einfluß bleiben, sie muß vielmehr zu einer Kompetenzerweiterung der Rechtsprechung führen. Ist nämlich durch anerkennenswerte Gründe das primär zuständige Organ an der Aufgabenwahrnehmung gehindert, so dürfen die sachnächsten staatlichen Organe, das sind hier die Gerichte, an die Stelle des primär zuständigen Organs treten und die Aufgabe – gewissermaßen treuhänderisch – wahrnehmen.[123] Diese Folge entspricht geradezu dem Rechtsstaatsprinzip, wonach die Gerichte für eine gerechte Ordnung mitverantwortlich sind.[124] Für diesen Ausnahmefall können Rechtsstaats- und Demokratieprinzip ihre Sperrwirkung für das Tätigwerden der Judikative nicht entfalten. Auch die Prinzipien des Rechtsstaates und der Demokratie stehen demnach der Kompetenz des Bundesarbeitsgerichts zur eigenständigen Aufstellung von Rechtmäßigkeitsvoraussetzungen für Arbeitskampfmaßnahmen nicht entgegen.

Damit läßt sich als Ergebnis des ersten Prüfungsaspektes richterlicher Rechtsfortbildung folgendes festhalten: Die vorangegangene Prüfung hat ergeben, daß das Bundesarbeitsgericht – begründet durch die politischen Gegebenheiten – die vom Grundgesetz vorgesehene Kompetenzverteilung zwischen Legislative und Judikative gemäß Gewaltenteilungs-, Rechtsstaats- und Demokratieprinzip beachtet und sich nicht über deren Grenzen hinweggesetzt, wenn es die Abgrenzung zwischen rechtmäßigen und rechtswidrigen Kampfmaßnahmen durch Rechtsfortbildung anstelle des Gesetzgebers selbst vornimmt. Besitzt demnach das Bundesarbeitsgericht die Rechtsfortbildungskompetenz zur Aufstellung von Rechtmäßigkeitskriterien, so ist auch die vom Bundesarbeitsgericht durch die Statuierung des allgemeinen Verfassungsgrundsatzes der Verhältnismäßigkeit als Rechtmäßigkeitsmaßstab für Arbeitskampfmaßnahmen vorgenommene Rechtsfortbildung nicht schon aus kompetenziellen Gründen unzulässig.

Kann die Kompetenz des Gerichts für die hier zu erörternde Rechtsfortbildung bejaht werden, so soll sich nun dem nicht minder bedeutsamen zweiten Prüfungsmaßstab richterlicher Rechtsfortbildung zugewendet und im folgenden untersucht werden, ob die durch das Bundesarbeitsgericht erfolgte Rechtsfortbildung auch inhaltlich sachrichtig ist.

---

[123] In der Verfassung festgeschrieben findet sich dieser Gedanke in Art. 81 GG (Gesetzgebungsnotstand).

[124] Vgl. *Wank*, Rechtsfortbildung, S. 238 m. w. N.

b) Die inhaltliche Sachrichtigkeit der Rechtsfortbildung

aa) Die bindenden Vorgaben der Rechtsordnung bei richterlicher Rechtsfortbildung im Arbeitskampfrecht

Rechtsfortbildung im Arbeitskampfrecht erfolgt nicht im rechtsfreien Raum. Vielmehr muß auch in diesem weitgehend einfachgesetzlich nicht geregelten Rechtsbereich die Rechtsfortbildung mit den Wertentscheidungen der Rechtsordnung verträglich sein. Diese Wertentscheidungen, die jeder Rechtsfortbildung als Vorgaben und zugleich als Rahmen zugrundeliegen, ergeben sich vor allem aus der Verfassung und dort für den Bereich des Arbeitskampfrechts insbesondere aus Art. 9 Abs. 3 GG. Diese Verfassungsnorm prägt das Arbeitskampfrecht entscheidend. Art. 9 Abs. 3 GG wird heute zu Recht als verfassungsrechtliche Grundlage des Arbeitskampfes angesehen.[125] Jede Rechtsfortbildung im Arbeitskampfrecht, also auch die Statuierung des Verhältnismäßigkeitsgrundsatzes als Rechtmäßigkeitskriterium für Arbeitskämpfe, muß somit in erster Linie im Einklang mit den Anforderungen aus Art. 9 Abs. 3 GG stehen.

Wenn der Verfassungsgrundsatz der Verhältnismäßigkeit im Arbeitskampfrecht als Rechtmäßigkeitsmaßstab für Kampfmaßnahmen eingesetzt werden soll, so hat diese Rechtsfortbildung daneben auch die sich aus dem Grundsatz der Verhältnismäßigkeit selbst resultierenden Vorgaben zu berücksichtigen. Diese Vorgaben ergeben sich namentlich aus dem Anwendungsbereich und der Funktion des Verhältnismäßigkeitsgrundsatzes.

Vor diesem Hintergrund stellt sich die Frage, ob die Anwendbarkeit des Verhältnismäßigkeitsgrundsatzes als Rechtmäßigkeitsvoraussetzung für Arbeitskämpfe methodisch begründbar ist oder ob eine solche Anwendung des Grundsatzes den Vorgaben der Rechtsordnung, insbesondere denen der Verfassung, des Arbeitskampfrechts und des Verhältnismäßigkeitsgrundsatzes selbst widerspricht. Kann festgestellt werden, daß die Anwendbarkeit als Rechtmäßigkeitsmaßstab für Arbeitskampfmaßnahmen methodisch begründbar ist und den gerade angesprochenen Wertentscheidungen nicht widerspricht, so ist die vom Bundesarbeitsgericht vorgenommene Rechtsfortbildung inhaltlich sachrichtig und damit zulässig.

In der oben gegebenen Bestandsaufnahme wurde bereits auf die in der Diskussion vorgebrachten Bedenken gegen die Geltung des Verhältnismäßigkeitsprinzips als Rechtmäßigkeitsmaßstab für Arbeitskampfmaßnahmen hingewiesen.[126] Diese Bedenken stellen sich, was ihren sachlichen Gehalt anbelangt, als Kritik an der inhaltlichen Sachrichtigkeit der vom Bundesarbeitsge-

---

[125] s. oben 1. Teil C. I.

[126] 3. Teil B. II. 2. b).

richt vorgenommenen Rechtsfortbildung dar. Um diese Kritik im Rahmen der vorliegenden Untersuchung hinreichend würdigen zu können, soll, ausgehend von ihr, die Frage der inhaltlichen Sachrichtigkeit beleuchtet werden. Es wird dabei vor allem zu klären sein, ob sich die in der Kontroverse um den Verhältnismäßigkeitsgrundsatz geäußerten Bedenken gegen die Anwendbarkeit dieses Grundsatzes als Rechtmäßigkeitsmaßstab im Arbeitskampfrecht als stichhaltig und überzeugend erweisen.

bb) Die bisher geäußerte Kritik

(1) Die Unbeschränkbarkeit von Streik und Aussperrung

Sowohl die Arbeitskampffreiheit als solche als auch die Kampfmittel Streik und Aussperrung stehen unter dem Schutz des Art. 9 Abs. 3 GG.[127] Art. 9 Abs. 3 GG seinerseits steht nicht, wie die Mehrzahl der Grundrechte, unter einem allgemeinen oder speziellen Gesetzesvorbehalt, vielmehr handelt es sich bei dieser Norm um ein seinem Wortlaut nach unbeschränkbares Grundrecht. Aus dem Text des Art. 9 Abs. 3 GG sind keinerlei staatliche Beschränkungsmöglichkeiten zu entnehmen.

(a) Inhalt der Kritik

An die formelle Schrankenlosigkeit des Art. 9 Abs. 3 GG knüpfen einige Autoren zur Stützung der Theorie von der Unbeschränkbarkeit des Streikrechts argumentativ an. Danach soll aus der formellen Schrankenfreiheit des Art. 9 Abs. 3 GG die prinzipielle Unbeschränkbarkeit des Streikrechts durch den Staat folgen.[128] Da die Koalitionsfreiheit explizit uneingeschränkt gewährleistet sei, habe das Grundgesetz das Streikrecht der staatlichen Kompetenz zur Aufsicht bzw. Grenzziehung entzogen.

In ähnlicher Weise hat sich auch jüngst Schumann im Zusammenhang mit dem Verhältnismäßigkeitsgrundsatz im Arbeitskampfrecht geäußert. Die Unterwerfung kollektiven Handelns unter die Grundsätze der Geeignetheit, Erforderlichkeit und Verhältnismäßigkeit schränke die grundgesetzliche Streikgarantie ohne jeden Anhaltspunkt in der Verfassung ein, dies sei nicht zu rechtfertigen.[129]

Würde, wie behauptet, aus der grundgesetzlichen Schrankenlosigkeit des Art. 9 Abs. 3 GG die Unbeschränkbarkeit der dort geschützten Grundrechtsaktivitäten folgen, so wäre nicht nur der Streik als Kampfmittel der Arbeit-

---

[127] s. oben 1. Teil C.

[128] So insb. *Hoffmann,* KJ 1971, S. 45 ff.; *Geffken,* Seeleutestreik, S. 224 ff.

[129] *Schumann,* in: Däubler, Arbeitskampfrecht, Rdnr. 200.

nehmer, sondern auch die Aussperrung auf Arbeitgeberseite einer Schrankenziehung durch den Gesetzgeber verschlossen, weil auch die Aussperrung durch Art. 9 Abs. 3 GG Schutz genießt.

Da sich jedes vom Staat gesetzte Rechtmäßigkeitskriterium für Streik und Aussperrung – aus der verfassungsrechtlichen Perspektive – als staatliche Schranke des Art. 9 Abs. 3 GG erweist,[130] wäre auch das Rechtmäßigkeitskriterium „Verhältnismäßigkeit" als unzulässige staatliche Schranke des Art. 9 Abs. 3 GG zu deuten. Die vom Bundesarbeitsgericht vorgenommene Statuierung des Verfassungsgrundsatzes der Verhältnismäßigkeit als Rechtmäßigkeitsmaßstab für Arbeitskämpfe wäre demnach, weil sie gegen Art. 9 Abs. 3 GG verstieße, als eine inhaltlich falsche und damit unzulässige Rechtsfortbildung zu bewerten.

(b) Stellungnahme

Der Schluß von der Vorbehaltslosigkeit des Art. 9 Abs. 3 GG auf seine Unbeschränkbarkeit übersieht aber, daß Art. 9 Abs. 3 GG nicht isoliert steht, sondern einbezogen in die Gesamtordnung des Grundgesetzes ist.[131] Auch die formelle Schrankenlosigkeit eines Grundrechts rechtfertigt nicht die Annahme einer absoluten Unbegrenzbarkeit und materiellen Unbeschränkbarkeit des betreffenden Grundrechts. Darüber besteht heute sowohl in der verfassungsrechtlichen Judikatur als auch im staatsrechtlichen Schrifttum breiter Konsens.[132]

Wie das Bundesverfassungsgericht überzeugend aufgezeigt hat, liegt dem Grundgesetz nicht das Menschenbild eines isolierten, souveränen Individuums zugrunde; die Verfassung hat sich vielmehr in dem Spannungsverhältnis zwischen Individual- und Gemeinschaftsinteressen im Sinne der Gemeinschaftsbezogenheit und Gemeinschaftsgebundenheit der Person entschieden, ohne dabei deren Eigenwert anzutasten.[133] Die Grundrechte sind also nicht isolierten Individuen, sondern Menschen eingeräumt, die in einer sozialen Gemeinschaft leben, der sie vielfältig verpflichtet sind. Die in den Grundrechten enthaltenen Freiheiten können mithin nur als begrenzte, sozial gebundene Freiheiten gedacht werden.[134]

---

[130] Dazu auch *Konzen/Scholz,* DB 1980, S. 1593, 1597; *Randerath,* Kampfkündigung, S. 34.

[131] s. *Konzen,* AcP 177 (1977), S. 473, 499; *Scholz/Konzen,* Aussperrung, S. 152 f.

[132] BVerfGE 30, S. 170, 193; 32, S. 98, 107 f.; 44, S. 37, 49 f.; 49, S. 24, 56. *van Nieuwland,* Grundrechtsschranken, insb. S. 102 ff. zur Rspr. d. BVerfG; *Kriele,* JA 1984, S. 629 ff.; *Schnapp,* JuS 1978, S. 729, 732 ff.; *Alexy,* Grundrechte, S. 107; *Schwabe,* Grundrechtsdogmatik, S. 307.

[133] BVerfGE 4, S. 7, 15; 28, S. 243, 260 f.; 30, S. 1, 20; 39, S. 334, 366 f.

[134] BVerfGE 33, S. 1, 10 f.

Welche Folgen die Negierung staatlicher Schrankensetzungskompetenz besitzt, läßt sich im Arbeitskampfrecht deutlich erfahren. Eine unbeschränkte Ausübung von Art. 9 Abs. 3 GG im Bereich des Arbeitskampfes durch Einsatz von Streik und Aussperrung würde sich derart freiheitsbeschränkend zu Lasten anderer Grundrechtsträger auswirken, daß deren Freiheitsraum nicht mehr ausreichend gewährleistet wäre; mehr noch, völlig unbeschränkte und formell unbeschränkbare Streiks und Aussperrungen könnten das gesamte Staats- und Gesellschaftsleben in ein Chaos führen. Zu Recht hat deshalb das Bundesarbeitsgericht[135] in Übereinstimmung mit dem Bundesverfassungsgericht[136] und der ganz herrschenden Auffassung im arbeitskampfrechtlichen Schrifttum[137] herausgestellt, daß die Koalitionsbetätigung – also auch der Arbeitskampf – keineswegs unbeschränkbar gewährleistet wird, sondern auch staatlichen Beschränkungen zugänglich ist.

Für die hier zu erörternde Rechtsfortbildungsproblematik bedeutet dies: Die inhaltliche Sachrichtigkeit der vom Bundesarbeitsgericht vorgenommenen Rechtsfortbildung kann nicht schon deshalb in Frage gestellt oder gar verneint werden, weil sich der Verhältnismäßigkeitsgrundsatz als Rechtmäßigkeitsmaßstab für Arbeitskämpfe, insbesondere für Streik und Aussperrung, als Schranke des seinem Wortlaut nach schrankenlos gewährleisteten Art. 9 Abs. 3 GG darstellt.

(2) Der Widerspruch zum Paritätsgrundsatz

Die Parität ist unerläßliche Voraussetzung für das Funktionieren der Tarifautonomie und ihres Hilfsinstruments, des Arbeitskampfs.[138] Dementsprechend hat das Bundesarbeitsgericht in seiner zweiten Warnstreikentscheidung die Verhandlungsparität als obersten Grundsatz des Arbeitskampfrechts bezeichnet, an dem alle weiteren Grundsätze zu messen sind.[139] Darüber hinaus wird der Grundsatz der Parität von der herrschenden Meinung als in Art. 9 Abs. 3 GG verankert angesehen.[140] Eine Rechtsfortbildung im Arbeitskampfrecht muß folglich auch und vor allem mit diesem Grundsatz im Einklang stehen und darf ihm nicht widersprechen.

---

[135] BAG, AP Nr. 81 zu Art. 9 GG Arbeitskampf, Bl. 571 R; BAG, EzA Art. 9 GG Arbeitskampf Nr. 57, unter II 3 c.

[136] BVerfGE 19, S. 303, 321 f; 28, S. 295, 306; 50, S. 290, 368 f.; 57, S. 220, 246 f.; 58, S. 233, 247 f.

[137] s. nur *Seiter,* Streikrecht, S. 111; *ders.,* RdA 1986, S. 165, 172 f.; *Friauf,* RdA 1986, S. 188, 190 f.

[138] s. 1. Teil B. II.

[139] BAG, AP Nr. 81 zu Art. 9 GG Arbeitskampf, Bl. 574.

[140] *Zöllner,* Arbeitsrecht, § 40 X (S. 383); *Seiter,* Streikrecht, S. 170 f.; *Scholz/Konzen,* Aussperrung, S. 168 ff. mit zahlreichen Nachw.; a. A. *Kittner,* GewMH 1973, S. 91, 95. Zur Rspr. des BVerfG hinsichtlich der Gewährleistung der Parität in Art. 9 Abs. 3 GG s. *Seiter,* AÖR 109 (1984), S. 88, 129 f.

(a) Inhalt der Kritik

Wolter hat in seiner grundsätzlichen Kritik gegenüber dem Verhältnismäßigkeitsgrundsatz im Arbeitskampfrecht unter anderem einen Widerspruch des Verhältnismäßigkeitsprinzips zum Paritätsgrundsatz erblickt.[141] Zwar erkennt Wolter, daß das Bundesarbeitsgericht nicht nur den Streik auf Arbeitnehmerseite, sondern auch die Aussperrung als Pendant auf Arbeitgeberseite dem Verhältnismäßigkeitsgrundsatz unterstellt hat, meint aber die formal für Streiks und Aussperrungen gleichermaßen geltende Einschränkung durch den Verhältnismäßigkeitsgrundsatz bewirke materiell eine ganz unterschiedliche Umverteilung der Kräfte zuungunsten der Gewerkschaften.[142] Sehe man ein materiell definiertes Paritätsprinzip als Bestandteil des Normprogramms des Art. 9 Abs. 3 GG an, so stehe das Gebot der Verhältnismäßigkeit im Widerspruch zu diesem Prinzip.[143] Maßgeblich auf dem Wege zu diesem Ergebnis ist für Wolter die Überlegung, daß der Streik viel häufiger angewendet werde und dementsprechend auch öfter unter dem Damoklesschwert des Gebotes der Verhältnismäßigkeit stehe als die Aussperrung, faktisch also wesentlich stärker betroffen werde als jene.[144]

(b) Stellungnahme

Der Auffassung von Wolter ist ihrerseits zu widersprechen. Zwar ist es richtig, daß das Kampfmittel des Streiks bislang häufiger eingesetzt worden ist als die Aussperrung von seiten der Arbeitgeber; aus diesem Umstand einen Paritätsverstoß des Verhältnismäßigkeitsgrundsatzes herzuleiten, überzeugt aber nicht.

Zunächst spricht der Umstand, daß alle Arbeitskampfmittel, gleichgültig, ob von Arbeitnehmer- oder Arbeitgeberseite zum Einsatz gebracht, den Verhältnismäßigkeitsgrundsatz zu beachten haben, auch bei dem vorherrschenden materiellen Paritätsverständnis[145] indiziell gegen einen Verstoß des Paritätsgrundsatzes durch das Verhältnismäßigkeitsprinzip.

Weiterhin müßten, wäre die Auffassung von Wolter richtig, auch die übrigen vom Bundesarbeitsgericht aufgestellten Rechtmäßigkeitskriterien, die sich gleichermaßen an Streik und Aussperrung richten, mit derselben Argumentation unzulässig sein, weil auch sie gegen den Paritätsgrundsatz verstoßen würden.

---

[141] *Wolter,* in: Bieback u. a., Streikfreiheit, S. 224, 239 ff.

[142] S. 239.

[143] S. 241.

[144] S. 240.

[145] Zum materiellen Paritätsbegriff s. die Nachw. 1. Teil Fußn. 27.

Nicht zuletzt liegt der Kritik von Wolter aufgrund ihres Argumentationsmusters eine Folge nahe, die wohl auch Wolter nicht will. Wenn Wolter argumentiert, aufgrund der häufigeren Anwendung des Streiks gegenüber der Aussperrung werde der Streik und damit auch die Gewerkschaft durch den Verhältnismäßigkeitsgrundsatz stärker betroffen als die Arbeitgeber mit ihrer Aussperrung, so daß der Grundsatz der Verhältnismäßigkeit im Widerspruch zum Paritätsprinzip stehe, so wird spätestens dieser Argumentation dann der Boden entzogen, falls die Arbeitgeber sich entschließen sollten, weit häufiger als bisher von der Aussperrung Gebrauch zu machen. In diesem Falle würde der Grundsatz der Verhältnismäßigkeit in der Praxis die Aussperrung genau so oft treffen wie den Streik. Von einer stärkeren Betroffenheit der Arbeitnehmerseite durch den Verhältnismäßigkeitsgrundsatz könnte dann nicht mehr die Rede sein. Diese Entwicklung hätte aber einen negativen Effekt für die Gewerkschaften zur Folge: Der vermehrte Einsatz der Aussperrung würde eine erhöhte Druckausübung der Arbeitgeber auf die Position der Arbeitnehmerseite bedeuten und – dies dürfte evident sein- gerade die Parität in der Praxis zu Lasten der Gewerkschaften in Frage stellen.

Aus den hier dargelegten Gründen ist deshalb die Ansicht von Wolter abzulehnen. Die Statuierung des Verhältnismäßigkeitsgrundsatzes als Rechtmäßigkeitsmaßstab für alle Arbeitskampfmittel, insbesondere für Streik und Aussperrung, steht nicht im Widerspruch zum Paritätsgrundsatz.

(3) Arbeitskampf als Geschäftsverweigerung auf dem Gütermarkt

Zu den schärfsten und frühestens Kritikern des Verhältnismäßigkeitsgrundsatzes im Arbeitskampfrecht gehört Däubler.[146] Seiner Ansicht nach verbietet sich die Anwendung dieses Grundsatzes auf den Streik. Um dieses argumentativ zu belegen, greift Däubler unter anderem auf das Phänomen der Geschäftsverweigerung zurück.

(a) Inhalt der Kritik

Der Streik entspreche, so Däubler, der Geschäftsverweigerung auf dem Gütermarkt, wenn durch Einstellung der bisherigen „Lieferungen“ ein höherer Preis erzielt werden soll. Die Beschränkung des Streikrechts durch das Verhältnismäßigkeitsprinzip diskriminiere den Arbeitsmarkt im Verhältnis zu allen anderen Gütermärkten und stehe im Widerspruch zu liberalen Prinzipien, da das Recht zur Verweigerung der eigenen Leistung dort generell, und

---

[146] s. *Däubler,* Streik, S. 88 f.; *ders.,* JuS 1972, S. 642; *ders.,* ZfA 1973, S. 201, 203; *ders.,* Arbeitsrecht 1, S. 231 ff.; *ders.,* Neue Beweglichkeit, S. 29 ff.; *Däubler/Hege,* Koalitionsfreiheit, S. 111 f.

nicht nur als letztes Mittel anerkannt sei.[147] Erst wenn es darum geht, auf eine rechtswidrige, das freie Aushandeln der Vertragsbedingungen störende Maßnahme zu antworten, kann nach Auffassung von Däubler ernsthaft das Übermaßverbot in Betracht kommen.[148]

(b) Stellungnahme

Die Argumentation von Däubler übersieht zwei grundlegende Aspekte, die einem Vergleich des Streiks mit einer Geschäftsverweigerung entgegenstehen.

Eine Geschäftsverweigerung als Ablehnung der Erneuerung der Vertragsbeziehungen ist rechtlich nur zulässig, wenn keine Dauerverpflichtung vorliegt; existiert eine solche, so verletzt die Geschäftsverweigerung die bestehenden Vertragsbeziehungen. Beim Streik wird demgegenüber den Arbeitnehmern von der Rechtsordnung erlaubt, in das arbeitsvertragliche Dauerschuldverhältnis einzugreifen und ihre Hauptleistungspflicht, die Arbeitsleistung, zu suspendieren.[149]

Daneben übersieht Däubler den wesentlichen Unterschied zwischen den wettbewerblich organisierten Gütermärkten und dem gegengewichtig organisierten Arbeitsmarkt.[150] Wo Wettbewerb herrscht, wo also auf der Angebots- und Nachfragenseite Alternativen bestehen, stört die Geschäftsverweigerung nicht. Vor allem führt sie nicht zu einem Stillstand des volkswirtschaftlichen Güter- und Leistungsaustausches. Denn der von der Geschäftsverweigerung Betroffene kann seinen Bedarf bei einem anderen Anbieter befriedigen und ist nicht gezwungen, sich auf den Test einzulassen, wer den „längeren Atem" besitzt.[151] Nur dort, wo ein monopolistischer Anbieter den Geschäftsverkehr verweigert, fehlt die gerade beschriebene Ausweichmöglichkeit für den Gegenüber mit der Folge, daß bedingt durch die in einer verflochtenen, arbeitsteiligen Wirtschaft bestehenden Abhängigkeiten in einer Kettenreaktion Nachteile für eine Vielzahl Dritter ausgelöst werden.[152] Für das marktbeherrschende Unternehmen gilt aber – wie Däubler selbst betont – das Recht zur Geschäftsverweigerung gerade nicht.[153]

Anders als die übrigen Gütermärkte ist der Arbeitsmarkt nicht nach dem Wettbewerbsprinzip, sondern nach dem Gegengewichtsprinzip organisiert.[154]

---

[147] *Däubler,* JuS 1972, S. 642, 643; *ders.,* Arbeitsrecht 1, S. 234; zustimmend *Bobke/Grimberg,* Warnstreik, S. 137; *Geffken,* DuR 1974, S. 329, 330 f.

[148] *Däubler,* JuS 1972, S. 642, 644.

[149] *Seiter,* Streikrecht, S. 148.

[150] *Reuter,* JuS 1973, S. 284, 285; *ders.,* RdA 1975, S. 275, 279; *ders.,* Festschrift Böhm, S. 521, 547 ff.

[151] *Reuter,* Festschrift Böhm, S. 521, 548.

[152] *Reuter,* JuS 1973, S. 284, 285.

[153] s. *Däubler,* JuS 1972, S. 642, 644.

Bei einem Streik können die Arbeitgeber ihren Bedarf an Arbeitskräften jedenfalls weitgehend nicht anderweitig decken.[155] Der Streik bewirkt, daß der Wirtschaftsverkehr durchweg in nicht unbeträchtlichem Umfange lahmgelegt wird und neben der Beeinträchtigung der Kampfbeteiligten sowohl Rechtspositionen unbeteiligter Dritter als auch die Interessen der Allgemeinheit in Mitleidenschaft gezogen werden. Damit unterscheiden sich Streiks so grundlegend von dem üblichen Erscheinungsbild der Geschäftsverweigerung, daß sich ein Vergleich verbietet.[156] Für Argumentationen mit dem Phänomen der Geschäftsverweigerung ist deshalb bei der Frage der Geltung des Verhältnismäßigkeitsgrundsatzes als Rechtmäßigkeitsmaßstab für Arbeitskämpfe kein Raum.

(4) Subordinationsverhältnis als Anwendungsvoraussetzung für den Verhältnismäßigkeitsgrundsatz

(a) Inhalt der Kritik

Verbreitet begegnet die Anwendbarkeit des Verhältnismäßigkeitsprinzips als Rechtmäßigkeitsmaßstab einem weiteren Bedenken. Dem Bundesarbeitsgericht wird vorgehalten, mit der Anwendung des Verhältnismäßigkeitsgrundsatzes im Arbeitskampfrecht habe es den Anwendungsbereich dieses Grundsatzes unzulässigerweise überschritten.[157]

Ausgangspunkt dieser Kritik ist die Vorstellung, der Verhältnismäßigkeitsgrundsatz setze stets für seine Anwendbarkeit ein Subordinationsverhältnis, also ein Über- Unterordnungsverhältnis zwischen den Beteiligten voraus.[158] Von dieser Vorstellung ausgehend wird das Verhältnismäßigkeitsprinzip als Rechtmäßigkeitsvoraussetzung für das Kampfmittel Streik abgelehnt. Es bestehe beim Streik nicht das für die Anwendbarkeit des Verhältnismäßigkeitsprinzips notwendige Machtgefälle der Gewerkschaft gegenüber der Arbeitgeberseite.[159] Hinsichtlich der Aussperrung als Kampfmittel der Arbeitgeber wird teilweise von den Kritikern die Anwendbarkeit des Verhältnismäßigkeitsgrundsatzes für möglich angesehen. Bei der Arbeitgeberseite sei, so wird argumentiert, eine überlegene Macht anzutreffen.[160]

---

[154] *Reuter,* JuS 1973, S. 284, 285; *ders.,* RdA 1975, S. 275, 279; *ders.,* Festschrift Böhm, S. 521, 548; *Pahlen,* Verhältnismäßigkeit, S. 71; *Rüthers,* Aussperrung, S. 70 f.

[155] *G. Müller,* Arbeitskampf, S. 284; *Reuter,* JuS 1973, S. 284, 285.

[156] s. auch *Reuter,* Festschrift Böhm, S. 521, 548 f.

[157] s. zu den Nachw. 3. Teil Fußn. 24.

[158] Diese Vorstellung ist auch über den Kreis der Kritiker des Verhältnismäßigkeitsgrundsatzes hinaus verbreitet, s. z. B. *Raiser,* Diskussionsbeitrag, ZfA 1980, S. 511.

[159] *Wohlgemuth,* Staatseingriff, S. 104; *Wolter,* in: Bieback u. a., Streikfreiheit, S. 224, 238.

[160] So etwa *Wolter,* in: Bieback u. a., Streikfreiheit, S. 224, 238; implizit auch *Bobke/Grimberg,* Warnstreik, S. 135.

(b) Antikritik von Mayer-Maly

Dieser gegen die Anwendbarkeit des Verhältnismäßigkeitsgrundsatzes vorgebrachten Kritik ist Mayer-Maly ausdrücklich entgegengetreten. Mayer-Maly weist darauf hin, daß im Arbeitskampf ein Machtgefälle zwischen der Kampfpartei einerseits und der von den Aktionen der Kampfpartei betroffenen einzelnen bestehe. Die Hilflosigkeit des einzelnen gegenüber den Aktionen der Kampfparteien übertreffe sogar seine Ohnmacht gegenüber einer Behörde in erheblichem Ausmaß. Daher gehe auch die Ansicht fehl, der Verhältnismäßigkeitsgrundsatz könne im Arbeitskampfrecht nicht übernommen werden, weil es dort an jenem Machtgefälle fehle, das dieser Grundsatz voraussetze.[161] Richten die Kritiker den Blick nur auf das Verhältnis zwischen den Kampfparteien,[162] so lenkt Mayer-Maly mit seiner Antikritik sein Hauptaugenmerk auf die vom Arbeitskampf betroffenen einzelnen. Der Grund für die Relevanz des Verhältnismäßigkeitsgrundsatzes soll danach nicht zwischen den Kampfparteien, sondern in der Zulassung von Beeinträchtigungen sonst geschützter Rechtspositionen von einzelnen liegen.[163]

(c) Stellungnahme

Mayer-Maly kann zwar darin beigepflichtet werden, daß zwischen den Kampfparteien auf der einen Seite und den von den Arbeitskampfmaßnahmen betroffenen einzelnen auf der anderen Seite ein faktisches Machtgefälle zugunsten der Kampfpartei besteht. Die Tarifvertragsparteien verfügen vor allem im Arbeitskampf im Verhältnis zu Dritten de facto über eine Macht, die mit der des Staates durchaus vergleichbar ist. Dieser Machtausübung steht der einzelne häufig fast ohnmächtig gegenüber.[164] Andererseits läßt sich aber für das Verhältnis der Kampfparteien untereinander kein generelles, signifikantes Machtgefälle feststellen. Gerade Tarifautonomie und Arbeitskampfrecht beruhen auf dem tragenden Gedanken eines Gleichgewichts der Kräfte auf Arbeitnehmer- und Arbeitgeberseite.[165]

---

[161] *Mayer-Maly,* ZfA 1980, S. 473, 482 f.

[162] Deutlich ist dies zu erkennen bei *Wohlgemuth,* Staatseingriff, S. 104; *Pahlen,* Verhältnismäßigkeit, S. 71; *Auffermann,* Verhältnismäßigkeit, S. 207; ArbG Düsseldorf, DB 1982, S. 387, 388.

[163] *Mayer-Maly,* ZfA 1980, S. 473, 483. In der anschließenden Diskussion gestand Mayer-Maly aber ein, daß er den Akzent vielleicht zu stark auf die Dritten gesetzt habe, ZfA 1980, S. 515.

[164] So auch *Grunsky,* ZRP 1976, S. 129, 131; *Rüthers,* ArbRGegw 10 (1972), S. 23, 32. – s. auch die Rspr. des BAG (AP Nr. 25, 32, 34 zu § 2 TVG) zu den Voraussetzungen der Tariffähigkeit. Danach ist für die Tariffähigkeit eine gewisse soziale Mächtigkeit unabdingbar.

[165] *Auffermann,* Verhältnismäßigkeit, S. 182; *Däubler,* JuS 1972; S. 642, 644. s. daneben auch die Ausführungen im 1. Teil, unter B. II.

Damit liegt ein Argumentationspatt vor. Eine Gleichgewichtslage und kein typisches Machtgefälle besteht zwischen den Kampfparteien, ein Machtgefälle hingegen liegt im Verhältnis von Kampfpartei zu den Drittbetroffenen vor. Ausgehend von der These, daß der Verhältnismäßigkeitsgrundsatz für seine Anwendbarkeit stets ein Machtgefälle voraussetzt, käme somit folgerichtig die Anwendbarkeit des Verhältnismäßigkeitsgrundsatzes nur zugunsten der vom Arbeitskampf betroffenen Dritten, nicht aber zum Schutz der gegnerischen Kampfpartei in Betracht.[166] Da die Rechtsprechung des Bundesarbeitsgerichts sowohl kampfbetroffene Dritte als auch die gegnerische Kampfpartei in den Schutzbereich des Verhältnismäßigkeitsprinzips miteinbezieht,[167] wäre damit bereits der Stab über die inhaltliche Sachrichtigkeit der Rechtsfortbildung gebrochen.

Das Problem eines Argumentationspatts stellt sich aber nicht, wenn man bereit ist, an den Fundamenten der Kritik selbst zu rütteln und ihre Prämisse zu hinterfragen. Warum soll die Anwendbarkeit des Verhältnismäßigkeitsprinzips nur dann möglich sein, wenn zwischen den Beteiligten ein Machtgefälle, ein Subordinationsverhältnis vorliegt? Um hierauf eine Antwort finden zu können, empfiehlt es sich, zunächst einen Blick auf die von den Kritikern selbst angeführten Begründungen zu werfen.

Joachim,[168] der als einer der ersten den Verhältnismäßigkeitsgrundsatz im Arbeitskampfrecht scharf attackierte, betont bei seiner Argumentationsführung zunächst den Charakter des Verhältnismäßigkeitsgrundsatzes als Begriff des öffentlichen Rechts. Der Grundsatz der Verhältnismäßigkeit sei in erster Linie eine Rechtsfigur des öffentlichen Rechts, der der Polizei oder sonstigen Verwaltungsbehörden Schranken bei Eingriffen gegen Störer setze. Bei Arbeitskämpfen handele es sich nicht um Phänomene des öffentlichen, sondern um solche des privaten Rechts. Dort fehle es aber an dem für das öffentliche Recht wesentlichen institutionellen Machtgefälle.

In ähnlicher Richtung argumentiert auch Wohlgemuth. Die Grundsätze der Verhältnismäßigkeit und Erforderlichkeit seien im öffentlichen Recht entwikkelt worden, um den einzelnen vor staatlichen Grundrechtseingriffen zu schützen. Dies sei notwendig gewesen, da zwischen dem einzelnen Bürger und dem mit dem Gewaltmonopol ausgestatteten Staat regelmäßig ein wesentliches

---

[166] Dieselbe oder zumindest eine ähnliche Überlegung liegt offenbar den Ausführungen von *Reuter* (JuS 1973, S. 284, 285; ZfA 1974, S. 235, 257; JuS 1986, S. 19, 20) zugrunde. Seiner Ansicht nach dient der Verhältnismäßigkeitsgrundsatz dem Schutz der am Arbeitskampf unbeteiligten Dritten und der Allgemeinheit, nicht hingegen den Belangen der Gegenpartei. – In diese Richtung tendieren auch *Grunsky*, ZRP 1976, S. 129, 131; *Loos*, Arbeitskampfhilfeabkommen, S. 173 f.

[167] Vgl. auch die Interpretation des Beschlusses von 1971 durch den damaligen Vorsitzenden des Großen Senats *G. Müller*, RdA 1971, S. 321, 322; *ders.*, GewMH 1972, S. 273, 274.

[168] AuR 1973, S. 289, 292.

institutionelles Machtungleichgewicht bestehe. Schon an diesem Machtgefälle fehle es aber beim Streik.[169]

Auch das Arbeitsgericht Düsseldorf verlangte in einer jüngeren Entscheidung das Vorliegen eines Subordinationsverhältnisses für die Anwendbarkeit des Verhältnismäßigkeitsgrundsatzes.[170] Ebenso wie bei den beiden gerade zitierten Äußerungen dient auch hier wiederum die Beziehung des Verhältnismäßigkeitsgrundsatzes zum öffentlichen Recht als Ausgangspunkt der Begründung. Nach Ansicht des Gerichts findet das Verhältnismäßigkeitsprinzip in dem Über- bzw. Unterordnungsverhältnis zwischen Staatsgewalt und Bürger seine Rechtfertigung. Ein derartiges Verhältnis bestehe aber nicht zwischen der Gewerkschaft und dem Arbeitgeberverband, die miteinander Tarifverträge abschließen. Diese befänden sich gerade nicht in einem Verhältnis der Über- bzw. Unterordnung, sondern seien einander gleichgeordnet. Basierend auf dieser Überlegung verneint das Gericht die Geltung des ultima-ratio-Prinzips als einer speziellen Ausprägung des Verhältnismäßigkeitsgrundsatzes für das Arbeitskampfrecht.

Bereits diese drei beispielhaft herausgegriffenen Bemerkungen lassen den zugrunde liegenden gemeinsamen Gedankengang der Kritiker hinreichend deutlich erkennen: Der Verhältnismäßigkeitsgrundsatz wird hier ausschließlich oder zumindest in erster Linie als Grundsatz des öffentlichen Rechts verstanden, der, soll er ausnahmsweise auch außerhalb dieses Rechtsgebietes angewendet werden, für seine Anwendbarkeit eine tragfähige Parallele zum öffentlichen Recht verlangt.[171] Diese tragfähige Parallele wird in einem Subordinationsverhältnis gesehen. Im öffentlichen Recht bestehe zwischen Staat und Bürger ein Über- Unterordnungsverhältnis, ein Machtgefälle, deshalb müsse, soll der Verhältnismäßigkeitsgrundsatz auch außerhalb des öffentlichen Rechts zur Anwendung gelangen, ein dem Staat – Bürger – Verhältnis vergleichbares Machtgefälle vorliegen.[172]

Diese Argumentationsführung vermag aber aus mehreren Gründen nicht zu überzeugen. Wenn betont wird, der Grundsatz der Verhältnismäßigkeit sei nur oder zumindest in erster Linie ein Begriff des öffentlichen Rechts, so spiegelt sich bereits darin ein antiquiertes Verständnis des Verhältnismäßigkeitsgrundsatzes und dessen Anwendungsfeldes wider, das heute längst abgelegt worden ist.[173] Der Verhältnismäßigkeitsgrundsatz ist nicht zuletzt aufgrund

---

169 *Wohlgemuth,* Staatseingriff, S. 104.

170 ArbG Düsseldorf, DB 1982, S. 387, 388.

171 *Zachert/Metzke/Hamer,* Aussperrung, S. 66, sprechen hier von einer Analogie zum öffentlichen Recht.

172 Dieser Gedankengang läßt sich auch sehr deutlich in den Ausführungen von *Pahlen,* Verhältnismäßigkeit, S. 70 f. ablesen; s. ferner *Zitscher,* AuR 1977, S. 65, 70; *Bobke/Grimberg,* Warnstreik, S. 135; *Auffermann,* Verhältnismäßigkeit, S. 96 ff.

173 Vgl. auch *G. Müller,* Arbeitskampf, S. 284; *Hirschberg,* Verhältnismäßigkeit, S. 250; *Ress,* in Kutscher u. a., Verhältnismäßigkeit, S. 5, 12.

seines Verfassungsranges ein allgemeiner Grundsatz, der die gesamte Rechtsordnung prägend durchzieht, also gerade kein Grundsatz, dessen Anwendungsbereich auf ein bestimmtes Rechtsgebiet beschränkt bleibt und nur ausnahmsweise auf weitere Rechtsgebiete übertragen werden darf.[174] Zu Recht weist deshalb das Bundesarbeitsgericht auf das umfassende Anwendungsfeld des Grundsatzes der Verhältnismäßigkeit hin:

> „Der Grundsatz der Verhältnismäßigkeit ... ist als übergeordnetes Rechtsprinzip des Privatrechts wie schon seit langem für das öffentliche Recht und damit letztlich für die gesamte Rechtsordnung aufgedeckt worden."[175]

Des weiteren wird die These vom Subordinationsverhältnis als der notwendigen Anwendungsvoraussetzung des Verhältnismäßigkeitsprinzips auch durch das heutige Anwendungsspektrum des Grundsatzes widerlegt. Das Verhältnismäßigkeitsprinzip findet auch dort Anwendung, wo ein Machtgefälle zugunsten des Handelnden nicht besteht. So findet der Verhältnismäßigkeitsgrundsatz sogar im öffentlichen Recht auch zwischen zwei (gleichgeordneten) Hoheitsträgern Anwendung.[176]

Vor allem hat auch der Gesetzgeber in der Vergangenheit, wenn er den Verhältnismäßigkeitsgrundsatz außerhalb des öffentlichen Rechts festschrieb, nicht ein Über- Unterordnungsverhältnis als Anwendungsvoraussetzung für notwendig erachtet, wie bereits ein Blick auf die gesetzlichen Festschreibungen dieses Grundsatzes im BGB zeigt. Wo sollte etwa bei der Notwehr des § 227 BGB ein Machtgefälle vorliegen?

Somit läßt sich festhalten, daß bereits die Prämisse der hier zu erörternden Kritik nicht stichhaltig ist. Die Anwendbarkeit des Verhältnismäßigkeitsgrundsatzes setzt kein Subordinationsverhältnis der Beteiligten voraus. Deshalb ist es auch für die Anwendbarkeit des Verhältnismäßigkeitsgrundsatzes im Arbeitskampfrecht rechtlich unerheblich, ob und zwischen wem ein Subordinationsverhältnis besteht. Die Kritik, das Bundesarbeitsgericht habe mit der Statuierung des Verhältnismäßigkeitsgrundsatzes im Arbeitskampfrecht den Anwendungsbereich des Grundsatzes unzulässigerweise überschritten, kann – da sie von einer unrichtigen Prämisse ausgeht – demzufolge nicht gerechtfertigt sein.

---

[174] *van Nieuwland,* Grundrechtsschranken, S. 137.

[175] BAG, AP Nr. 64 zu Art. 9 GG Arbeitskampf, Bl. 923 R; kritisch dazu *Mayer-Maly,* Anm. zu BAG, AP Nr. 84 zu Art. 9 GG Arbeitskampf, Bl. 372 R; *Zitscher,* BB 1983, S. 1285, 1288.

[176] Vgl. *Wellhöfer,* Übermaßverbot, S. 155 f. m. w. N.

(5) Der Verhältnismäßigkeitsgrundsatz als Schranke von Grundrechten

(a) Inhalt der Kritik

Den wohl gewichtigsten Einwand gegen die Geltung des Verhältnismäßigkeitsprinzips im Arbeitskampfrecht hat Säcker formuliert. Säcker hat dem Bundesarbeitsgericht wiederholt ein dogmatisches Fehlverständnis vorgeworfen.[177] Das Gericht habe die Funktion des Verhältnismäßigkeitsgrundsatzes im Grundrechtsbereich völlig verkannt. Der Grundsatz der Verhältnismäßigkeit sei lediglich Schranke für freiheitsbegrenzende staatliche Eingriffe in Grundrechte, also „Schranken - Schranke",[178] nicht aber selbst Schranke grundrechtlicher Freiheitsausübung. Das allein sei der von der Verfassung im Bereich der Grundrechtsnormen vorgezeichnete und vom Bundesverfassungsgericht in ständiger Rechtsprechung beschrittene Weg der Verhältnismäßigkeitsprüfung.[179] Säcker rügt den Großen Senat des Bundesarbeitsgerichts, weil er „sich dies offenbar nicht klargemacht" habe. Mit seiner grundrechtsdogmatisch unabgesicherten, rein politischen Argumentation aus dem Verhältnismäßigkeitsgedanken habe sich das höchste deutsche Arbeitsgericht in eine Position hineinmanövriert, die es unter den übrigen Gerichten isoliere.[180] Die enge, ja ängstliche, von der Furcht vor unkontrollierten „übermäßigen" Entwicklungen diktierte Seh- und Wertungsweise des Bundesarbeitsgerichts im Bereich der Grundrechte ließe, wenn sie sich generell durchsetzte, die Gesellschaft in eine staatlich mediatisierte, „gelenkte" Gesellschaft umschlagen, die Freiheitsausübung nur noch hinnehme, solange sie harmlos und maßvoll sei.[181]

Dieser massive Vorwurf Säckers gegenüber dem Bundesarbeitsgericht, aus einem Kontrollinstrument zum Schutze von Grundrechten nun ein Kontrollinstrument zur Begrenzung von Grundrechten gemacht zu haben, hat im Schrifttum breite Zustimmung gefunden und gab für viele Autoren den Ausschlag, die Anwendbarkeit des Verhältnismäßigkeitsgrundsatzes im Arbeitskampfrecht als Rechtmäßigkeitskriterium für Arbeitskämpfe abzulehnen.[182]

---

[177] *Säcker,* GewMH 1972, S. 287, 296 ff.; *ders.,* Rechtmäßigkeit des Boykotts, S. 25 ff., *ders.,* ArbRGegw 12 (1974), S. 17, 43 ff.

[178] Zum Begriff der „Schranken-Schranke" s. oben 2. Teil A. II. 1.

[179] *Säcker,* GewMH 1972, S. 287, 297.

[180] *Säcker,* GewMH 1972, S. 287, 297; *ders.,* Rechtmäßigkeit des Boykotts, S. 26 ff.; s. aber auch die gegenläufige Bemerkung von *Säcker,* Gruppenautonomie, S. 382: „Vom Arbeitskampf darf nur unter Beachtung des im Privatrecht geltenden Grundsatzes der Verhältnismäßigkeit . . . Gebrauch gemacht werden."

[181] *Säcker,* Rechtmäßigkeit des Boykotts, S. 27.

[182] s. *Joachim,* AuR 1973, S. 289, 292; *Däubler,* ZfA 1973, S. 201, 203; *ders.,* Arbeitsrecht 1, S. 234; *Birk,* AuR 1974, S. 289, 300; *Auffermann,* Verhältnismäßigkeit, S. 189, 207; *Däubler/Hege,* Koalitionsfreiheit, Rdnr. 224; *Wolter,* in: Bieback u. a.,

In der Tat kommt dem Grundsatz der Verhältnismäßigkeit in der Judikatur des Bundesarbeitsgerichts – aus der verfassungsrechtlichen Perspektive gesehen – eine Schrankenfunktion für das Grundrecht aus Art. 9 Abs. 3 GG zu, wenn man – wie es hier in der vorliegenden Untersuchung geschieht – die Arbeitskampffreiheit und die Kampfmittel Streik und Aussperrung als durch Art. 9 Abs. 3 GG grundrechtlich gewährleistet ansieht. Man könnte daher glauben, das Bundesarbeitsgericht habe sich in Widerspruch gesetzt zu der im Grundrechtsbereich anerkannten und oben beschriebenen[183] Aufgabe des Verhältnismäßigkeitsprinzips, grundrechtlichen Freiheitsschutz zu effektuieren. Das Bundesarbeitsgericht hätte in diesem Falle die Funktion des Grundsatzes verkannt und die sich aus dem Verhältnismäßigkeitsgrundsatz selbst ergebenden Vorgaben bei der Rechtsfortbildung mißachtet. Die inhaltliche Sachrichtigkeit müßte folgerichtig zu verneinen sein.

(b) Antikritik aus den Reihen des Schrifttums

Zunehmend wird jedoch die von Säcker angegriffene Rechtsprechung des Bundesarbeitsgerichts verteidigt und die rechtliche Konsistenz des Vorwurfs von Säcker in Zweifel gezogen.

So wirft Seiter Säcker vor, sich mit seinem Plädoyer für eine durch das Übermaßverbot nicht gebundene Streikfreiheit in die Nähe derjenigen zu begeben, die jede Befugnis des Gesetzgebers zur Beschränkung des Streikrechts bestreiten und die Festlegung der Streikgrenzen der Verantwortung der Gewerkschaften anheimstellen.[184]

Richardi[185] kritisiert, daß bei der Betrachtungsweise von Säcker unbeachtet bleibe, daß die Arbeitskampffreiheit nicht lediglich Freiheitsausübung sei, sondern Kampffreiheit bei einem Streik Arbeitsniederlegung, bei einer Aussperrung Nichtzulassung zur Arbeit bedeute und daher bei bestehendem Arbeitsverhältnis in den Rechtskreis der anderen Arbeitsvertragspartei eingreife.[186]

Mayer-Maly[187] hält zwar die Aussage von Säcker, der Verhältnismäßigkeitsgrundsatz solle nicht die Ausübung von Grundrechten beschränken, sondern die Eingriffe in eine Grundrechtsausübung begrenzen, als allgemeine Kenn-

---

Streikfreiheit, S. 224, 237; *Pfarr/Brandt,* AuR 1981, S. 325, 331; *Bobke,* AuR 1982, S. 41, 43; *Bobke/Grimberg,* Warnstreik, S. 135; *Schumann,* in: Däubler, Arbeitskampfrecht, Rdnr. 201; *Kittner,* in: Alternativkommentar, Art. 9 Abs. 3 GG, Rdnr. 66.

[183] 2. Teil A. II. 1.

[184] *Seiter,* Übermaßverbot, S. 90. Zur Beschränkbarkeit von Streik und Aussperrung s. bereits oben S. 81 f.

[185] NJW 1978, S. 2057, 2059; s. auch *ders.,* Grenzen, S. 32.

[186] Die Kritik von Richardi ablehnend und Säcker zustimmend *Wolf,* Aussperrung, S. 305 f.

[187] ZfA 1980, S. 473, 481 f.

zeichnung des Verhältnismäßigkeitsgrundsatzes für richtig, als Argument gegen seine Bedeutung für das Arbeitskampfrecht hingegen nicht für überzeugend. Für Mayer-Maly ruft nicht ein Grundrechtsschutz der Kampfmaßnahmen, sondern der Rechtsschutz für die von den Kampfmaßnahmen betroffenen Güter und Rechte den Verhältnismäßigkeitsgrundsatz auf den Plan. Nicht die Verhältnismäßigkeit des Eingriffs in die Koalitionsfreiheit, sondern die Unverhältnismäßigkeit des Eingriffs in die Rechtspositionen der unmittelbar Beteiligten und der mittelbar Betroffenen sei der Aspekt, von dem der Große Senat ausgegangen sei. Für Mayer-Maly wird damit dem Verhältnismäßigkeitsgrundsatz keine andere Funktion vindiziert als vom Bundesverfassungsgericht in seiner Spruchpraxis. Die Besonderheit der arbeitskampfrechtlichen Handhabung des Verhältnismäßigkeitsgrundsatzes liege lediglich darin, daß der Verhältnismäßigkeitsgrundsatz als Schranke nicht gegen einen unmittelbar vom Staat vorgenommenen, sondern gegen einen von der staatlichen Ordnung in mehr oder weniger bestimmte Grenzen zugelassenen Eingriff in Rechtspositionen aufgerichtet werde.

Reuter[188] sieht den Arbeitskampf als eine Problemlage an, die durch die Kollision des Interesses der Koalitionen an möglichst unbeschränkter Arbeitskampffreiheit mit dem Interesse Dritter an möglichst umfassenden Schutz vor Beeinträchtigungen gekennzeichnet ist. Daher dränge sich die Anwendung des Verhältnismäßigkeitsprinzips durch das Bundesarbeitsgericht fast unabweisbar auf. Denn das Gebot der Verhältnismäßigkeit und Erforderlichkeit beschreibe exakt die Anforderungen, an denen sich ein der Gerechtigkeit verpflichtetes Rechtssetzungsorgan bei der Regelung von Interessenkonflikten zu orientieren habe. Es entspreche nämlich dem Gebot der Gerechtigkeit, daß man in der Kollision bestimmter Interessen das eine Interesse nicht weiter fördere als erforderlich sei um seines Zieles willen und auch nicht weiter fördere, als es seiner Ranghöhe im Verhältnis zu den kollidierenden Interessen entspreche. Deshalb stelle im Grunde jede gesetzliche Konfliktregelung eine Konkretisierung des Verhältnismäßigkeitsprinzips dar, gleichgültig, ob sie dem öffentlichen Recht oder dem Privatrecht angehöre. Nach Ansicht von Reuter hält das Verständnis des Verhältnismäßigkeitsprinzips als einer Schranke der Arbeitskampffreiheit einer kritischen Überprüfung stand. Da das Bundesarbeitsgericht als „Ersatzgesetzgeber" bei der Regelung des Arbeitskampfrechts nicht in Art. 9 Abs. 3 GG eingreife, sondern einen verfassungsrechtlichen Auftrag der Vorschrift erfülle, sieht es sich nicht einem Abwehrrecht der Koalitionen, sondern Abwehrrechten der Drittbetroffenen aus Art. 14 und Art. 2 Abs. 1 GG gegenüber. Deshalb dürfe das Bundesarbeitsgericht die Arbeitskampffreiheit nur unter dem Vorbehalt der Verhältnismäßigkeit und Erforderlichkeit sanktionieren.

---

188 Festschrift Böhm, S. 521, 549; RdA 1975, S. 275, 281; Diskussionsbeitrag, ZfA 1980, S. 493.

Jüngst hat auch G. Müller die Argumentation von Säcker kritisiert. Es werde von Säcker nicht gesehen, daß der Arbeitskampf selbst notwendigerweise in die Rechtspositionen anderer und der Allgemeinheit eingreife. Grundrechte – und Rechte überhaupt – könnten nicht absolut gesetzt werden, sonst entstünden angesichts der vielfältigen Überschneidungen zwischen den einzelnen Rechtsausübungen im gesellschaftlichen Raum unvereinbare Rechtsbefehle.[189]

(c) Stellungnahme

Wenn auch die gegen Säcker gerichtete Kritik nicht in allen Punkten gerechtfertigt und überzeugend erscheint,[190] so kommt ihr dennoch das Verdienst zu, den entscheidenden Kritikpunkt an der These von Säcker herausgearbeitet und aufgehellt zu haben.

Die von Säcker angeführte Kritik am Verhältnismäßigkeitsgrundsatz sieht und beurteilt den Grundsatz und dessen Funktion lediglich aus dem Verhältnis zwischen dem Staat, der durch Installierung des Rechtmäßigkeitsmerkmals „Verhältnismäßigkeit" die Arbeitskampffreiheit einschränkt, und der Kampfpartei, deren Arbeitskampffreiheit durch den Grundsatz der Verhältnismäßigkeit eingeschränkt wird. Neben dem Verhältnis Staat – Kampfpartei darf aber nicht vergessen werden, daß die Ausübung der Arbeitskampffreiheit immer einen Eingriff in die Rechte Dritter, sei es des Kampfgegners oder auch Unbeteiligter, darstellt. Betrachtet man das Verhältnis von Kampfpartei zu Kampfbetroffenen, so wird erkennbar, daß der Verhältnismäßigkeitsgrundsatz vom Bundesarbeitsgericht hier nicht funktionswidrig verwendet wird. Die allgemeine, oben bereits eruierte[191] Funktion des Grundsatzes, die Befugnisse bzw. Rechte des Handelnden zum Schutze der von dem Handeln betroffenen Personengruppe zu begrenzen, wird in diesem Verhältnis vollständig gewahrt. Den Kampfmitteln der handelnden Kampfpartei werden zum Schutze der Belange des sozialen Gegenspielers, der am Arbeitskampf nicht beteiligten Dritten sowie der Allgemeinheit durch das Verhältnismäßigkeitsprinzip Grenzen gezogen.

Wird zudem berücksichtigt, daß die Verfassungsordnung, wenn sie den Arbeitskampf als Mittel zur Gestaltung der Arbeitsbedingungen gewährleistet, den allein kampfberechtigten Tarifvertragsparteien die Kompetenz zur Beeinträchtigung der Rechtsgüter anderer und der Allgemeinheit gibt, so läßt sich hieraus ein zusätzliches Argument für die inhaltliche Sachrichtigkeit der

---

[189] *G. Müller,* Arbeitskampf, S. 285.

[190] So ist etwa der Behauptung von Reuter zu widersprechen, das BAG als Ersatzgesetzgeber sehe sich nicht einem Abwehrrecht der Koalitionen gegenüber, da es bei der Regelung des Arbeitskampfrechts nicht in Art. 9 Abs. 3 GG eingreife.

[191] 2. Teil A. II.

vom Bundesarbeitsgericht vorgenommenen Rechtsfortbildung und gegen den von Säcker erhobenen Vorwurf gewinnen. Gerade dort, wo nämlich der Staat einen Privaten zum Eingriff in Rechte anderer ermächtigt, ist die Heranziehung des Verhältnismäßigkeitsgrundsatzes dem Staat nicht freigestellt, sondern ist die Anwendung dieses Grundsatzes – zumeist in konkretisierter Form[192] – zur Beschränkung des Eingriffs verfassungsrechtlich zwingend geboten.[193]

Zum einen würde die Rechtsordnung, wenn sie Rechtsmacht um jeden Preis einräumt, ihre prinzipielle Friedensfunktion verfehlen. Sie muß auch dort, wo Beeinträchtigungen grundsätzlich erlaubt werden, die betroffenen Interessen weiterhin im Auge behalten.[194] Bereits aus diesem Grunde geht die Bemerkung von Pfarr/Brandt[195] fehl, wonach es schon logisch ausgeschlossen sein soll, den Gewerkschaften einerseits das Recht einzuräumen, mit wirkungsvollen Streiks Druck auszuüben, ihnen andererseits aber mit dem Verhältnismäßigkeitsgrundatz die Hände zu binden.

Zum anderen kann und darf es keinen Unterschied machen, ob der Staat selbst unmittelbar in fremde Rechtsgüter eingreift oder ob er den „Umweg“ über die Ermächtigung eines Privaten zum Eingriff in diese Rechtsgüter wählt. Greift der Staat nämlich selbst unmittelbar in Rechtspositionen ein, so hat er unbestrittenermaßen den Grundsatz der Verhältnismäßigkeit zu beachten und zu wahren. Könnte der Staat einem Privaten mit einer vom Verhältnismäßigkeitsgrundatz losgelösten unbeschränkten Eingriffsbefugnis ausstatten, so würde die Bindung des Staates an den Verhältnismäßigkeitsgrundsatz umgangen und der Schutz der betroffenen Rechtsgüter ausgehöhlt werden.[196]

Da der Staat aber nicht nur bei Eingriffen in Rechtspositionen, sondern bei all seinen Tätigkeiten, also auch bei der Ausstattung Privater mit Eingriffsbefugnissen, an das Prinzip der Verhältnismäßigkeit gebunden ist,[197] kann diese

---

[192] s. dazu *Blomeyer,* Festschrift BAG, S. 17, 21 f.; *ders.*, Diskussionsbeitrag, ZfA 1980, S. 502; *Koller,* ZfA 1980, S. 521, 530.

[193] Vgl. auch *Mayer-Maly,* Diskussionsbeitrag, ZfA 1980, S. 497: „Ich meine, daß dieser Aspekt der Ermächtigung zum Eingriff erst den Ansatzpunkt für die Heranziehung des Verhältnismäßigkeitsgrundsatzes gibt.“

[194] *Gallwas,* Beeinträchtigungen, S. 79.

[195] AuR 1981, S. 325, 329.

[196] s. hierzu auch *Koch/Rüßmann,* Begründungslehre, S. 265, sowie ausführlich jüngst *Murswiek,* Verantwortung, S. 89 ff, S. 93: „Daß die staatliche Ermächtigung Privater zum Eingriff in die Grundrechte Dritter eine staatliche Grundrechtseinschränkung ist, erscheint ... logisch zwingend.“

Zur mittelbaren Grundrechtsbeeinträchtigung durch den Staat BVerwG, DVBl 1985, S. 857, 858: „Denn weder schützen die Grundrechte nur gegenüber obrigkeitlich regelnden Maßnahmen, noch erfordern sie generell, daß die Belastung des einzelnen unmittelbare Folge der staatlichen Maßnahme ist.“

[197] s. bereits oben 2. Teil A. I. und 3. Teil A.; ferner *Blomeyer,* Festschrift BAG, S. 17, 21 f.

Bindung an das Verhältnismäßigkeitsprinzip nur dazu führen, daß der Staat den Privaten nur zu einer verhältnismäßigen Beeinträchtigung anderer Rechtsgüter ermächtigen darf,[198] anderenfalls würde der Staat seinerseits den Verhältnismäßigkeitsgrundsatz verletzen und damit rechtswidrig handeln. Mit anderen Worten, die Beachtung des Verhältnismäßigkeitsgrundsatzes durch den Staat bedingt hier, daß der Staat privates, von ihm legitimiertes Handeln, das fremde Rechtsgüter tangiert, seinerseits unter den Grundsatz der Verhältnismäßigkeit zu stellen hat. Mithin wird verfassungsrechtlich zwingend die Bindung des Staates an das Verhältnismäßigkeitsprinzip weitergeleitet an den Privaten, auch dessen Eingriffshandlung ist dem Prinzip der Verhältnismäßigkeit unterworfen.[199]

Daß die Eingriffsbefugnis – wie dies im Arbeitskampfrecht durch Art. 9 Abs. 3 GG der Fall ist – ihrerseits grundrechtlich gewährleistet ist, mag zwar auf den ersten Blick die Sachlage kompliziert erscheinen lassen, kann aber letztlich nicht einer Bindung an den Verhältnismäßigkeitsgrundsatz entgegenstehen. Vielmehr erschließt sich hier ein weiterer Begründungsweg für die Bindung der Kampfparteien und deren Arbeitskampfmittel an den Grundsatz der Verhältnismäßigkeit.

Wer den Grundsatz der Verhältnismäßigkeit als Schranke für eine drittbelastende Grundrechtsausübung in Abrede stellt, sagt damit zugleich immanent, daß ungeeignete, nicht erforderliche und disproportionale Grundrechtsausübung zu Lasten Dritter rechtlich möglich und zulässig ist. Eine derartige Sichtweise verkennt aber das Grundrechtsbild des Grundgesetzes. Wie bereits oben erwähnt, sind die Grundrechte nicht isolierten Individuen, sondern Menschen eingeräumt, die in einer sozialen Gemeinschaft leben. Individuelle Freiheit kann daher nur als begrenzte, sozial gebundene Freiheit verstanden werden.[200] Grundrechte allgemein wie Art. 9 Abs. 3 GG im besonderen können demnach nicht absolut stehen.[201] Vielmehr findet jedes Grundrecht seine Grenzen in konfligierenden Rechtspositionen, insbesondere in den Grundrechten anderer. Diese häufig schwierige, aber unerläßliche Grenzziehung vorzunehmen, obliegt dem Staat und dessen Organen.[202]

Da der Staat eine Schutzpflicht gegenüber seinen Bürgern und deren Rechtsgütern besitzt und von daher auch nicht tatenlos zusehen darf, wie

[198] Dies erkennen wohl auch *Konzen*, JZ 1986, S. 157, 161; *Seiter*, Streikrecht, S. 148 f.; eingehend *Murswiek*, Verantwortung, insbesondere S. 95, 99 f. – s. ferner *Kreutz*, Diskussionsbeitrag, ZfA 1980, S. 509: „Eingriffsrechte müssen verhältnismäßig sein, wenn sie vom Gesetzgeber gewährt werden. Unverhältnismäßige Eingriffsrechte darf der Gesetzgeber nicht zur Verfügung stellen."

[199] In diesem Sinne *Murswiek*, Verantwortung, S. 100.

[200] s. oben 3. Teil C. III. 2. b) bb) (1) (b).

[201] *G. Müller*, Arbeitskampf, S. 285.

[202] *Scholz/Konzen*, Aussperrung, S. 152 f.; *Hesse*, in: Handbuch des Verfassungsrechts, S. 79, 92.

Rechtsgüter Privater durch Dritte verletzt werden,[203] muß die vom Staat vorzunehmende Grenzziehung spätestens an der Stelle ansetzen, wo die von der Grundrechtsausübung betroffenen Rechtsgüter verletzt werden. Das ist aber genau dort, wo diese Rechtsgüter unverhältnismäßig beeinträchtigt werden. Dieser Befund bedeutet spiegelbildlich für die „Angreiferseite“, daß der Staat auch nur verhältnismäßige Grundrechtsausübung erlauben darf, unverhältnismäßige Rechtsausübung hingegen verbieten muß. Damit erhält der Verhältnismäßigkeitsgrundsatz – im Einklang mit seiner allgemeinen Aufgabe – zwingend die Funktion einer Schranke für drittbelastende Grundrechtsausübung zum Schutze der von der Grundrechtsausübung betroffenen Rechtsgüter, insbesondere anderer Grundrechte.[204]

Gerade diese aus der Verfassung herzuleitende Folge hat das Bundesarbeitsgericht für das Grundrecht aus Art. 9 Abs. 3 GG im Bereich des Arbeitskampfrechts festgeschrieben, als es das Gebot der Verhältnismäßigkeit als Rechtmäßigkeitsmaßstab für Arbeitskämpfe statuierte. Damit kann das Bundesarbeitsgericht auch nicht, wie Säcker meint, im Hinblick auf den Verhältnismäßigkeitsgrundsatz einem dogmatischen Fehlverständnis unterliegen.

c) Ergebnis

Zusammenfassend läßt sich festhalten: Die gegen die Anwendbarkeit des Verhältnismäßigkeitsgrundsatzes als Rechtmäßigkeitskriterium für Arbeitskämpfe vorgebrachte Kritik hat sich als nicht berechtigt und stichhaltig erwiesen. Die Anwendbarkeit des Verhältnismäßigkeitsgrundsatzes im Arbeitskampfrecht steht nicht im Widerspruch zu den Wertentscheidungen unserer Rechtsordnung, sie verletzt vor allem weder die Vorgaben aus Art. 9 Abs. 3 GG noch die Vorgaben, die sich aus dem Verhältnismäßigkeitsgrundsatz selbst ergeben. Vielmehr ergibt sich aus dem konsequenten Weiterdenken der verfassungsrechtlichen Ausgangslage, daß Arbeitskämpfe unter dem Gebot der Verhältnismäßigkeit zu stehen haben.

---

[203] Zur Schutzpflicht des Staates grundlegend BVerfGE 39, S. 1, 41 f. Aus dem neueren Schrifttum s. z. B. *Canaris,* AcP 184 (1984), S. 201, 226 f.; *Hesse,* in: Handbuch des Verfassungsrechts, S. 79, 92 f., 102 f.; im Zusammenhang mit Art. 9 Abs. 3 GG *Badura,* DB 1985, Beilage Nr. 14, S. 6.

[204] Diese Erkenntnis von der Funktion des Verhältnismäßigkeitsgrundsatzes als Schranke drittbelastender Grundrechtsausübung beginnt sich auch in der Grundrechtsdogmatik durchzusetzen, vgl. insb. *van Nieuwland,* Grundrechtsschranken, S. 134 ff.; *Wellhöfer,* Übermaßverbot, S. 160 ff.; ferner *Hoffmann,* JuS 1967, S. 393, 395; *Blaesing,* Grundrechtskollisionen, S. 156 f.; zuletzt *Alexy,* Grundrechte, S. 100 ff.; *Murswiek,* Verantwortung, S. 89 ff., insb. S. 100 f. Im Zusammenhang mit Art. 9 Abs. 3 GG s. implizit *Reuter,* JuS 1973, S. 284, 286; *Scholz,* SAE 1985, S. 33, 40. – In der Sache ist diese Erkenntnis auch in die Rspr. des BVerfG eingeflossen, dazu m. w. N. *Langheineken,* Verhältnismäßigkeit, S. 32 f., 105; *Wellhöfer,* Übermaßverbot, S. 161 ff.

Können demnach auch gegen die inhaltliche Sachrichtigkeit der Rechtsfortbildung keine durchgreifenden Bedenken erhoben werden, so bedeutet dieser Befund für die Ausgangsfrage des „ob“ folgendes: Da sowohl Rechtsfortbildungskompetenz des Bundesarbeitsgerichts als auch inhaltliche Sachrichtigkeit der Rechtsfortbildung zu bejahen sind, ist die Statuierung des Verhältnismäßigkeitsgrundsatzes als Rechtmäßigkeitsmaßstab für Arbeitskämpfe rechtlich zulässig. Wenn aber die Zulässigkeit der Rechtsfortbildung bejaht werden kann, so ist damit zugleich auch die Geltung des Verhältnismäßigkeitsgrundsatzes im Arbeitskampfrecht in der Eigenschaft eines Rechtmäßigkeitskriteriums für Arbeitskämpfe dargetan. Die Frage des „ob“ kann somit bejaht werden: Der Grundsatz der Verhältnismäßigkeit gilt im Arbeitskampfrecht als Rechtmäßigkeitsmaßstab für Arbeitskämpfe.

D. Handhabung und Praktikabilität des Verhältnismäßigkeitsgrundsatzes

Ist der erste große Problemkreis des Verhältnismäßigkeitsprinzips im Arbeitskampfrecht behandelt und als Ergebnis festgestellt worden, daß der Grundsatz der Verhältnismäßigkeit als Rechtmäßigkeitsmaßstab für Arbeitskämpfe Geltung beanspruchen kann, so kann aufbauend auf dieser Feststellung nun auf den zweiten bedeutsamen Problemkreis, die Handhabung und Praktikabilität des Verhältnismäßigkeitsgrundsatzes, übergegangen werden.

Die praktikable Handhabung des Verhältnismäßigkeitsprinzips im Arbeitskampfrecht ist oft in Zweifel gezogen und skeptisch beurteilt worden,[205] wohl nicht zuletzt deshalb, weil das Bundesarbeitsgericht zwar den Grundsatz der Verhältnismäßigkeit als Rechtmäßigkeitsmaßstab in das Arbeitskampfrecht einführte, bis heute aber in seiner Judikatur nicht genügend geklärt hat, wie der Verhältnismäßigkeitsgrundsatz in der Praxis zu handhaben ist. Wird – angesichts dieser Haltung des Bundesarbeitsgerichts verständlicherweise – zwar häufig die Praktikabilität des Verhältnismäßigkeitsgrundsatzes zurückhaltend bewertet, so fehlen ersichtlich in der Diskussion bisher detaillierte und umfassende Ausführungen, die die mangelnde Praktikabilität des Grundsatzes im Arbeitskampfrecht näher belegen oder gegebenenfalls widerlegen.

Soll die hier angesprochene Problematik aufgearbeitet werden, so darf die Untersuchung nicht in der Weise erfolgen, daß willkürlich einige wenige Aspekte herausgegriffen und als Beleg für oder gegen die Praktikabilität des Verhältnismäßigkeitsprinzips verwendet werden. Vielmehr erscheint eine juristisch vertretbare Beurteilung der Praktikabilität nur dann möglich, wenn vorher untersucht worden ist, ob und – wenn ja – welche praktischen Schwierigkeiten eine korrekte und konsequente Handhabung des Verhältnismäßig-

---

[205] s. dazu bereits oben 3. Teil B. II. 2. b) und III.

keitsgrundsatzes und seiner drei Teilgrundsätze in der arbeitskampfrechtlichen Praxis sowohl für die Gerichte als auch für die beteiligten Kampfparteien mit sich bringt.[206] Sind Schwierigkeiten bei der praktischen Handhabung erkennbar, so muß darüber hinaus geklärt werden, ob und gegebenenfalls wie diese Schwierigkeiten zu lösen sind. Erst wenn diese Fragen eine ausreichende Klärung erfahren haben, kann eine Aussage über die Praktikabilität des Grundsatzes der Verhältnismäßigkeit als Rechtmäßigkeitskriterium im Arbeitskampfrecht getroffen werden.

Bevor nun dieser Leitlinie entsprechend der Verhältnismäßigkeitsgrundsatz mit seinen drei Teilgrundsätzen untersucht wird, müssen zuvor zwei bedeutsame Punkte abgehandelt werden, deren Klärung für die nachfolgende Untersuchung unerläßlich erscheint. Zum einen muß die Frage der verschiedenen Anwendungsebenen des Verhältnismäßigkeitsgrundsatzes im Arbeitskampfrecht angesprochen werden (unter I.), zum anderen muß der für die Verhältnismäßigkeitsprüfung relevante „Zweck" von Arbeitskampfmaßnahmen eruiert werden (unter II.).

I. Die verschiedenen Anwendungsebenen des Verhältnismäßigkeitsgrundsatzes im Arbeitskampfrecht

Bisher wurde vom Verhältnismäßigkeitsgrundsatz als Rechtmäßigkeitsmaßstab oder -kriterium für Arbeitskämpfe gesprochen. Diese Aussage soll im folgenden noch weiter inhaltlich präzisiert werden, indem der genauere dogmatische Standort des Verhältnismäßigkeitsprinzips zu bestimmen versucht wird.

1. Problemaufriß

Nach der Rechtsprechung des Bundesarbeitsgerichts dient der Verhältnismäßigkeitsgrundsatz als Maßstab im Rahmen der Rechtmäßigkeitsüberprüfung des Einsatzes eines Kampfmittels. Der Grundsatz soll – legt man die Judikatur des Gerichts zugrunde – hingegen keine Anwendung finden bei der vorgeschalteten Frage nach der, vom Einzelfall losgelösten, grundsätzlichen Rechtmäßigkeit des Kampfmittels als solches; für diese Ebene wird vielmehr vom Bundesarbeitsgericht maßgeblich der Paritätsgrundsatz herangezogen.[207] Besonders nachdrücklich betont das Gericht diese Auffassung von dem

---

[206] Ähnlich *Holzlöhner,* Verhältnismäßigkeit, S. 188 ff., zur Frage der Praktikabilität des Verhältnismäßigkeitsprinzips (i. w. S.) im Strafverfahren.

[207] Vgl. etwa BAG, AP Nr. 64 zu Art. 9 GG Arbeitskampf. Dort untersucht das Gericht die Frage, ob die Abwehraussperrung als Kampfmittel rechtlich zulässig ist, unter Paritätsgesichtspunkten (unter A. der Gründe). Auf den Verhältnismäßigkeitsgrundsatz wird erst bei der Beantwortung der Folgefrage, in welchem zulässigen Umfange die Abwehraussperrung eingesetzt werden darf, zurückgegriffen (unter B. der Gründe). s. hierzu auch *Dieterich,* Festschrift Herschel, S. 37, 46.

begrenzten dogmatischen Standort des Verhältnismäßigkeitsgrundsatzes in seinem „Nachzügler"-Urteil vom 12. 3. 1985 zur Rechtmäßigkeit von Abwehraussperrungen in der Druckindustrie von 1978.[208] Nachdem die grundsätzliche Zulässigkeit der Abwehraussperrung vom Bundesarbeitsgericht ohne Heranziehung des Verhältnismäßigkeitsprinzips bejaht worden ist, fährt das Gericht dann fort:

> „Die Arbeitgeber haben jedoch beim Einsatz ihres Kampfmittels den Grundsatz der Verhältnismäßigkeit verletzt. Der Grundsatz der Verhältnismäßigkeit hat eine selbständige Bedeutung neben der Frage, welche Kampfmittel den beiden kämpfenden Parteien zur Verfügung stehen müssen. Letzterenfalls geht es um das ‚Arsenal zulässiger Kampfmittel'; hier wird entschieden, welche Kampfmittel den Gewerkschaften und Arbeitgebern zur Verfügung stehen. Der Grundsatz der Verhältnismäßigkeit befaßt sich demgegenüber mit der Frage, ob und unter welchen Voraussetzungen ein Kampfmittel im Einzelfall eingesetzt werden darf."[209]

Das Bundesarbeitsgericht möchte also nur dann den Verhältnismäßigkeitsgrundsatz angewendet wissen, wenn die Frage im Raum steht, ob ein grundsätzlich rechtmäßiges Kampfmittel im Einzelfall auch zulässigerweise eingesetzt worden ist.

Auch im Schrifttum wird primär die Problematik des Verhältnismäßigkeitsprinzips als Rechtmäßigkeitsmaßstab für Arbeitskämpfe bei der rechtlichen Würdigung einer konkreten, aktuell eingesetzten Kampfmaßnahme diskutiert. In der Literatur ist aber auch die Tendenz erkennbar, den Verhältnismäßigkeitsgrundsatz von seiner Anwendung her nicht nur auf die konkrete Ebene der Rechtmäßigkeitsprüfung des Einsatzes eines grundsätzlich zulässigen Kampfmittels zu beschränken. Zunehmend wird auch bei der Frage der grundsätzlichen Anerkennung eines Kampfmittels auf den Verhältnismäßigkeitsgrundsatz zurückgegriffen und die Rechtmäßigkeit des Kampfmittels als solches von der Einhaltung dieses Grundsatzes abhängig gemacht.

So zieht Birk[210] bei der Frage der Zulässigkeit des Sympathiestreiks als Kampfmittel das Verhältnismäßigkeitsprinzip heran, hält Picker[211] den Warnstreik als Instrument des Arbeitskampfes für rechtlich unzulässig, weil der Warnstreik mit dem Grundsatz der Verhältnismäßigkeit nicht vereinbar sei, scheitert nach Auffassung von Schmidt-Preuß[212] die lösende Aussperrung am Kriterium der generell zu beurteilenden Erforderlichkeit, erachten Scholz/Konzen[213] die suspendierende Abwehraussperrung als zulässig, weil sie typischerweise geeignet und erforderlich sei.

---

208 BAG, AP Nr. 84 zu Art. 9 GG Arbeitskampf.

209 Unter II. 2. der Gründe.

210 Unterstützungskampfmaßnahmen, S. 67 f.

211 Warnstreik, S. 143.

212 BB 1986, S. 1093, 1096.

213 Aussperrung, S. 231 f.

Teilweise erfolgt die Heranziehung des Verhältnismäßigkeitsgrundsatzes bei der Frage der Zulässigkeit eines Kampfmittels als solches auch unter dem wenig hilfreichen[214] Terminus öffentlich-rechtlicher Verhältnismäßigkeitsgrundsatz bzw. öffentlich-rechtliches Übermaßverbot.[215] Die Anmerkung von Konzen zu der gerade angesprochenen „Nachzügler"-Entscheidung des Bundesarbeitsgerichts vom 12. 3. 1985 ist hierfür ein jüngstes Beispiel. Konzen führt dort aus:[216]

„Es geht dem Senat dabei ... nicht um die grundsätzliche Anerkennung von Kampfmitteln, die durch das öffentlich-rechtliche Übermaßverbot begrenzt ist. Das Kampfmittel als solches muß danach geeignet, typischerweise erforderlich und nicht unverhältnismäßig sein, um ein tarifliches Regelungsziel zu erreichen. Davon ist das privatrechtliche Übermaßverbot zu unterscheiden, das jedenfalls eine Prüfung der Proportionalität zwischen Zweck und Mittel im Einzelfall gebietet."

Soll eine Aussage über die Handhabung und Praktikabilität des Verhältnismäßigkeitsgrundsatzes getroffen werden, so muß entschieden werden, wo genau, auf welchen Abstraktionsebenen, der Verhältnismäßigkeitsgrundsatz seine Anwendung findet. Die Frage lautet also: Darf der Grundsatz wegen seiner Struktur oder aus anderen Sachgründen nur dann als Prüfungsmaßstab herangezogen werden, wenn die rechtliche Beurteilung eines konkreten Einsatzes eines Kampfmittels ansteht oder darf der Verhältnismäßigkeitsgrundsatz darüber hinaus auch bei der logisch vorgeschalteten Frage der grundsätzlichen Zulässigkeit des Kampfmittels per se benutzt werden?

Die hier aufgeworfene Frage stellt keine sich nur auf den Bereich des Arbeitskampfrechts beschränkende, sonst nicht geläufige Problematik dar. Aus diesem Grunde erscheint auch ein Blick über das Arbeitskampfrecht hinaus als hilfreich.

Im öffentlichen Recht ist uns zur Kontrolle staatlichen Handelns die Anwendung des Verhältnismäßigkeitsgrundsatzes auf mehreren Abstraktionsebenen vertraut.[217] Soll etwa ein belastender Verwaltungsakt auf seine Rechtmäßigkeit hin kontrolliert werden, so erfolgt zum einen eine Überprüfung des zum Erlaß des betreffenden Verwaltungsaktes ermächtigenden Gesetzes auf seine Verhältnismäßigkeit hin, zum anderen wird die Verhältnismäßigkeit des Verwaltungsaktes selbst nachgeprüft. Ist zwischen Gesetz und Verwaltungsakt eine Rechtsverordnung eingeschaltet, so erfolgt noch eine

---

214 s. dazu bereits oben 3. Teil A.

215 *Seiter,* AfP 1985, S. 186, 192; *Binkert,* Boykottmaßnahmen, S. 148 f.; *ders.,* AuR 1979, S. 234, 240.

216 SAE 1986, S. 57, 58.

217 Freilich gibt es auch hier einige wenige ablehnende Stimmen, z. B. *H. Schneider,* in: Festgabe BVerfG, Bd. II, S. 390, 402 ff.; dagegen überzeugend *Haverkate,* Rechtsfragen, S. 15 Fußn. 51. Aus jüngster Zeit zur Mehrfachprüfung des Verhältnismäßigkeitsgrundsatzes *Jakobs,* Verhältnismäßigkeit, S. 163 f.; *ders.,* DVBl 1985, S. 97, 102 m. w. N.; zuletzt praktiziert vom BVerfG, NJW 1986, S. 1533.

zusätzliche Überprüfung der Rechtsverordnung am Maßstabe der Verhältnismäßigkeit.

Bereits dieser Blick auf das öffentliche Recht zeigt, daß das Verhältnismäßigkeitsprinzip von seiner Struktur her nicht zwingend auf die rechtliche Beurteilung von Einzelfällen begrenzt sein kann, sondern auch auf abstrakter Ebene, bei abstrakten Sachverhalten, einsetzbar ist. Zudem zeigt das Beispiel des öffentlichen Rechts, daß der Grundsatz der Verhältnismäßigkeit als Rechtmäßigkeitsmaßstab durchaus einer Mehrfachprüfung auf verschiedenen Ebenen unterschiedlichen Abstraktionsgrades zugänglich ist.

Gerade im Arbeitskampfrecht scheint es ein Gebot der Logik zu sein, nicht wie das Bundesarbeitsgericht den Anwendungsbereich des Verhältnismäßigkeitsgrundsatzes auf die Überprüfung des konkreten Einsatzes eines Kampfmittels zu begrenzen, sondern zusätzlich den Verhältnismäßigkeitsgrundsatz auch für die Frage der prinzipiellen Anerkennung eines Arbeitskampfmittels nutzbar zu machen. Denn es dürfte ohne weiteres einzusehen sein, daß ein Arbeitskampfmittel, das als solches grundsätzlich seinen Zweck verfehlt, mehr als nötig Kampfgegner, unbeteiligte Dritte und die Allgemeinheit beeinträchtigt und nicht zuletzt zu seinem verfolgten Zweck außer Verhältnis steht, mithin also ungeeignet, nicht erforderlich und disproportional ist, nicht zum „Arsenal der zulässigen Kampfmittel" zählen kann.

2. Folgerungen

Darf sich die Anwendung des Verhältnismäßigkeitsgrundsatzes – entgegen der Auffassung des Bundesarbeitsgerichts – nicht nur auf die rechtliche Überprüfung des Einsatzes eines Kampfmittels beschränken, sondern kann der Grundsatz der Verhältnismäßigkeit auch bei der Beurteilung der Zulässigkeit eines Kampfmittels als solches herangezogen werden, so lassen sich für das Verhältnismäßigkeitsprinzip als Rechtmäßigkeitsmaßstab im Zusammenhang mit den Kampfmitteln Streik und Aussperrung sogar drei Anwendungsebenen unterschiedlichen Abstraktionsgrades erkennen.

Zunächst kann unter Mithilfe des Verhältnismäßigkeitsprinzips die Frage nach der Zulässigkeit der Kampfmittel Streik und Aussperrung als solche beantwortet werden. Wird wie hier die verfassungsrechtliche Garantie von Streik und Aussperrung befürwortet,[218] so muß im Ergebnis auch die Verhältnismäßigkeit dieser beiden Kampfmittel bejaht werden. Eine Divergenz dahingehend, daß die verfassungsrechtliche Garantie bejaht, die Verhältnismäßigkeit und damit verbunden die Rechtmäßigkeit von Streik und Aussperrung als Arbeitskampfmittel hingegen verneint wird, ist rechtlich nicht möglich. Auf der mittleren Ebene kann nach der Verhältnismäßigkeit einzelner

---

[218] s. oben 1. Teil C. II.

Streik- und Aussperrungsformen gefragt werden, etwa nach der Verhältnismäßigkeit der Abwehraussperrung, der lösenden Aussperrung oder der Neuen Beweglichkeit. Auf der untersten, der konkreten Anwendungsebene hat anhand des Verhältnismäßigkeitsgrundsatzes die Rechtmäßigkeitsüberprüfung des konkreten Einsatzes von Streik und Aussperrung zu erfolgen.

Für die gerichtliche Handhabung bedeutet dies: Hat ein Gericht sich mit der Rechtmäßigkeit eines konkreten Arbeitskampfes, etwa mit der Zulässigkeit der Abwehraussperrung in der Druckindustrie von 1978 zu befassen, so muß es bei der Rechtmäßigkeitsprüfung vom gedanklichen Ablauf her die drei gerade aufgezeigten Abstraktionsebenen durchschreiten. Bevor das Gericht sich mit der Verhältnismäßigkeit des konkreten Einsatzes der Abwehraussperrung in der Druckindustrie 1978 näher beschäftigen darf, ist Voraussetzung, daß das Gericht gedanklich zunächst die Verhältnismäßigkeit der Aussperrung als Kampfmittel im allgemeinen und sodann die Verhältnismäßigkeit der Abwehraussperrung als einer Erscheinungsform der Aussperrung beurteilt und im Ergebnis bejaht hat. Ist das Gericht demgegenüber bei der Verhältnismäßigkeitsprüfung zu dem Ergebnis gelangt, die Aussperrung als Kampfmittel oder die Abwehraussperrung als Erscheinungsform des Kampfmittels der Aussperrung genüge nicht den Anforderungen des Verhältnismäßigkeitsprinzips, so erübrigt sich ein näheres Eingehen des Gerichts auf die Verhältnismäßigkeit des konkreten Einsatzes der Abwehraussperrung.

II. Der „Zweck“ bei der Verhältnismäßigkeitsprüfung von Arbeitskampfmaßnahmen

Nachdem in den vorangegangenen Ausführungen der dogmatische Standort des Verhältnismäßigkeitsgrundsatzes als Rechtmäßigkeitskriterium für Arbeitskämpfe näher abgesteckt worden ist, soll im folgenden eine zweite für die Erörterung von Handhabung und Praktikabilität des Verhältnismäßigkeitsprinzips im Arbeitskampfrecht außerordentlich bedeutsame Problematik aufgegriffen werden. Es handelt sich dabei um die höchst diffizile Frage nach dem maßgeblichen „Zweck“ bei der Verhältnismäßigkeitsprüfung von Arbeitskampfmaßnahmen, um die Frage also, wozu Arbeitskämpfe geeignet, erforderlich und proportional sein müssen.

Um diesem Problem näher zu kommen, empfiehlt es sich, in mehreren Schritten vorzugehen. Zunächst soll zur besseren Orientierung die Bedeutung des „Zwecks“ für die Verhältnismäßigkeitsprüfung im allgemeinen aufgezeigt werden (unter 1.), daran anschließend wird die besondere und spezielle Problematik um den maßgeblichen „Zweck“ im Arbeitskampfrecht zu verdeutlichen sein (unter 2.). In einem dritten Schritt soll sodann das Meinungsspektrum zu dieser besonderen Problematik im Arbeitskampfrecht dargestellt werden und eine Auseinandersetzung mit den verschiedenen Ansichten erfolgen (unter 3.). Abschließend werden die Folgerungen aus der Zweckbestimmung aufgezeigt (unter 4.).

1. Die Bedeutung des Zwecks für die Verhältnismäßigkeitsprüfung im allgemeinen

Der Verhältnismäßigkeitsgrundsatz betrifft allgemein die Frage, ob ein Mittel für einen bestimmten vorgegebenen Zweck zulässig ist. Entsprechend diesem Grundsatz ist zu prüfen, ob das betreffende Mittel zur Zweckerreichung dienlich ist, ob nicht anstatt des in Rede stehenden Mittels ein gleich wirksames, jedoch weniger einschneidendes Alternativmittel zur Zweckverfolgung gewählt werden kann und – im Rahmen der Proportionalität – ob das Mittel außer Verhältnis zu dem bestimmten Zweck steht. Eignung, Erforderlichkeit und Proportionalität setzen mithin strukturell sowohl ein bestimmtes Mittel als auch einen bestimmten Zweck voraus. Besteht keine Klarheit über den maßgeblichen Zweck, auf den die Verhältnismäßigkeitsprüfung bei allen drei Teilgrundsätzen auszurichten ist, bleibt also der relevante Zweck für die Verhältnismäßigkeitsprüfung im Dunkeln, so kann keine – jedenfalls keine juristisch vertretbare – Aussage über Eignung, Erforderlichkeit und Proportionalität des Mittels getroffen werden, fehlt es doch an einem wesensmäßigen Element der Verhältnismäßigkeitsprüfung.[219] Ebenso wie keine Verhältnismäßigkeitsprüfung stattfinden kann, wenn nicht vorab geklärt worden ist, welches Mittel auf seine Verhältnismäßigkeit hin kontrolliert werden soll, so kann eine Prüfung anhand des Verhältnismäßigkeitsprinzips auch nicht erfolgen, wenn nicht zuvor feststeht, wozu, zu welchem Zweck, ein Mittel geeignet, erforderlich und proportional sein soll.

Diese Erkenntnis bedeutet für die Verhältnismäßigkeitsprüfung im allgemeinen: Bevor im einzelnen auf die Eignung, Erforderlichkeit und Proportionalität eines Mittels eingegangen werden kann, muß bei jeder Verhältnismäßigkeitskontrolle, sei es im öffentlichen Recht oder im Arbeitskampfrecht oder in einem anderen Rechtsgebiet, zunächst der maßgebliche Zweck, an dem Eignungs-, Erforderlichkeits- und Proportionalitätsprüfung auszurichten sind, geklärt werden.[220]

2. Die Problematik im Arbeitskampfrecht

Im Arbeitskampfrecht wird zunehmend in der Diskussion die Wichtigkeit der Zweckbestimmung für eine geordnete Verhältnismäßigkeitsprüfung von

---

[219] Vgl. *Langheineken*, Verhältnismäßigkeit, S. 4; *Zitscher*, BB 1983, S. 1285, 1291; *Pietzcker*, NVwZ 1984, S. 550, 552; *Haverkate*, Rechtsfragen, S. 29.

[220] s. dazu auch *Hirschberg*, Verhältnismäßigkeit, S. 43; *Degenhart*, Staatsrecht I, Rdnr. 277.

Arbeitskampfmaßnahmen erkannt. Im Schrifttum haben beispielsweise Löwisch,[221] Joachim,[222] Pahlen,[223] Rebel,[224] Kalb,[225] und Seiter[226] auf die Bedeutsamkeit der Zweckeruierung für die Überprüfung von Arbeitskämpfen anhand des Verhältnismäßigkeitsgrundsatzes hingewiesen. Besonders deutlich hat das Bundesarbeitsgericht die Wichtigkeit der Bestimmung des Zwecks im Rahmen des Verhältnismäßigkeitsgrundsatzes herausgestrichen:

> „Geeignetheit, Erforderlichkeit und Proportionalität einer Kampfmaßnahme lassen sich nicht beurteilen, so lange nicht feststeht, welcher Zweck bei der Prüfung dieser Merkmale maßgebend sein soll."[227]

Daß die Festlegung des für die Verhältnismäßigkeitsprüfung maßgeblichen Zwecks nicht leicht und ohne Probleme abläuft, läßt sich erkennen, wenn man nur die in Literatur und Rechtsprechung angeführten Zwecke der Abwehraussperrung sowie des Warnstreiks Revue passieren läßt.

Sucht man nach dem maßgeblichen Zweck der Abwehraussperrung, so begegnet man in der arbeitskampfrechtlichen Diskussion den unterschiedlichsten Zwecken, denen eine Abwehraussperrung vermeintlich dienen soll. Soll die Abwehraussperrung die Herstellung der Parität bezwecken[228] oder besteht ihr Zweck darin, den Kampf innerhalb des umstrittenen Kampfgebietes auszuweiten[229] oder bezweckt diese Form der Aussperrung die Ausübung von Druck auf den sozialen Gegenspieler mit der Absicht, ihn zum Einlenken zu bewegen[230] oder ist Ziel der Abwehraussperrung die bloße Abwehr der gewerkschaftlichen Forderungen[231] oder erstrebt die Abwehraussperrung das Ziel, den Abschluß eines Tarifvertrages zu den von der Arbeitgeberseite angebotenen Bedingungen zu erzwingen[232] oder verfolgt eine Abwehraussperrung alle diese Ziele gleichzeitig?

Ein ähnlich buntscheckiges Bild zeigt sich auch bei dem traditionellen Kampfmittel der Arbeitnehmer, dem Streik. Hier ragt – was die Mannigfalt der vermeintlichen Zwecke anbelangt – der Warnstreik hervor. Die Befürworter dieser Kampfform geben, um die Rechtmäßigkeit des Warnstreiks zu

---

221 ZfA 1971, S. 319, 326 ff.

222 AuR 1973, S. 289, 291.

223 Verhältnismäßigkeit, S. 71 f.

224 RdA 1979, S. 207, 211.

225 Arbeitskampfrecht, Rdnr. 129.

226 RdA 1981, S. 65, 75; AfP 1985, S. 186, 192; JA 1979, S. 337, 342.

227 BAG, AP Nr. 64 zu Art. 9 GG Arbeitskampf, Bl. 923.

228 Vgl. BAG, AP Nr. 64 zu Art. 9 GG Arbeitskampf, Bl. 923; *G. Müller,* DB 1981, Beilage Nr. 7, S. 7; ähnlich *Scholz/Konzen,* Aussperrung, S. 231 f.

229 Vgl. *Rüthers,* Aussperrung, S. 105; *Seiter,* JA 1979, S. 337, 344.

230 Vgl. *Schmidt-Preuß,* BB 1986, S. 1093, 1096; ähnlich *Seiter,* AfP 1985, S. 186, 188 f.

231 Vgl. *Mückenberger,* BlStSozArbR 1980, S. 241, 245.

232 Vgl. *Kraft,* SAE 1980, S. 297, 299.

begründen, eine Vielzahl kumulativer Zwecke an, die der Warnstreik verfolgen soll. Zunächst soll der verhandlungsbegleitende Warnstreik den Zweck verfolgen, den Arbeitgebern die Kampfbereitschaft der Arbeitnehmer nachhaltig vor Augen zu führen (sog. Demonstrationsfunktion). Neben diesem Ziel soll der Warnstreik auch die Beschleunigung der laufenden Tarifverhandlungen bezwecken (sog. Beschleunigungsfunktion). Weiterhin wird für diese Kampfform auch eine Ventil-, Mobilisierungs- und nicht zuletzt eine Schadensminderungsfunktion postuliert.[233]

Unterstellt man nur für diesen Zusammenhang, daß der Warnstreik tatsächlich die gerade angeführten Zwecke verfolgt, so liegt die Frage nahe, wie die Verhältnismäßigkeitsprüfung durchzuführen ist. Soll geprüft werden, ob der Warnstreik geeignet, erforderlich und proportional ist, die Kampfbereitschaft der Arbeitnehmer den Arbeitgebern vor Augen zu führen[234] oder muß auf den Zweck, Tarifverhandlungen zu beschleunigen, abgestellt und gefragt werden, ob der Warnstreik sowohl geeignet, erforderlich als auch proportional ist, laufende Tarifverhandlungen zu beschleunigen?[235] Oder ist ein ganz anderer als die hier genannten (vermeintlichen) Zwecke der Verhältnismäßigkeitsprüfung von Warnstreiks zugrunde zu legen?[236]

Je nachdem, welchen Zweck man bei der Verhältnismäßigkeitsprüfung von Arbeitskampfmaßnahmen als relevant erachtet und demzufolge dem Prüfungsverfahren zugrunde legt, können sich unterschiedliche Ergebnisse bei der Prüfung anhand des Verhältnismäßigkeitsprinzips ergeben. Dies sei hier kurz am Beispiel des Warnstreiks verdeutlicht.

Besitzt ein aktuell eingesetzter Warnstreik die Eignung, den Arbeitgebern die Kampfbereitschaft der Arbeitnehmer nachhaltig vor Augen zu führen, ist er aber nicht geeignet, die Tarifverhandlungen zu beschleunigen, so ist die Eignung des konkreten Warnstreiks zu bejahen, wenn man den maßgeblichen Zweck des Warnstreiks darin sieht, die Kampfbereitschaft der Arbeitnehmer zu demonstrieren. Die Eignung und damit die Verhältnismäßigkeit des Warnstreiks wäre hingegen zu verneinen, falls der relevante Zweck in der Beschleunigung der Tarifverhandlungen erblickt wird. Je nach der Wahl des maßgeblichen Zwecks für die Verhältnismäßigkeitsprüfung gelangt man somit zu entgegengesetzten Ergebnissen für die Verhältnismäßigkeit eines Kampfmittels.

---

233 Zu den einzelnen behaupteten Funktionen s. *Picker,* Warnstreik, S. 106 ff.; *Seiter,* Festschrift BAG, S. 583, 586 ff., jeweils m. w. N.

234 So offenbar *Seiter,* Anm. zu BAG, EzA Art. 9 GG Arbeitskampf Nr. 54, unter B II 7 b.

235 s. hierzu *Mager,* ArbRGegw 15 (1977), S. 75, 92; *Wohlgemuth,* AuR 1982, S. 201, 205.

236 Die Frage, welcher der in Rspr. und Lit. propagierten heterogenen Zwecke des Warnstreiks der Verhältnismäßigkeitsprüfung zugrunde gelegt werden soll, stellt auch *Picker,* DB 1985, Beilage Nr. 7, S. 6. Zur Problematik des maßgeblichen Zwecks beim Warnstreik s. auch die wohl allzu „leichtfertigen" Ausführungen von *Bieback,* AuR 1983, S. 361, 369.

3. Das Meinungsspektrum

Ist die Problematik der Bestimmung des Zwecks für die Verhältnismäßigkeitskontrolle im Arbeitskampfrecht hinreichend deutlich geworden, so interessiert zuerst, wie Rechtsprechung und rechtswissenschaftliches Schrifttum dieser Problematik gerecht geworden sind, welche Lösungen für dieses überragend wichtige Problem erarbeitet worden sind. Im folgenden soll deshalb der Blick auf das in dieser Frage bestehende Meinungsspektrum – zunächst in der Rechtsprechung (unter a) und anschließend im Schrifttum (unter b) – gerichtet werden.

a) Die Rechtsprechung

aa) Bundesarbeitsgericht

Eine Durchleuchtung der Rechtsprechung des Bundesarbeitsgerichts – das sei hier bereits vorweggenommen – zeigt, daß die Judikatur des Gerichts zur Frage des maßgeblichen Zwecks für die Verhältnismäßigkeitsprüfung von Arbeitskampfmaßnahmen wenig aussagekräftig und zudem nicht frei von Widersprüchen ist.

In seinem grundlegenden Beschluß vom 21. 4. 1971[237] wird vom Großen Senat des Bundesarbeitsgerichts weder näher auf die Problematik der Zweckbestimmung eingegangen noch wird näher bestimmt, welcher konkrete Zweck der Verhältnismäßigkeitsprüfung zugrunde zu legen ist. Lediglich an zwei Stellen finden sich – kaum hilfreiche – Aussagen zum Zweck bzw. zum Ziel von Arbeitskampfmaßnahmen.

Unter Teil III A 2a) seines Beschlusses führt der Große Senat aus:

> „Arbeitskämpfe dürfen nur insoweit eingeleitet und durchgeführt werden, als sie zur Erreichung rechtmäßiger Kampfziele und des nachfolgenden Arbeitsfriedens geeignet und sachlich erforderlich sind."

Wenige Zeilen später fährt das Gericht dann fort:

> „Die Mittel des Arbeitskampfes dürfen ihrer Art nach nicht über das hinausgehen, was zur Durchsetzung des erstrebten Zieles jeweils erforderlich ist."

Angesichts des Bildes, das der Beschluß in dieser Hinsicht bietet, ist die Kritik aus den Reihen des Schrifttums, das Bundesarbeitsgericht habe den Grundsatz der Verhältnismäßigkeit in das Arbeitskampfrecht eingeführt, ohne den für die Kontrolle anhand des Verhältnismäßigkeitsgrundsatzes erforderlichen Zweck hinreichend benannt zu haben,[238] berechtigt.

---

[237] AP Nr. 43 zu Art. 9 GG Arbeitskampf.

[238] So insb. *Joachim,* AuR 1973, S. 289, 291; vgl. auch *Heckelmann,* ZfA 1973, S. 425, 439.

In der sog. ersten Warnstreikentscheidung von 1976[239] zieht zwar der 1. Senat des Bundesarbeitsgerichts maßgeblich den Grundsatz der Verhältnismäßigkeit argumentativ zur Einschränkung des ultima-ratio-Prinzips für Warnstreiks heran, Ausführungen über den maßgebenden Zweck für das Verhältnismäßigkeitsprinzip werden jedoch vom Gericht nicht gemacht.

Erst neun Jahre nach dem grundlegenden Beschluß des Großen Senats ging das Bundesarbeitsgericht näher auf die Zweckproblematik bei der Verhältnismäßigkeitsprüfung von Arbeitskampfmaßnahmen ein, wohl nicht zuletzt deshalb, so darf gemutmaßt werden, weil zwischenzeitlich die Bedeutsamkeit der Zweckbestimmung für die Frage der Verhältnismäßigkeit von Arbeitskämpfen im Schrifttum mehrfach herausgestellt worden war.[240]

In seinem Urteil 1 AZR 822/79 vom 10. 6. 1980 betont der 1. Senat zunächst zu Recht die Bedeutung des Zwecks für die Feststellung der Verhältnismäßigkeit von Arbeitskampfmaßnahmen.[241] Daran anschließend weist das Gericht darauf hin, daß die Frage, welcher Zweck bei der Prüfung von Geeignetheit, Erforderlichkeit und Proportionalität maßgebend sein soll, im Schrifttum umstritten sei. Löwisch vertrete, so das Bundesarbeitsgericht weiter, die Auffassung, daß es nur auf das Kampfziel ankommen könne, während demgegenüber Seiter den Grundsatz der Verhältnismäßigkeit mit Hilfe des Paritätsprinzips konkretisieren wolle. Als Bezugspunkt sei danach nur die Herstellung einer gleichgewichtigen Verhandlungsposition anzuerkennen.

Obwohl das Gericht die Kontroverse damit angesprochen hatte, bezog es sodann zu dieser wichtigen Frage keine klare Stellung. Vielmehr meinte der erkennende Senat, die Frage, welcher Zweck bei der Prüfung von Eignung, Erforderlichkeit und Proportionalität maßgebend sein soll, nicht abschließend klären zu müssen.

Nur wenige Zeilen später folgen dann wider Erwarten doch Ausführungen zum Zweck bei der Verhältnismäßigkeitsprüfung von Arbeitskampfmaßnahmen. Es bestehe ein Unterschied, so das Bundesarbeitsgericht, zwischen dem Streik, der der Durchsetzung von Tarifforderungen diene, und der Abwehraussperrung, die nur ein Verhandlungsübergewicht der streikenden Gewerkschaft ausgleichen, also die Parität zurückgewinnen solle. Diese begrenzte Funktion und Legitimation der Abwehraussperrung bestimmt zugleich den Inhalt des Übermaßverbotes. Als geeignet, erforderlich und proportional könnten nur solche Abwehraussperrungen gelten, die die Herstellung der Verhandlungsparität bezweckten.[242]

---

239 AP Nr. 51 zu Art. 9 GG Arbeitskampf.

240 s. dazu bereits oben 3. Teil D. II. 2. und die dortigen Nachw.

241 AP Nr. 64 zu Art. 9 GG Arbeitskampf, Bl. 923. Die relevante Urteilspassage befindet sich bereits zitiert unter D. II. 2.

242 BAG, AP Nr. 64 zu Art. 9 GG Arbeitskampf, Bl. 923.

Damit will das Bundesarbeitsgericht – legt man nur die gerade zitierte Passage als Maßstab zugrunde – offenbar die Herstellung der Verhandlungsparität als maßgeblichen Zweck für Geeignetheit, Erforderlichkeit und Proportionalität von Abwehraussperrungen ansehen.

Die hier angeführte Urteilspassage besitzt aber nicht nur Relevanz für das Kampfmittel der Aussperrung, sondern erlangt darüber hinaus auch Bedeutung für das Kampfmittel des Streiks. Wenn das Gericht im gleichen Zusammenhang für das Kampfmittel des Streiks in Abgrenzung zur Aussperrung nämlich betont, daß der Streik der Durchsetzung von Tarifforderungen diene, so geht das Bundesarbeitsgericht anscheinend davon aus, daß die Durchsetzung von Tarifforderungen maßgeblicher Zweck des Streiks im Rahmen der Verhältnismäßigkeitsprüfung ist. Damit, so scheint es, differenziert das Bundesarbeitsgericht, was den maßgeblichen Zweck für die Verhältnismäßigkeitsprüfung anbetrifft, zwischen den Kampfmitteln Streik und Aussperrung.[243]

Legt man für die Abwehraussperrung die Herstellung der Verhandlungsparität als Bezugspunkt der Verhältnismäßigkeitsprüfung zugrunde, so ergibt sich: Das Arbeitskampfmittel „Abwehraussperrung" als solches sowie die konkrete Durchführung einer Abwehraussperrung sind nur dann verhältnismäßig und zulässig, wenn sie im Hinblick auf das Ziel „Herstellung der Verhandlungsparität" geeignet, erforderlich und proportional sind. Das Bundesarbeitsgericht hätte demnach – im Falle der Wahl des Bezugspunktes „Herstellung der Verhandlungsparität" – folgerichtig prüfen müssen, ob die bei diesem Judikat in Streit stehende bundesweite Abwehraussperrung in der Druckindustrie 1978 geeignet, erforderlich und proportional zur Herstellung der Verhandlungsparität war. Dies hat es aber nicht getan.

Werden Eignung und Erforderlichkeit der Abwehraussperrung von 1978 überhaupt nicht vom Gericht angesprochen, sondern wird nur die Proportionalität der konkreten Abwehraussperrung diskutiert, so wird dort vom Gericht keineswegs die Frage aufgeworfen und entschieden, ob die bundesweite Abwehraussperrung proportional, also nicht außer Verhältnis zur Herstellung der Parität war. Angesichts dieses Befundes müssen erhebliche Zweifel bleiben, ob das Bundesarbeitsgericht tatsächlich die Herstellung der Parität als maßgeblichen Zweck für die Eignungs-, Erforderlichkeits- und Proportionalitätsprüfung gewählt hat.[244]

Hatte sich das Bundesarbeitsgericht in der Entscheidung von 1980 noch näher mit der Zweckproblematik befaßt, so wird 4 Jahre später vom gleichen Senat im sog. zweiten Warnstreikurteil nur noch erwähnt, daß weiterhin Streit

---

243 Zwischen Streik und Aussperrung differenziert in diesem Zusammenhang auch *Weiss,* in: Dorndorf/Weiss, Warnstreiks, S. 81, 88 f.

244 s. aber auch *Seiter,* RdA 1981, S. 65, 75, der die Ausführungen des BAG im Ergebnis als Bestätigung seines Ansatzes ansieht. – Der Ansatz von Seiter wird sogleich unter b) cc) zu behandeln sein.

darüber bestehe, wozu der Streik oder ein anderes Mittel des Arbeitskampfes geeignet, erforderlich und proportional sein soll, entweder zu dem jeweiligen Arbeitskampfziel oder zur Herstellung einer gleichwertigen Verhandlungschance.[245] Darüber hinausgehende Ausführungen des Gerichts zu dieser Problematik sucht man vergeblich.

Das bislang letzte Judikat des Bundesarbeitsgerichts, das Ausführungen oder zumindest Andeutungen im Hinblick auf den Zweck bei der Verhältnismäßigkeitsprüfung von Arbeitskampfmaßnahmen enthält, stellt das „Nachzügler"-Urteil des 1. Senats vom 12. 3. 1985 dar. Auch hier äußert sich das Gericht nicht ausführlich zum maßgeblichen Zweck, vielmehr heißt es nur ganz allgemein:

> „Die Aussperrung beeinträchtigt auch Rechte und Interessen Dritter, der von ihr betroffenen Arbeitnehmer und der Allgemeinheit. Diese Beeinträchtigung muß zur Erfüllung des Koalitionszwecks geeignet und erforderlich sein, sie darf auch nicht unverhältnismäßig sein."[246]

Mit diesem allgemein gehaltenen Satz will sich das Gericht offenbar in Distanz zu seinen früheren Ausführungen im Urteil vom 10. 6. 1980 setzen.

Zusammenfassend läßt sich für die Rechtsprechung des Bundesarbeitsgerichts zum Zweck bei der Verhältnismäßigkeitsprüfung von Arbeitskampfmaßnahmen folgendes feststellen: Das Bundesarbeitsgericht hat zwar – wie die Entscheidung 1 AZR 822/79 vom 10. 6. 1980 deutlich belegt – die Relevanz des Zwecks im Rahmen der Eignungs-, Erforderlichkeits- und Proportionalitätskontrolle von Arbeitskampfmaßnahmen erkannt, das Gericht hat sich aber bisher in seiner Judikatur noch nicht in annähernd ausreichender Weise mit der genaueren Bestimmung des Zwecks beschäftigt. Vielmehr läßt eine Gesamtschau der einschlägigen Entscheidungen des Bundesarbeitsgerichts die Vermutung zu, daß das höchste deutsche Arbeitsgericht noch immer auf der Suche nach dem maßgebenden Zweck für die Verhältnismäßigkeitsprüfung ist. Wenn aber offenbar für das Bundesarbeitsgericht der Zweck, der bei der Verhältnismäßigkeitskontrolle von Arbeitskampfmaßnahmen zugrunde zu legen ist, noch nicht hinreichend feststeht, so muß als Folge dieses Umstandes die Rechtsprechung des Bundesarbeitsgerichts zum Verhältnismäßigkeitsgrundsatz ihrerseits zwangsläufig auf schwachen Füßen stehen.

bb) Instanzgerichte der Arbeitsgerichtsbarkeit

Auch eine Analyse der Entscheidungen der Instanzgerichte der Arbeitsgerichtsbarkeit gibt keinen hinreichenden Aufschluß über den maßgeblichen Zweck im Rahmen der Verhältnismäßigkeitsprüfung. Soweit ersichtlich, hat

---

245 BAG, AP Nr. 81 zu Art. 9 GG Arbeitskampf, Bl. 571 R, 572.

246 BAG, AP Nr. 84 zu Art. 9 GG Arbeitskampf, unter II 2 b.

sich bisher kein Instanzgericht der Arbeitsgerichtsbarkeit näher mit der Problematik des relevanten Zwecks befaßt. Vielmehr werden – wenn überhaupt – regelmäßig die diesbezüglichen Ausführungen des Großen Senats in seinem Beschluß vom 21. 4. 1971, die bereits oben angeführt worden sind, zitiert oder nahezu wörtlich wiedergegeben.[247]

b) Literatur

Wenngleich die Wichtigkeit der Bestimmung des Zwecks für die Feststellung der Verhältnismäßigkeit eines Kampfmittels in der arbeitskampfrechtlichen Literatur zunehmend erkannt wird,[248] so fehlt doch bisher im Arbeitskampfrecht eine der Wichtigkeit der Problematik sowohl vom Umfang als auch von den vorgetragenen Argumenten her angemessene und adäquate Diskussion über den maßgeblichen Zweck. Nur allzu häufig wird ohne nähere Begründung und ohne Auseinandersetzung mit der Problematik die Verhältnismäßigkeitskontrolle von Arbeitskampfmaßnahmen an fast willkürlich gewählten Zwecken ausgerichtet. Der Eindruck läßt sich nicht verwischen, daß bislang im Schrifttum zu wenig Sorgfalt bei der Eruierung des maßgebenden Zwecks aufgewendet wurde.

aa) Die Schwierigkeiten bei der Sichtung des Schrifttums

Will man dennoch das Meinungsspektrum im Schrifttum ergründen, so stößt man schnell im Zusammenhang mit dem Verhältnismäßigkeitsgrundsatz als Rechtmäßigkeitsmaßstab im Arbeitskampfrecht auf den Terminus „Bezugspunkt". Dieser Terminus wird außerordentlich häufig in der arbeitskampfrechtlichen Literatur im Kontext mit dem Rechtmäßigkeitskriterium der Verhältnismäßigkeit verwendet.[249]

Der Begriff des Bezugspunktes geht für das Arbeitskampfrecht zurück auf Löwisch. Löwisch gebrauchte diesen Terminus in der ersten breiter angeleg-

---

[247] LAG Bad.-Würt. vom 10. 10. 1978 = EzA Art. 9 GG Arbeitskampf Nr. 27, S. 241; LAG Schleswig-Holstein vom 18. 1. 1979 = EzA Art. 9 GG Arbeitskampf Nr. 29, S. 259 f.; LAG Hamm vom 26. 4. 1979 = EzA Art. 9 GG Arbeitskampf Nr. 31, S. 309.

[248] s. dazu oben 3. Teil D. II. 2.

[249] s. beispielsweise *G. Müller,* Arbeitskampf, S. 286 f.; *Bieback,* in: Däubler, Arbeitskampfrecht, Rdnr. 346, 390; *ders.,* AuR 1983, S. 361, 367 f., 369; *Lieb,* ZfA 1982, S. 113, 142, 145 f.; *Joachim,* AuR 1973, S. 289, 291; *Mager,* ArbRGegw 15 (1977), S. 75, 79, 89; *Krejci,* Aussperrung, S. 94; *Seiter,* Streikrecht, S. 154, 172, 178; *ders.,* Übermaßverbot, S. 94; *ders.,* JA 1979, S. 337, 342; *ders.,* RdA 1981, S. 65, 75; *ders.,* AfP 1985, S. 186, 192; *Scholz/Konzen,* Aussperrung, S. 250; *Konzen,* SAE 1980, S. 21, 23; *ders.,* Jura 1981, S. 585, 586 f.; *Rebel,* RdA 1979, S. 207, 211; *Pfarr/Brandt,* AuR 1981, S. 325, 326; *Picker,* DB 1985, Beilage Nr. 7, S. 6; *v. Hoyningen-Huene,* JuS 1987, S. 505, 507.

ten Abhandlung zum Verhältnismäßigkeitsgrundsatz im Arbeitskampfrecht[250] als Synonym für das Wort „Ziel", das seinerseits wiederum gleichbedeutend mit dem Ausdruck „Zweck" ist.[251] Die entsprechende Passage bei Löwisch sei hier wegen ihrer grundlegenden Bedeutung zitiert:

„Wer konkret sagen will, welche Arbeitskampfmaßnahmen nun erforderlich und verhältnismäßig sind und welche nicht, muß das vom Kollektivrecht anerkannte Ziel näher bestimmen, um dessentwillen der Eingriff in den Individualrechtskreis hingenommen werden soll. Dieses Ziel bildet den Bezugspunkt, von dem aus erst nach der Erforderlichkeit und Verhältnismäßigkeit gefragt werden kann."

Im Anschluß an Löwisch wird teilweise erkennbar der Begriff des Bezugspunktes als markante Umschreibung des dem Verhältnismäßigkeitsgrundsatz zugrunde zu legenden Ziels/Zwecks verstanden und dementsprechend verwendet.[252] Wie manche Ausführungen von Autoren aber auch belegen, soll zum Teil die Benutzung des Terminus „Bezugspunkt" gerade nicht als Umschreibung des maßgebenden Zwecks gedacht sein.[253]

So sprechen etwa Konzen/Scholz[254] in Auseinandersetzung mit den Entscheidungen des Bundesarbeitsgerichts vom 10. 6. 1980 von der Verlagerung des Bezugspunktes der Verhältnismäßigkeitsprüfung von der Durchführung der Aussperrung auf den Verbandsbeschluß. Hier soll offensichtlich der Begriff „Bezugspunkt" nicht den Zweck der Kampfmaßnahme umschreiben, sondern vielmehr den Prüfungsgegenstand (das Mittel), der einer Verhältnismäßigkeitsprüfung unterzogen werden soll, verdeutlichen.

Häufig wird der Ausdruck „Bezugspunkt" aber auch in einer Weise gebraucht, die die Intention des jeweiligen Autors nicht erkennen läßt: Soll mit der Verwendung des Ausdrucks Bezugspunkt eine Aussage zum „Zweck" erfolgen oder ist die Benutzung dieses Begriffs in einer anderen Sinndeutung zu verstehen?[255]

Durch die unterschiedliche Verwendung des Ausdrucks des Bezugspunktes im Zusammenhang mit dem Verhältnismäßigkeitsgrundsatz als Rechtmäßigkeitsmaßstab für Arbeitskämpfe verschwimmt das Meinungsbild innerhalb des Schrifttums zum maßgeblichen Zweck, wird eine genaue Analyse des Meinungsspektrums unmöglich.[256] Bei Sichtung der Literatur läßt sich aber zumin-

---

[250] ZfA 1971, S. 319 ff.

[251] s. oben 2. Teil Fußn. 1.

[252] Vgl. *Pfarr/Brandt,* AuR 1981, S. 325, 326; *Krejci,* Aussperrung, S. 94; *Seiter,* AfP 1985, S. 186, 192; *Joachim,* AuR 1973, S. 289, 291; *Picker,* DB 1985, Beilage Nr. 7, S. 6; *v. Hoyningen-Huene,* JuS 1987, S. 505, 507.

[253] s. etwa *Birk,* Warnstreik, S. 41; *Binkert,* Boykottmaßnahmen, S. 114.

[254] DB 1980, S. 1593, 1598.

[255] Vgl. exemplarisch *Bieback,* in: Däubler, Arbeitskampfrecht, Rdrn. 390; *ders.,* AuR 1983, S. 361, 367 f., 369; *Konzen,* Jura 1981, S. 585, 586 f.

[256] Wird im folgenden der Terminus „Bezugspunkt" benutzt, so soll er in seinem für das Arbeitskampfrecht ursprünglichen Sinne als Synonym für den maßgebenden Zweck

dest erkennen, daß bisher jedenfalls nur zwei Autoren, nämlich Löwisch[257] und Seiter,[258] sich mit dem Problem der für die Verhältnismäßigkeitsprüfung notwendigen Zweckbestimmung im Arbeitskampfrecht beschäftigt und jeweils unterschiedliche Zwecke herausgearbeitet haben. Diese beiden Autoren werden auch vom Bundesarbeitsgericht in den Entscheidungen vom 10. 6. 1980[259] und vom 12. 9. 1984[260] als maßgebliche Exponenten für die hier relevante Problematik angeführt. Im folgenden sollen die Lösungsvorschläge von Löwisch und Seiter zunächst jeweils vorgestellt und anschließend kritisch beleuchtet werden.

bb) Die Ansicht von Löwisch

(1) Darstellung

Nach Auffassung des Bundesarbeitsgerichts geht die Lösung von Löwisch dahin, daß es nur auf das Arbeitskampfziel als Bezugspunkt ankommen könne, wobei die Wahl der Kampftaktiken freistehen müsse.[261]

Diese Wiedergabe der Ansicht von Löwisch durch das Bundesarbeitsgericht ist zumindest mißverständlich angelegt. Denn Löwisch sieht nicht das Kampfziel als Bezugspunkt für den Verhältnismäßigkeitsgrundsatz an, sondern bestimmt vielmehr diesen Bezugspunkt in der Herstellung der von der jeweiligen Arbeitskampfpartei selbst für die am günstigsten gehaltene Verhandlungsposition und damit in der frei gewählten Kampftaktik.[262]

Die Bestimmung der Kampftaktik als Bezugspunkt erscheint in den Augen von Löwisch deshalb sinnvoll, „weil man sicher sagen kann, daß Maßnahmen, die nicht einmal in bezug auf die freie Wahl der Kampftaktik der Arbeitgeber- und Arbeitnehmerseite erforderlich und verhältnismäßig sind, keineswegs als rechtswidrig angesehen werden können."[263]

Ausgehend von der frei gewählten Kampftaktik sollen Erforderlichkeit und Verhältnismäßigkeit von Streik und Aussperrung zu beurteilen sein. Je nach-

---

bei der Verhältnismäßigkeitsprüfung von Arbeitskampfmaßnahmen verstanden werden. – Auch außerhalb des Arbeitskampfrechts wird dieser Terminus als Synonym für den relevanten Zweck bei der Prüfung der Verhältnismäßigkeit begriffen, s. *Hirschberg*, Verhältnismäßigkeit, S. 46; *Schnapp*, JuS 1983, S. 850, 854.

[257] ZfA 1971, S. 319, 326 ff.

[258] Grundlegend Streikrecht, S. 172, 180.

[259] AP Nr. 64 zu Art. 9 GG Arbeitskampf, Bl. 923.

[260] AP Nr. 81 zu Art. 9 GG Arbeitskampf, Bl. 572.

[261] Vgl. BAG, AP Nr. 64 zu Art. 9 GG Arbeitskampf, Bl. 923; s. auch BAG, AP Nr. 81 zu Art. 9 GG Arbeitskampf, Bl. 572.

[262] *Löwisch*, ZfA 1971, S. 319, 326 ff. – Vgl. auch die Interpretationen der Ausführungen von Löwisch bei *Gitter/Heinze*, ZfA 1973, S. 29, 43; *Seiter*, RdA 1981, S. 65, 75.

[263] *Löwisch*, ZfA 1971, S. 319, 328.

dem, welche der verschiedenen Kampftaktiken bereits ergriffen seien, seien wiederum jeweils ganz unterschiedliche Eingriffe in die Arbeitsverhältnisse notwendig. Verfolge etwa die Arbeitgeberseite nur die Taktik der „Politik der offenen Tür", fordere sie also die Arbeitnehmer auf, an ihre Arbeitsplätze zurückzukehren, so bedürfe es dazu weder einer suspendierenden noch einer lösenden Aussperrung.[264] Bei der Taktik, den Arbeitnehmern die Arbeitsmöglichkeit einstweilen vorzuenthalten, könne nur eine suspendierende Aussperrung für erforderlich gehalten werden.[265] Die lösende Aussperrung sei dagegen nur dann erforderlich, wenn die Arbeitgeberseite die Taktik anderweitiger Besetzung oder der Einsparung der Arbeitsplätze verfolge.[266]

(2) Kritik

Der Lösungsansatz von Löwisch, die Kampftaktik als Bezugspunkt zu wählen, ist zwar bisher im Schrifttum keiner näheren kritischen Prüfung unterzogen worden, auf der anderen Seite hat aber die Ansicht von Löwisch – soweit ersichtlich – sowohl in der Rechsprechung als auch in der Literatur bislang keine ausdrückliche Zustimmung erfahren. Letzterer Umstand verwundert nicht, öffnet doch der Ansatz von Löwisch dem Mißbrauch durch die Kampfparteien Tür und Tor.

Wenn die Erforderlichkeit und Verhältnismäßigkeit im engeren Sinne und damit letztlich die Rechtmäßigkeit einer Kampfmaßnahme entscheidend von der frei zu wählenden Kampftaktik abhängig sein soll, so wird den Kampfparteien damit die Möglichkeit gegeben, durch die Wahl entsprechender Kampftaktiken ihren eigenen Kampfmaßnahmen zur Rechtmäßigkeit zu verhelfen. Denn je nachdem welche Kampftaktik eine Kampfpartei nach ihrem Gusto einschlägt, würden selbst schärfste Kampfmittel bei entsprechender Kampftaktik zulässig sein.

Wird nach dem Lösungsansatz von Löwisch die Kampftaktik zum Dreh- und Angelpunkt bei der Frage nach der Verhältnismäßigkeit von Arbeitskampfmaßnahmen, so darf für die Praxis nicht übersehen werden, daß es geradezu ein Wesensmerkmal der Kampftaktik ist, nicht offengelegt zu werden, vor allem nicht dem Kampfgegner gegenüber. Aus diesem Grunde könnte eine Kampfpartei faktisch ohne großes Risiko auch schärfste Kampfmittel einsetzen, ohne befürchten zu müssen, daß dieses Kampfmittel in einem späteren Gerichtsverfahren für rechtswidrig erklärt wird. Die Kampfpartei müßte lediglich behaupten, in dem Zeitpunkt, in dem sie die Kampfmaßnahme ergriff, habe sie eine die Kampfmaßnahme rechtfertigende Kampftaktik verfolgt. Diese Behauptung zu widerlegen, dürfte dem Kampfgegner in aller

[264] ZfA 1971, S. 319, 329.
[265] ZfA 1971, S. 319, 329 f.
[266] ZfA 1971, S. 319, 331.

Regel nicht gelingen, da ihm die tatsächlich eingeschlagene Kampftaktik der Gegenseite ja nicht bekannt ist.

Weiterhin erscheint die Überlegung, mit der Löwisch seinen Lösungsansatz stützt, nämlich, daß Arbeitskampfmaßnahmen, die nicht einmal in bezug auf die freie Wahl der Kampftaktik der Arbeitgeber- und Arbeitnehmerseite erforderlich und verhältnismäßig sind, keinesfalls als rechtmäßig angesehen werden können, zur Rechtfertigung des Bezugspunktes „Kampftaktik" als nicht ausreichend und tragfähig. Denn der auch von Löwisch selbst gezogene Umkehrschluß aus dieser Überlegung, daß eine Kampfmaßnahme dann verhältnismäßig ist, wenn sie im Hinblick auf die Kampftaktik erforderlich und proportional erscheint, ist rechtlich nicht haltbar. Dies wird augenfällig an folgendem Beispiel.

Ist eine Kampftaktik ausgerichtet auf die Vernichtung des Kampfgegners, so sind Arbeitskampfmaßnahmen mit selbst schwersten Beeinträchtigungen für den Kampfgegner zur Erfüllung der gewählten Taktik erforderlich und stehen nicht außer Verhältnis zu dieser Taktik. Mithin müßte, ausgehend vom Lösungsansatz Löwischs, die Verhältnismäßigkeit der entsprechenden Arbeitskampfmaßnahme zu bejahen sein. Man würde damit aber zu einem Ergebnis gelangen, das in krassem Widerspruch zu der allgemeinen Auffassung steht, wonach Kampfmaßnahmen, die auf die Vernichtung des Kampfgegners ausgerichtet sind, nicht als zulässig qualifiziert werden können.[267]

Nicht zuletzt gegen den Lösungsvorschlag spricht auch der Umstand, daß die Interessen der Allgemeinheit und der unbeteiligten Dritten, die unbestrittenermaßen auch von Arbeitskämpfen berührt werden können, bei Löwisch völlig außer Betracht bleiben. Für Löwisch stellt sich nämlich bei der Erforderlichkeit nur die Frage, welche Kampftaktik welchen intensiven Eingriff in die Arbeitsverhältnisse rechtfertigt. Damit verengt Löwisch den Blick nur auf das Verhältnis von Arbeitnehmer- zu Arbeitgeberseite. Welche Eingriffe in die Rechtspositionen unbeteiligter Dritter und der Allgemeinheit gerechtfertigt sind, bleibt bei der Lösung von Löwisch völlig unbeachtet. Der Ansicht von Löwisch, wonach die Kampftaktik den Bezugspunkt bei der Verhältnismäßigkeitsprüfung von Arbeitskampfmaßnahmen darstellt, kann daher nicht zugestimmt werden.

---

[267] Zur Rechtswidrigkeit von Arbeitskämpfen, die die Vernichtung des Kampfgegners bezwecken, s. statt aller BAG, AP Nr. 43 zu Art. 9 GG Arbeitskampf, Bl. 310; *Seiter,* Streikrecht, S. 532 ff.; *Scholz/Konzen,* Aussperrung, S. 164 f.

cc) Die Ansicht von Seiter

(1) Darstellung

Vier Jahre nach Löwisch hat Seiter die Problematik des maßgeblichen Zwecks, des Bezugspunktes, bei der Verhältnismäßigkeitsprüfung von Arbeitskampfmaßnahmen wieder aufgegriffen. Ohne sich mit dem Lösungsansatz von Löwisch inhaltlich auseinanderzusetzen, vertritt Seiter in seiner Monographie „Streikrecht und Aussperrungsrecht" die Ansicht, die Kampfparität stelle den Bezugspunkt der erforderlichen Kampfmittel dar.[268]

Nach Auffassung von Seiter ergänzt der Grundsatz der Kampfparität bei der Ausgestaltung der Kampfmittel den Grundsatz der Erforderlichkeit insofern, als er den Bezugspunkt der erforderlichen Angriffs- und Abwehrmittel konkretisiere. Allgemeiner Bezugspunkt sei zunächst die in Art. 9 Abs. 3 GG als Koalitionszweck genannte Wahrung und Förderung der Arbeits- und Wirtschaftsbedingungen.[269] Die Konkretisierung dieses Bezugspunktes bestehe darin, daß nach dem Paritätsgebot den sozialen Gegenspielern gleichgewichtige Verhandlungs- und Kampfchancen bei der Vereinbarung der Arbeits- und Wirtschaftsbedingungen eingeräumt werden müßten. Das bedeute, so Seiter, daß das Arbeitskampfrecht diejenigen Kampfmittel zur Verfügung zu stellen habe, die erforderlich seien, um eine gleichgewichtige Auseinandersetzung und Einigung der sozialen Gegenspieler zu ermöglichen.[270]

Seiter hat diese Auffassung später mehrfach wiederholt,[271] freilich mit gewissen Modifikationen[272] und Ergänzungen.[273] Der Meinung von Seiter haben sich in der Literatur unter anderem Mager,[274] Konzen[275] und Rebel[276] angeschlossen.

---

[268] *Seiter,* Streikrecht, S. 172, 180.

[269] Zum Koalitionszweck als allgemeinen Bezugspunkt s. die „Nachzügler"-Entscheidung des BAG, AP Nr. 84 zu Art. 9 GG Arbeitskampf, unter II 2 b der Gründe.

[270] *Seiter,* Streikrecht, S. 172.

[271] JA 1979, S. 337, 342; RdA 1981, S. 65, 75 f.; implizit auch AfP 1985, S. 186, 192 f.

[272] So wird in RdA 1981, S. 65, 76 von der Verhandlungsparität anstatt der Kampfparität als Bezugspunkt gesprochen; ist darüber hinaus auch in ders. Abhandlung von der paritätischen Willensbeeinflussung als Bezugspunkt die Rede; ähnlich JA 1979, S. 337, 342.

[273] In RdA 1981, S. 65, 76 u. AfP 1985, S. 186, 192 will Seiter offenbar die Parität nicht nur als Bezugspunkt der Erforderlichkeit, sondern aller 3 Teilgrundsätze des Verhältnismäßigkeitsprinzips verstanden wissen.

[274] ArbRGegw 15 (1977), S. 75, 89. s aber auch S. 79: „Das Gemeinwohl ist der generelle, gleichsam metajuristische Bezugspunkt für die Prüfung der Erforderlichkeit und Verhältnismäßigkeit konkreter Arbeitskampfmaßnahmen, soweit durch sie außenstehende Dritte oder die Allgemeinheit berührt werden."

[275] SAE 1977, S. 235, 237; Jura 1981, S. 585, 587; AcP 177 (1977), S. 473, 527 sowie SAE 1980, S. 21, 23; vgl. dort aber auch die Ausführungen auf S. 22: „Daher führen sie

(2) Kritik

Auch dieser Lösungsansatz hat, soweit ersichtlich, bislang noch keine nähere kritische Auseinandersetzung erfahren. Kommt Löwisch das Verdienst zu, als erster auf die Wichtigkeit des Zwecks für die Verhältnismäßigkeitsprüfung von Arbeitskampfmaßnahmen aufmerksam gemacht zu haben, so muß Seiter das Verdienst zugesprochen werden, die Parität ins Blickfeld der Diskussion um den Verhältnismäßigkeitsgrundsatz gerückt und erkannt zu haben, daß Parität und Verhältnismäßigkeit als die tragenden Säulen des Arbeitskampfrechts nicht beziehungslos nebeneinander stehen,[277] sondern vielmehr die Parität im Rahmen der Verhältnismäßigkeitsprüfung von Arbeitskampfmaßnahmen große Bedeutung besitzt.[278]

Versteht man Seiter richtig, so geht sein Hauptanliegen dahin, nur diejenigen Arbeitskampfmittel als verhältnismäßig und damit auch als rechtmäßig anzusehen, die die Parität zwischen den sozialen Gegenspielern erhalten und nicht beeinträchtigen.[279] In diesem Anliegen kann Seiter in vollem Umfang beigepflichtet werden. Die Verhältnismäßigkeitsprüfung muß auf die Parität hin abgestimmt sein. Ein Arbeitskampfmittel, das die Parität und damit die „Geschäftsgrundlage" zwischen den sozialen Gegenspielern beeinträchtigt, kann nicht dem Verhältnismäßigkeitsprinzip genügen[280] und muß vom Staat als unverhältnismäßig verworfen werden.[281]

Diese Auffassung beginnt sich zunehmend im Schrifttum, aber auch in der höchstrichterlichen Rechtsprechung herauszubilden.[282] Beispielsweise hat

(scil. Arbeitskämpfe) nur zur Priviligierung koalitionsgemäßer Betätigung . . ., wenn sie zur Erreichung eines tarifvertraglichen Regelungsziels geeignet, erforderlich und nicht unverhältnismäßig sind."

276 RdA 1979, S. 207, 211.

277 So aber offenbar *Zöllner,* Arbeitsrecht, § 40 X (S. 383); *ders.,* DB 1985, S. 2450, 2457.

278 Wie das Verhältnis zwischen Parität und Verhältnismäßigkeitsgrundsatz im einzelnen beschaffen ist, ist jedoch bis heute noch nicht befriedigend geklärt.

279 Vgl. *Seiter,* RdA 1981, S. 65, 76: „Eignung, Erforderlichkeit und Proportionalität von Kampfmitteln sind also danach zu beurteilen, ob sie den Willen der gegnerischen Vertragspartei so beeinflussen, daß die Interessen prinzipiell gleichgewichtig zum Ausgleich kommen . . .".

280 Der Umkehrschluß kann jedoch nicht gezogen werden, weil Arbeitskämpfe neben den sozialen Gegenspielern auch unbeteiligte Dritte und die Allgemeinheit beeinträchtigen und die Parität nur das Verhältnis der sozialen Gegenspieler zueinander ins Auge faßt.

281 Geschieht dies nicht, so verstößt der Staat seinerseits sowohl gegen das Verhältnismäßigkeitsprinzip als auch den Paritätsgrundsatz; s. dazu auch die Ausführungen unter C. III. 2. b) bb) (5) (c).

282 Ansätze in dieser Richtung finden sich bei *H. P. Müller,* DB 1980, S. 1694, 1695; *Lieb,* DB 1980, S. 2188, 2195; *Scholz,* in: Maunz/Dürig, Grundgesetz, Art. 9, Rdnr. 293; *ders.,* SAE 1985, S. 33, 40; *Scholz/Konzen,* Aussperrung, S. 179 f., 192, 200; *Krejci,* Aussperrung, S. 96 f.

jüngst der frühere Präsident des Bundesarbeitsgerichts, G. Müller, in seinem vielbeachteten Gutachten für den Bundesminister für Arbeit und Sozialordnung folgendes zum Verhältnis von Parität und Übermaßverbot ausgeführt:

> „Das Gebot der tarifbezogenen materiellen Parität überschneidet sich z. B. mit dem Verhältnismäßigkeitsgrundsatz. Ein Arbeitskampf unter Verletzung der Parität ... ist im allgemeinen Sinne des Wortes als solcher unverhältnismäßig.“[283]

In dem „Nachzügler-Urteil“ des Bundesarbeitsgerichts vom 12. 3. 1985 heißt es zur Verhältnismäßigkeit von Abwehraussperrungen:[284]

> „Wo Abwehraussperrungen in einem Maße eingesetzt werden, durch das die Verhandlungsparität gefährdet oder wieder beseitigt wird, können sie nicht erforderlich und proportional sein.“

Die sich hier stellende relevante, in Literatur und Rechtsprechung aber regelmäßig vernachlässigte Frage ist nur, wie man – um die Verhältnismäßigkeit paritätsstörender Kampfmaßnahmen zu verneinen – die Parität in die Verhältnismäßigkeitsprüfung installiert, welche Funktion die Parität im Rahmen der Verhältnismäßigkeitskontrolle erhalten soll.

Seiter will – und hier setzt die Kritik an – der Parität die Funktion des Bezugspunktes geben. Würde die Parität den Bezugspunkt darstellen, so müßte man im Rahmen der Verhältnismäßigkeitskontrolle prüfen, ob ein Kampfmittel geeignet, erforderlich und proportional zur Herstellung, Wahrung oder Erreichung der Parität ist. Arbeitskampfmaßnahmen, welche die Parität stören, die Parität also gerade nicht fördern, müßten in diesem Fall bereits als ungeeignet zurückgewiesen werden.

Die Parität stellt aber nicht den Bezugspunkt verstanden als den Zweck dar, auf den Eignung, Erforderlichkeit und Proportionalität von Arbeitskampfmaßnahmen zu projizieren sind. Es ist also bei der Verhältnismäßigkeitsprüfung nicht zu fragen, ob die jeweilige Kampfmaßnahme geeignet, erforderlich und proportional zur Herstellung, Wahrung oder Erreichung der Parität ist. Vielmehr kommt der Parität eine andere Bedeutung bei der Verhältnismäßigkeitskontrolle von Arbeitskampfmaßnahmen zu. Die Parität kann als ein „Ausfüllungsmaßstab“ für die Frage der Proportionalität von Kampfmitteln umschrieben werden, soweit es um die im Rahmen der Proportionalitätskontrolle vorzunehmende Interessenabwägung zwischen den Kampfparteien geht. Die Beeinträchtigung der Parität durch eine Arbeitskampfmaßnahme hat die Disproportionalität der Kampfmaßnahme zur Folge. Eine Kampfmaßnahme, die die Parität beeinträchtigt, ist also disproportional und damit unverhältnismäßig und rechtswidrig. Jedes Kampfmittel darf demnach, soll es proportional sein, nicht die Parität gefährden oder beseitigen, sondern muß sich vielmehr im Rahmen der Parität halten.

---

[283] *G. Müller,* Arbeitskampf, S. 281.

[284] BAG, AP Nr. 84 zu Art. 9 GG Arbeitskampf, Bl. 369.

Um einerseits die These von Seiter, wonach die Parität den Bezugspunkt darstellt, zu widerlegen, andererseits darüber hinaus auch die eigene hier vorgetragene Ansicht argumentativ zu untermauern, erscheint es gerechtfertigt, im Rahmen der Kritik an dem Lösungsansatz von Seiter die Funktion der Parität als einem „Ausfüllungsmaßstab" für die Proportionalitätsprüfung näher zu belegen. Kann nämlich diese Funktion nachgewiesen werden, so ist damit zugleich dargetan, daß die Parität im Rahmen der Verhältnismäßigkeitsprüfung nicht die Funktion des Bezugspunktes einnehmen kann, weil sich beide Funktionen gegenseitig ausschließen.

Um die eigene Ansicht näher zu begründen, kann auf die Darlegungen des 1. und 2. Teils dieser Arbeit argumentativ zurückgegriffen werden. Proportionalitätsprüfung heißt für die Praxis Abwägung konfligierender Interessen und Rechtsgüter, um festzustellen, welche Seite der gegenläufigen Interessen und Rechtsgüter überwiegt. Dies wurde bereits im 2. Teil der Arbeit näher ausgeführt.[285]

Wie später noch im einzelnen darzulegen sein wird,[286] erfolgt bei der Proportionalitätsprüfung von Arbeitskämpfen eine Abwägung zwischen der Arbeitskampffreiheit einerseits und den einzelnen Rechtsgütern und Interessen der vom Arbeitskampf jeweils Betroffenen andererseits. Da der Arbeitskampf von seiner Intention her vor allem auch auf die Beeinträchtigung der Rechtsgüter und Interessen der gegnerischen Koalition abzielt und dennoch – in Kenntnis dieser Tatsache – von der Rechtsordnung verbürgt ist, kann allein der Umstand, daß durch den Arbeitskampf Interessen und Rechtsgüter des sozialen Gegenspielers berührt werden, nicht zum Überwiegen dieser Rechtsgüter gegenüber der durch Art. 9 Abs. 3 GG geschützten Arbeitskampffreiheit führen. Die Betroffenheit für sich genommen kann demnach nicht schon die Disproportionalität begründen. Daraus muß geschlossen werden, daß die vom Arbeitskampf betroffenen Rechtsgüter des Kampfgegners nicht per se, in jedem Falle, Vorrang gegenüber der Arbeitskampffreiheit beanspruchen können. Auf der anderen Seite ist aber ebenso eindeutig, daß Arbeitskampfmaßnahmen die Rechtsgüter und Interessen des Kampfgegners nicht grenzenlos beeinträchtigen dürfen.[287]

Will man hier eine Grenze abstecken, ab wann die kampfbetroffenen Rechtsgüter und Interessen der angegriffenen Kampfpartei gegenüber der Arbeitskampffreiheit der angreifenden Partei überwiegen, so muß man daran erinnern, daß der Arbeitskampf in unserer Rechtsordnung nicht als Selbstzweck garantiert wird, sondern vielmehr lediglich als ein notwendiges Hilfsinstrument für eine funktionsfähige Tarifautonomie. Nur um die Funktions-

---

285 Dort unter B. III.

286 Unter III. 4. c) bb) (2).

287 s. dazu bereits oben 3. Teil C. III. 2. b) bb) (1) (b).

fähigkeit der Tarifautonomie zu gewährleisten, wird der Arbeitskampf von der Rechtsordnung zugelassen.[288]

Für die Arbeitskampffreiheit, die durch den Arbeitskampf als Wert zur Geltung kommen soll, bedeutet die begrenzte Funktionslegitimation des Arbeitskampfes folgendes: Dient ein Arbeitskampf nicht der Funktionsfähigkeit der Tarifautonomie, sondern stört er sie, so muß die Arbeitskampffreiheit als Folge dieses Umstandes ihrerseits ihren hohen Stellenwert verlieren, besteht doch der Grund der Arbeitskampffreiheit, die Funktionsfähigkeit der Tarifautonomie zu gewährleisten, hier nicht mehr. Für diesen Fall können im Rahmen der Proportionalitätskontrolle die Interessen des von dem Arbeitskampf betroffenen sozialen Gegenspielers gegenüber der Arbeitskampffreiheit nicht mehr zurücktreten, müssen vielmehr ihrerseits im Verhältnis zur Arbeitskampffreiheit eindeutig überwiegen. Da mit der Feststellung einer Vorrangstellung der betroffenen Rechtsgüter gegenüber der Arbeitskampffreiheit die Disproportionalität dargetan ist,[289] heißt dies, daß Arbeitskämpfe, die zur Gefährdung oder Störung der Funktionsfähigkeit der Tarifautonomie führen, disproportional sind.

Setzt man sich mit der anschließenden Frage auseinander, wann eine Gefährdung oder Störung der Funktionsfähigkeit der Tarifautonomie vorliegt, so kann auch hier zur Beantwortung dieser Frage wiederum auf frühere Ausführungen zurückgegriffen werden. Im 1. Teil der Arbeit[290] ist festgestellt worden, daß die Tarifautonomie nur funktionieren kann, wenn zwischen den sozialen Gegenspielern Parität besteht. Parität ist also Funktionsvoraussetzung für die Tarifautonomie und zudem auch für den Arbeitskampf. Diese Feststellung bedeutet in dem hier relevanten Zusammenhang, daß ein Arbeitskampfmittel, das die Parität zwischen den sozialen Gegenspielern beeinträchtigt, nicht der Funktionsfähigkeit der Tarifautonomie dient, sondern im Gegenteil die Funktionsfähigkeit der Tarifautonomie stört.

Zieht man abschließend die logische Schlußfolgerung aus den vorangegangenen Ausführungen, so muß man zu folgendem Ergebnis gelangen: Bei Arbeitskämpfen, die die Parität stören, ist ein Überwiegen der betroffenen Rechtsgüter und Interessen des Kampfgegners gegenüber der Arbeitskampffreiheit anzunehmen, mithin können diese Arbeitskämpfe nicht proportional sein. Folglich kann man allgemein sagen, daß Arbeitskämpfe, um proportional zu sein, die Parität nicht stören dürfen. Mit diesem Befund ist die Funktion der Parität als „Ausfüllungsmaßstab" in der Proportionalitätsprüfung von Arbeitskämpfen dargetan,[291] zugleich aber auch belegt, daß die Ansicht von

[288] s. oben 1. Teil Teil B. I.

[289] Vgl. die allg. Ausführungen zum Proportionalitätsgrundsatz, 2. Teil B. III.

[290] Dort unter B. II.

[291] Die enge Verbindung zwischen Proportionalität und Parität wird auch darin sichtbar, daß beide, sowohl Proportionalität als auch Parität, der Herstellung einer Balance

Seiter, wonach die Parität den Bezugspunkt im Rahmen der Verhältnismäßigkeitsprüfung bildet, nicht zutreffend sein kann und daher abgelehnt werden muß.

c) Der eigene Ansatz

Bei Durchsicht des Schrifttums im Arbeitskampfrecht stößt man auch auf Äußerungen wie etwa die von Konzen, wonach „das Kampfmittel geeignet, typischerweise erforderlich und nicht unverhältnismäßig sein muß, um ein tarifliches Regelungsziel zu erreichen."[292] Derartige Äußerungen sind ein Fingerzeig in die richtige Richtung. Um den eigenen Lösungsansatz zügig und argumentativ in die richtige Richtung voranzutreiben, soll aber nicht im Arbeitskampfrecht, sondern im Bereich des öffentlichen Rechts angesetzt werden; sodann sollen die dort gewonnenen Erkenntnisse für die Lösung im Arbeitskampfrecht nutzbar gemacht werden.

Für den Grundsatz der Verhältnismäßigkeit im öffentlichen Recht ist verschiedentlich herausgearbeitet worden, daß der Grundsatz für seine Anwendbarkeit immer einen rechtmäßigen Zweck voraussetzt, von dem aus dann die Verhältnismäßigkeitsprüfung des betreffenden staatlichen Aktes zu erfolgen hat.[293] Verfolgt etwa ein Gesetz einen rechtswidrigen Zweck, so befindet sich das Gesetz schon aufgrund des angestrebten rechtswidrigen Zwecks nicht im Einklang mit der Rechtsordnung, einer Verhältnismäßigkeitsprüfung des Gesetzes bedarf es in diesem Fall nicht mehr.[294] Insbesondere darf nicht an den rechtswidrigen Zweck angeknüpft und die Verhältnismäßigkeitsprüfung an diesem Zweck ausgerichtet werden. Mit anderen Worten ausgedrückt: Es darf nicht gefragt werden, ob zur Erreichung des rechtswidrigen Zwecks der betreffende staatliche Akt geeignet, erforderlich und proportional ist. Würde dies nämlich geschehen, so käme man zu unerträglichen, mit den Wertungen der Rechtsordnung im krassen Widerspruch stehenden Ergebnissen. Dies soll kurz anhand eines abstrakt gehaltenen Beispiels belegt werden.

Der Gesetzgeber will durch Gesetz einen rechtswidrigen Zweck Z verfolgen. Ihm stehen zwei mögliche gesetzliche Regelungen A und B zur Auswahl. Beide Regelungen sind geeignet, den rechtswidrigen Zweck Z zu fördern,

---

zwischen konfligierenden Rechtsgütersphären dienen. Die Parität im Arbeitskampf betrifft die Herstellung der speziellen Balance zwischen den Kampfparteien.

[292] *Konzen,* SAE 1986, S. 57, 58; nahezu wortgleich *ders.,* SAE 1980, S. 21, 22; s. außerdem *Scholz/Konzen,* Aussperrung, S. 225; *Rüthers,* Gedächtnisschrift Dietz, S. 299, 307 f.

[293] Insbesondere *Langheineken,* Verhältnismäßigkeit, S. 4; *Witt,* Verhältnismäßigkeitsgrundsatz, S. 17 ff.; ferner *Pieroth/Schlink,* Grundrechte, Rdnr. 940; *Jacob,* Staatsnotstand, S. 120 f.; *Gentz,* NJW 1968, S. 1600, 1602; *Zimmerli,* Verhältnismäßigkeit, S. 14; *Koch/Rüßmann,* Begründungslehre, S. 105; *Jakobs,* Verhältnismäßigkeit, S. 60.

[294] *Langheineken,* Verhältnismäßigkeit, S. 4.

wobei aber Regelung A die von dem Gesetz Betroffenen stärker belastet als Regelung B. Besitzen A und B den gleichen Eignungsgrad, was die Förderung von Z anbelangt, so ist Regelung A wegen der stärkeren Belastungsintensität als nicht erforderlich zu qualifizieren. Fördert aber Regelung A den rechtswidrigen Zweck Z stärker als Regelung B, so müßte man, wäre die Erforderlichkeitskontrolle an dem rechtswidrigen Zweck Z auszurichten, die Erforderlichkeit von Regelung A bejahen, da Regelung A, obwohl stärker belastend als Regelung B, einen höheren Eignungsgrad aufweist. Man würde mit der Zuerkennung der Erforderlichkeit für Regelung A die Tatsache honorieren, daß die Regelung A den rechtswidrigen Zweck stärker fördert und damit zwangsläufig mehr Unrecht schafft. Ein offensichtlich unhaltbares Ergebnis.

Kann folglich sinnvollerweise nur ein im Einklang mit der Rechtsordnung stehender Zweck der Verhältnismäßigkeitsprüfung zugrunde gelegt werden, so muß diese im öffentlichen Recht gewonnene Erkenntnis selbstverständlich auch für die Bestimmung des Zwecks bei der Verhältnismäßigkeitsprüfung von Arbeitskampfmaßnahmen gelten. Für das Arbeitskampfrecht und den Verhältnismäßigkeitsgrundsatz dort bedeutet dies, daß nur ein rechtmäßiger Zweck von Arbeitskampfmaßnahmen Bezugspunkt für die Verhältnismäßigkeitsprüfung sein kann.[295]

Damit stellt sich die Frage, welchen oder welche Zwecke Arbeitskampfmaßnahmen verfolgen dürfen. Zur Beantwortung dieser Frage kann auf die Ausführungen des 1. Teils der Arbeit zurückgegriffen werden. Im Einklang mit der Rechtsprechung des Bundesarbeitsgerichts und der ganz überwiegenden Ansicht im Schrifttum wurde festgestellt, daß Arbeitskämpfe nicht um ihrer selbst willen gewährleistet sind, sondern lediglich als Hilfsinstrument zugunsten der Tarifautonomie und deren Funktionsfähigkeit.[296] Nur in diesem begrenzten Rahmen können Arbeitskämpfe rechtmäßig sein.

Aus der ausschließlichen Funktion von Arbeitskämpfen als Hilfsinstrument für die Funktionsfähigkeit der Tarifautonomie leitet die herrschende Meinung zu Recht ab, daß es nur einen einzigen Zweck gibt, der die Rechtmäßigkeit von Arbeitskampfmaßnahmen begründen kann. Wenn auch mit sprachlichen Modifikationen, so geht die herrschende Auffassung,[297] angeführt von der Rechtsprechung des Bundesarbeitsgerichts,[298] davon aus, daß nur diejenigen

---

[295] Angedeutet auch bei BAG, AP Nr. 43 zu Art. 9 GG Arbeitskampf, unter Teil III A 2 a: „Arbeitskämpfe dürfen nur insoweit eingeleitet und durchgeführt werden als sie zur Erreichung rechtmäßiger Kampfziele ... geeignet und sachlich erforderlich sind"; vgl. ferner *Rüthers,* Gedächtnisschrift Dietz, S. 299, 307 f.

[296] 1. Teil B. I.

[297] *Hueck/Nipperdey/Säcker,* Arbeitsrecht II/2, S. 1010; *Brox/Rüthers,* Arbeitskampfrecht, Rdnr. 138, 144; *Rüthers,* AfP 1977, S. 305, 316; *Zöllner,* Arbeitsrecht, § 40 VI 2 (S. 373); *Kalb,* Arbeitskampfrecht, Rdnr. 396 f.; *Lieb,* Arbeitsrecht, S. 136; *Dütz,* DB 1979, Beilage Nr. 14, S. 1 f.; *Säcker,* Gruppenautonomie, S. 383; a. A. *Schumann,* in: Däubler, Arbeitskampfrecht, Rdnr. 147 ff., insb. 151.

Arbeitskampfmaßnahmen, die die Durchsetzung bzw. – was hier sinnidentisch ist – die Erreichung zulässiger tariflicher Regelungen in Tarifverträgen als Ziel anstreben, zulässig sind. Nur dann, wenn Arbeitskampfmaßnahmen die Durchsetzung zulässiger tariflicher Regelungen in Tarifverträgen bezwecken, kann die Beeinträchtigung fremder Rechtspositionen um der Funktionsfähigkeit der Tarifautonomie willen von der Rechtsordnung erlaubt sein. Mit anderen Worten, die Durchsetzung zulässiger tariflicher Regelungen ist der einzig rechtmäßige Zweck für Arbeitskämpfe.

Stellt sich aber die Durchsetzung zulässiger tariflicher Regelungen als einzig zulässiger Zweck von Arbeitskampfmaßnahmen dar, so muß folgerichtig dieser Zweck auch bei der Verhältnismäßigkeitsprüfung von Arbeitskampfmaßnahmen als Bezugspunkt zugrunde gelegt werden und von ihm aus die Prüfung der Verhältnismäßigkeit von Arbeitskampfmaßnahmen erfolgen. Auch der in der Diskussion bisweilen anzutreffende Hinweis auf eine mögliche Gefahr einer im Rahmen der Tarifautonomie unzulässigen Tarifzensur bei der Wahl des tarifvertraglich regelbaren Ziels als Bezugspunkt der Verhältnismäßigkeit[299] kann nicht ein Lossagen von diesem Bezugspunkt rechtfertigen.

Zwar ist die Gefahr einer durch die Verhältnismäßigkeitsprüfung auszulösenden gerichtlichen Tarifzensur bei der Wahl dieses Bezugspunktes – wie wohl bei jedem anderen Bezugspunkt auch – nicht ohne weiteres von der Hand zu weisen,[300] auf der anderen Seite darf aber folgendes nicht vergessen werden: Bevor man vorschnell auf einen willkürlichen Bezugspunkt ausweicht[301] (die Folgen eines derartigen Vorgehens sind überdeutlich in der bisherigen Diskussion im Arbeitskampfrecht erkennbar), sollte zunächst an dem einmal gewählten Bezugspunkt festgehalten und versucht werden, dort, wo die Gefahr einer gerichtlichen Tarifzensur bei der Verhältnismäßigkeitsprüfung erkennbar wird, durch entsprechende zulässige Modifikationen und Feineinstellungen diese Gefahr zu überwinden. Da dies hier durchaus möglich ist, wie später zu zeigen sein wird,[302] besteht somit keine Berechtigung, sich von der Durchsetzung zulässiger tariflicher Regelungen als einmal erkanntem Bezugspunkt loszusagen. Vielmehr soll in den nachfolgenden Ausführungen dieser Bezugspunkt der Verhältnismäßigkeitsprüfung von Arbeitskampfmaßnahmen zugrunde gelegt werden.

---

[298] Zuletzt BAG, AP Nr. 82 zu Art. 9 GG Arbeitskampf, Bl. 578; BAG, EzA Art. 9 GG Arbeitskampf Nr. 57, unter II 3 b.

[299] Etwa *Rebel,* RdA 1979, S. 207, 211; *Seiter,* Übermaßverbot, S. 93 f.

[300] s. dazu näher unten III. 4. c) bb).

[301] *Seiter,* Streikrecht, S. 540; *ders.,* Übermaßverbot, S. 94, will den Bezugspunkt nach vorne verlagern und wählt die Willensbeeinflussung als Bezugspunkt für die Verhältnismäßigkeit i. e. S. aus; kritisch dazu *Krejci,* Aussperrung, S. 96; *Binkert,* Boykottmaßnahmen, S. 151 f. s. aber auch Seiter selbst an anderer Stelle, wonach die Parität den Bezugspunkt bilden soll, dazu näher oben 3. Teil D. II. 3. b) cc).

[302] s. dazu unten 3. Teil D. III. 4. c) bb) (2).

4. Folgerungen

Um die „Zweck"-Problematik abzurunden, soll hier noch abschließend aufgezeigt werden, welche Folgerungen sich aus dem gewählten Bezugspunkt ableiten lassen.

Aus dem bisher Ausgeführten läßt sich für die Überprüfung eines Kampfmittels auf seine Rechtmäßigkeit hin folgendes sagen: Bevor auf die Verhältnismäßigkeit des Arbeitskampfmittels einzugehen ist, muß zunächst festgestellt werden, ob das Kampfmittel die Durchsetzung zulässiger tariflicher Regelungen bezweckt. Ist dieses bereits zu verneinen, so bedarf es keiner Verhältnismäßigkeitsprüfung mehr.[303] Nur wenn man zu der Feststellung gelangt, daß die betreffende Kampfmaßnahme auf die Durchsetzung zulässiger tariflicher Regelungen abzielt, kann sich überhaupt eine Prüfung der Verhältnismäßigkeit der Kampfmaßnahme anschließen.

Wird diese Vorgehensweise bei der Rechtmäßigkeitsprüfung von Arbeitskampfmitteln eingehalten, so zeigt sich, daß bestimmte Formen von Streik und Aussperrung einer Verhältnismäßigkeitskontrolle überhaupt nicht zugänglich sind. Diese fehlende Zugänglichkeit wurde für den politisch motivierten Arbeitskampf jüngst von Franke/Geraats[304] deutlich und mit Recht hervorgehoben. Da neben dem politischen Arbeitskampf auch Demonstrationsstreiks bzw. -aussperrungen nicht die Durchsetzung tarifvertraglicher Regelungen anstreben, bedarf es auch bei dieser Form von Streik und Aussperrung keiner Verhältnismäßigkeitsprüfung mehr, um die Rechtswidrigkeit dieser Kampfform zu begründen. Gleiches dürfte auch bei Sympathiestreiks und -aussperrungen gelten. Hier sollen von der Kampfpartei keine *eigenen* tarifvertraglichen Regelungen durchgesetzt werden.[305]

Eine Verhältnismäßigkeitsprüfung erübrigt sich auch bei Arbeitskämpfen, die zwar eine tarifvertragliche Regelung anstreben, wobei die Regelung ihrerseits aber im Falle ihrer Durchsetzung offensichtlich unzulässig wäre. Ist hingegen die tarifvertragliche Zulässigkeit der durch den Arbeitskampf angestrebten Regelung zweifelhaft und umstritten,[306] so sollte der jeweils Urteilende zur besseren Stützung seiner Argumentation hilfsweise die Zulässigkeit der Regelung unterstellen und eine Verhältnismäßigkeitsprüfung vornehmen.

---

[303] s. hierzu auch die Mahnung von *Dütz,* Diskussionsbeitrag, ZfA 1980, S. 503, zunächst einmal andere Grenzen des Kampfrechts zu prüfen, „bevor wir zur Verhältnismäßigkeit stoßen."

[304] DB 1986, S. 965, 967.

[305] s. hierzu auch *Brox/Rüthers,* Arbeitskampfrecht, Rdnr. 144; *Dütz,* DB 1979, Beilage Nr. 14, S. 6; *v. Hoyningen-Huene,* JuS 1987, S. 505, 511.

[306] Zu den Grenzen der tariflichen Regelungsbefugnis und -möglichkeiten *Brox/Rüthers,* Arbeitskampfrecht, Rdnr. 242 ff.

III. Die einzelnen Teilgrundsätze

Nachdem der für die Verhältnismäßigkeitsprüfung unerläßliche Bezugspunkt eruiert worden ist, sollen nun die drei Teilgrundsätze des Verhältnismäßigkeitsprinzips Geeignetheit, Erforderlichkeit und Proportionalität untersucht werden, um dort Handhabung und Praktikabilität des Verhältnismäßigkeitsgrundsatzes als Rechtmäßigkeitsmaßstab für Arbeitskampfmaßnahmen zu beleuchten.

Wie oben näher ausgeführt worden ist,[307] kann der Grundsatz der Verhältnismäßigkeit nach hier vertretener Ansicht im Arbeitskampfrecht als Rechtmäßigkeitskriterium auf drei unterschiedlichen Abstraktionsebenen eingesetzt werden. Diese Möglichkeit, den Verhältnismäßigkeitsgrundsatz auf drei Ebenen einzusetzen, bedingt wiederum ihrerseits die Möglichkeit, auch die Teilgrundsätze jeweils auf diesen drei unterschiedlichen Abstraktionsebenen zu erörtern.

Eine ausführliche Darstellung der einzelnen Teilgrundsätze auf allen drei Anwendungsebenen würde aber zum einen über den Rahmen dieser Arbeit und deren Zielsetzung hinausgehen, zum anderen wären Wiederholungen in den Ausführungen unvermeidbar, da sich auf allen drei Anwendungsebenen identische oder zumindest vergleichbare Fragestellungen und Probleme ergeben. Deshalb soll im folgenden die Darstellung schwerpunktmäßig auf eine Ebene beschränkt bleiben. Exemplarisch sollen die drei Teilgrundsätze und deren praktische Handhabung auf der konkreten Ebene, also bei der Frage nach der Verhältnismäßigkeit des Einsatzes eines grundsätzlich zulässigen Kampfmittels, diskutiert werden. Diese Ebene bietet sich an, weil sie sowohl mit den meisten Problemen behaftet ist als auch jüngst vom Bundesarbeitsgericht[308] ausdrücklich, wenn auch nach hiesiger Ansicht nicht zutreffend, als einzige Anwendungsebene des Verhältnismäßigkeitsprinzips herausgestellt worden ist.

1. Der Grundsatz der Geeignetheit

Zunächst ist auf der konkreten Anwendungsebene als erster der drei Teilgrundsätze des Verhältnismäßigkeitsprinzips der Grundsatz der Geeignetheit zu beleuchten.

---

[307] 3. Teil D. I.

[308] AP Nr. 84 zu Art. 9 GG Arbeitskampf, Bl. 368 R.

a) Die Bedeutung des Geeignetheitsgrundsatzes in Rechtsprechung und Literatur

Der Grundsatz der Geeignetheit führt bisher im Arbeitskampfrecht ein Schattendasein. Soweit ersichtlich, hat sich bislang noch kein Gericht näher mit der Geeignetheit eines Kampfmittels auseinandergesetzt, geschweige denn den Einsatz eines Arbeitskampfmittels deshalb für rechtswidrig erklärt, weil das aktuell eingesetzte Kampfmittel dem Geeignetheitsgrundsatz nicht genügt. Auch im arbeitskampfrechtlichen Schrifttum ist dem 1. Teilgrundsatz des Verhältnismäßigkeitsprinzips wenig Aufmerksamkeit geschenkt worden. Nicht selten bleibt der Geeignetheitsgrundsatz bei der Erörterung des Verhältnismäßigkeitsprinzips im Arbeitskampfrecht unerwähnt.[309] Offenbar wird der Geeignetheitsgrundsatz von Rechtsprechung und Literatur in seiner praktischen Handhabung für das Arbeitskampfrecht als unproblematisch angesehen. Bei genauerem Hinsehen erkennt man aber, daß die Handhabung dieses Teilgrundsatzes für bestimmte Fallgestaltungen durchaus problemträchtig sein kann. Hierauf wird im folgenden auch einzugehen sein.

b) Die Fragestellung beim Geeignetheitsgrundsatz

Die Frage, die bei der Überprüfung des Einsatzes eines Arbeitskampfmittels auf seine Geeignetheit hin zu stellen ist, lautet bezogen auf die Kampfmittel Streik und Aussperrung: Ist der konkrete Einsatz des Streiks bzw. der der Aussperrung geeignet, die von der Kampfpartei anvisierte tarifvertraglich zulässige Regelung durchzusetzen?

c) Die Geeignetheitsproblematik erörtert anhand von Fallgruppen

Ausgehend von der gerade genannten Fragestellung soll mit Hilfe von Fallgruppen die Handhabung des Geeignetheitsgrundsatzes als Rechtmäßigkeitsmaßstab für die arbeitskampfrechtliche Praxis näher untersucht werden. Es soll dabei aufgezeigt werden, bei welchen Fallgestaltungen welche Probleme im Rahmen der Geeignetheitsprüfung von Arbeitskampfmaßnahmen entstehen und wie diese Probleme gelöst werden können.

aa) Der erfolgreiche Arbeitskampf

Denkbar, aber in der arbeitskampfrechtlichen Praxis kaum relevant[310] ist der Fall, daß durch den Einsatz von Streik auf der Arbeitnehmerseite bzw.

---

[309] s. hierzu exemplarisch die Ausführungen von *Zöllner,* Arbeitsrecht, § 40 VI 4 (S. 373).

durch den Gebrauch des Kampfmittels der Aussperrung auf seiten der Arbeitgeber die angestrebte tarifliche Regelung in vollem Umfange durchgesetzt wird, mithin in dem umkämpften Tarifvertrag später festgeschrieben wird.

Die Bewertung dieser Fallgestaltung anhand des Geeignetheitsgrundsatzes erweist sich als unproblematisch, denn hier liegt ein Fall der „Voll"eignung vor. Der angestrebte Zweck wird nicht nur gefördert, sondern in vollem Umfange erreicht.

bb) Der teilweise erfolgreiche Arbeitskampf

Für die arbeitskampfrechtliche Praxis typisch ist folgende Konstellation: Die Arbeitnehmer erheben eine bestimmte Tarifforderung, in der Regel eine Lohnforderung, die von den Arbeitgebern nicht akzeptiert wird. Die Arbeitgeber ihrerseits legen nun ein der Arbeitnehmerseite nicht akzeptabel erscheinendes Angebot vor. Da man sich nicht auf dem Verhandlungswege einigen kann, kommt es zum Arbeitskampf, an dessen Ende man sich etwa in der Mitte trifft.

Jede Tarif-/Kampfpartei macht in dieser Fallgestaltung bei dem abzuschließenden Tarifvertrag Zugeständnisse. Damit wird von keiner der Parteien durch den Einsatz von Arbeitskampfmaßnahmen eine vollständige Durchsetzung der eigenen Regelungsvorstellungen im künftigen Tarifvertrag erreicht. Vielmehr kommt es lediglich zu einer teilweisen Durchsetzung der von den Kampfparteien jeweils angestrebten tariflichen Regelungen. Dieser Umstand, daß mit Hilfe des Einsatzes von Kampfmitteln nur eine teilweise Durchsetzung der eigenen Regelungsvorstellungen im Tarifvertrag erreicht wird, steht aber der Bejahung der Eignung der eingesetzten Kampfmittel nicht im Wege. Denn ausgehend von der allgemeinen Definition des Geeignetheitsgrundsatzes[311] genügt es für die Bejahung der Eignung eines Mittels, daß das Mittel den vorgegebenen Zweck nur fördert, ihn also lediglich teilweise erreicht. Mit diesem Befund wird deutlich, daß der für die Praxis typische Arbeitskampf bei seiner Rechtmäßigkeitsüberprüfung nicht in Konflikt mit dem Geeignetheitsgrundsatz gerät, sondern vielmehr dessen Anforderungen genügt.

cc) Der nicht erfolgreiche Arbeitskampf

Problematisch im Hinblick auf die Eignung des aktuell eingesetzten Kampfmittels erscheint die Konstellation, bei der der Einsatz des Kampfmittels noch nicht einmal zur teilweisen Durchsetzung der angestrebten tariflichen Regelung führt. Diese Fallgestaltung soll anhand eines Beispiels kurz verdeutlicht werden.

---

[310] Vgl. *Hirschberg,* Verhältnismäßigkeit, S. 154 f.

[311] s. dazu oben 2. Teil D. I.

Die Tarifparteien verhandeln über einen neuen Tarifvertrag. Die Gewerkschaft verlangt eine Lohnerhöhung von 7 %. Im Laufe der Tarifverhandlungen haben sich Arbeitnehmer- und Arbeitgeberseite in ihren Vorstellungen bis auf eine Differenz von 2 % angenähert. Um auch diese verbleibenden 2 % zumindest teilweise durchzusetzen, ruft die Gewerkschaft einen Streik aus. Die Arbeitgeber bleiben aber trotz des Streiks in ihrer Haltung unbeugsam, so daß die Gewerkschaft, um ihre Finanzlage nicht zu gefährden, den Streik ergebnislos abbrechen muß.

Bei einer ex-post-Betrachtung, also einer Sicht, die das Urteil über Rechtmäßigkeit oder Rechtswidrigkeit eines Arbeitskampfes in einer nachträglichen Betrachtung zu gewinnen hätte, müßte man im Beispielsfalle, da der Streik der Durchsetzung des Kampfziels nicht förderlich war, die Eignung des Streiks und damit verbunden dessen Verhältnismäßigkeit und Rechtmäßigkeit verneinen.[312]

Ein derartiges Ergebnis steht jedoch nicht im Einklang mit dem Gerechtigkeitsempfinden. Dieser zunächst nur gefühlsmäßig begründete Widerstand ist auf den Umstand zurückzuführen, daß – wie Hirschberg treffend formuliert hat – der Kampfgegner über die Geeignetheit der Arbeitskampfmaßnahmen „mitbestimmt“.[313] Die Entscheidung, ob der Einsatz eines Arbeitskampfmittels für die Kampfpartei erfolgreich verläuft oder nicht, hängt nämlich nicht allein von der Kampfpartei selbst und deren Situation ab, sondern wird darüber hinaus auch von dem Verhalten der gegnerischen Kampfpartei, auf die durch den Arbeitskampf Druck ausgeübt wird, mitbeeinflußt. Nur wenn letztere den Forderungen nachgibt, ist dem Arbeitskampf Erfolg beschieden. Bleibt hingegen die gegnerische Kampfpartei in ihrer Position unnachgiebig, wird also ihr Widerstandswille durch den Arbeitskampf nicht gebrochen, so ist der Arbeitskampf zum Scheitern verurteilt.

Welches Verhalten als Reaktion auf den Arbeitskampfeinsatz der soziale Gegenspieler an den Tag legt, ist nicht zuletzt von internen Faktoren, wie etwa der Stimmung bei der Mitgliedschaft oder der eigenen finanziellen Situation, abhängig. Damit gewinnen Faktoren, die sich einer zuverlässigen Beurteilung durch die andere Seite entziehen, entscheidenden Einfluß auf die Art und Weise der Reaktion. Dieser Umstand führt dazu, daß für eine Tarifpartei, die einen Arbeitskampf erwägt, häufig nicht erkennbar ist, welche Position die Gegenseite bei einem Arbeitskampf einnimmt, wie groß ihr Widerstandswille ist und welche der beiden gegnerischen Kampfparteien den längeren Atem bei

---

[312] Zu dieser Schlußfolgerung s. kritisch *Wolf,* Aussperrung, S. 308; *van Gelder,* AuR 1972, S. 97, 107.

[313] *Hirschberg,* Verhältnismäßigkeit, S. 155. – Die „Mitbestimmungs“problematik beim Arbeitskampf erkennen ferner *Wohlgemuth,* AuR 1982, S. 201, 205 und *Loos,* Arbeitskampfhilfeabkommen, S. 181.

einer Arbeitskampfauseinandersetzung besitzt.[314] Das heißt, daß die Frage des Erfolges eines Arbeitskampfmittels für die Kampfpartei, die das Kampfmittel einsetzt oder einzusetzen gewillt ist, mit großen Unwägbarkeiten aufgrund der „Mitbestimmung" des sozialen Gegenspielers verbunden ist.

Würde nun jeder nicht erfolgreiche Arbeitskampf das Urteil der Ungeeignetheit und damit der Unverhältnismäßigkeit und Rechtswidrigkeit nach sich ziehen, so müßte auch die Kampfpartei, die sich rechtstreu verhalten will, bei jedem zu führenden Arbeitskampf die Rechtswidrigkeit ihrer Kampfmaßnahme in ihre Überlegung miteinstellen. Zieht man in diesem Zusammenhang noch den gewichtigen Umstand hinzu, daß die Qualifizierung einer Arbeitskampfmaßnahme als ungeeignet, nicht verhältnismäßig und rechtswidrig als Folge Ersatzansprüche des sozialen Gegenspielers und auch Dritter auslösen kann,[315] so wäre die Führung von Arbeitskämpfen für die Tarifparteien mit einem derart hohen Risiko verbunden, daß von der verfassungsrechtlich garantierten Arbeitskampffreiheit in der Praxis nicht mehr als eine leere Hülse übrig bleiben würde. Eine derartige Situation wäre, ohne daß dies hier vertieft werden soll, mit Art. 9 Abs. 3 GG und der daraus abzuleitenden Garantie der Arbeitskampffreiheit nicht mehr zu vereinbaren. Es muß daher bei der Handhabung des Geeignetheitsgrundsatzes für diese hier zu erörternde Fallgestaltung nach einer Lösung gesucht werden, die der verfassungsrechtlich garantierten Arbeitskampffreiheit hinreichend Rechnung trägt und nicht jeden im Einzelfall erfolglosen Arbeitskampf als ungeeignet und rechtswidrig abqualifiziert.

Man könnte zunächst erwägen, sich der Auffassung von Scholz/Konzen anzuschließen. Nach Ansicht dieser beiden Autoren kommt es nicht darauf an, ob sich das aktuell eingesetzte Kampfmittel als konkret zur entsprechend wirksamen Interessendurchsetzung geeignet erweist. Maßgebend soll vielmehr die abstrakte Eignung bzw. die Eignung sein, die ein Kampfmittel typischerweise zu entfalten vermag.[316]

Da für die Kampfmittel Streik und Aussperrung die abstrakte bzw. typische Eignung sicherlich zu bejahen wäre, würde folglich – legt man den Ansatz von Scholz/Konzen zugrunde – die Rechtmäßigkeit jedes aktuell eingesetzten Streiks bzw. jedes Einsatzes der Aussperrung nicht am Grundsatz der Geignetheit scheitern.

---

314 Vgl. auch *Loos,* Arbeitskampfhilfeabkommen, S. 181, der eine Prognose über den tarifpolitischen Erfolg einer Arbeitskampfmaßnahme „schon wegen des unterschiedlich starken Widerstandswillens des Tarifgegners im Einzelfall" für unmöglich hält.

315 s. dazu bereits die Einleitung.

316 *Scholz/Konzen,* Aussperrung, S. 135.

Mit dieser Lösung wäre zwar die Gefahr beseitigt, daß durch den Grundsatz der Geeignetheit die Arbeitskampffreiheit für die hier zu besprechende Fallkonstellation ausgehöhlt werden würde. Auf der anderen Seite wäre aber der Preis, den man für dieses Ergebnis zahlt, der Verzicht auf die konkrete Eignungsprüfung des Einsatzes eines Kampfmittels im Einzelfall, und zwar für sämtliche Fallgestaltungen. Man würde gerade dort nicht mehr auf die Dienste des Geeignetheitsgrundsatzes als des ersten Teilgrundsatzes des Verhältnismäßigkeitsprinzips zurückgreifen, wonach der Rechtsprechung des Bundesarbeitsgerichts das Verhältnismäßigkeitsprinzip allein seine Berechtigung findet. Bevor aber von der Eignungsprüfung auf der konkreten Ebene (Überprüfung des Einsatzes eines Kampfmittels) allgemein Abstand genommen wird, sollte zunächst nach einer Lösung gesucht werden, die zwar die Gefahr der Aushöhlung der Arbeitskampffreiheit beseitigt, andererseits jedoch die Überprüfung des aktuell eingesetzten Kampfmittels auf seine konkrete Eignung hin beibehält.

Eine derartige Lösungsmöglichkeit läßt sich durchaus finden, zudem besitzt sie den Vorzug, daß sie systemverträglicher ist als der Ansatz von Scholz/Konzen. Im folgenden soll diese Lösungsalternative skizziert werden.

Die Beurteilung der Frage, ob eine bestimmte Arbeitskampfmaßnahme im Einzelfall geeignet ist oder nicht, besitzt aus dem Blickwinkel der Tarifpartei, jedenfalls vor Beginn, aber auch während des Kampfmitteleinsatzes einen stark prognostischen Einschlag,[317] handelt es sich doch bei dieser Geeignetheitsbewertung um ein in die Zukunft vorausschauendes Urteil darüber, ob aufgrund des Einsatzes des betreffenden Kampfmittels ein bestimmter tarifpolitischer Erfolg erreicht werden wird.[318]

Da der vorausschauenden Erkenntnis zukünftiger Tatsachen und Entwicklungen natürliche Grenzen gesetzt sind, beinhaltet eine zu treffende Prognose immer ein Moment der Unsicherheit.[319] Aufgrund dieser mit jeder Prognose einhergehenden Unsicherheit weist die Rechtmäßigkeitsprüfung von Prognoseentscheidungen gewisse Besonderheiten auf. Hat sich etwa eine Prognose später als nicht zutreffend erwiesen, so heißt dies noch nicht, daß die Prognose fehlerhaft und rechtswidrig war. Vielmehr wird in diesen Fällen zur Beurteilung der Rechtswidrigkeit der Prognoseentscheidung eine ex-ante-Betrachtung vorgenommen.[320] Der die Rechtmäßigkeit der Prognose Beurteilende,

---

317 Zum Begriff der Prognose s. *Nierhaus,* DVBl 1977, S. 19, 22; *Ossenbühl,* in: Festgabe BVerfG, Bd. I, S. 458, 501, und jüngst *Lingemann,* Gefahrenprognose, S. 32 ff.

318 Den Prognosecharakter der Entscheidung über die Geeignetheit eines Mittels betonen neben anderen *Ress,* in: Kutscher u. a., Verhältnismäßigkeit, S. 5, 18; *Haverkate,* Rechtsfragen, S. 248; *Hirschberg,* Verhältnismäßigkeit, S. 51 ff.

319 Vgl. auch *Braun,* VerwArch. 76 (1985), S. 158, 177. – Zum Problem der Prognose s. die Nachw. bei *Hirschberg,* Verhältnismäßigkeit, S. 51 Fußn. 32.

320 Vgl. *Nierhaus,* DVBl 1977, S. 19, 25; *Breuer,* Staat 1977, S. 21, 53; *Ossenbühl,* in: Festgabe BVerfG, Bd. I, S. 458, 517; *Stettner,* DVBl 1982, S. 1123, 1125. s. auch

regelmäßig der Richter, hat sich in die Entscheidungssituation des Prognostizierenden zurückzuversetzen und von dem dortigen Kenntnisstand aus – ohne zwischenzeitliches Erfahrungswissen – die Rechtmäßigkeit der Prognose zu überprüfen. Nur wenn sich aus der Sicht ex ante ergibt, daß die Prognose auch zum Zeitpunkt der damaligen Entscheidung unzutreffend war, ist die Prognoseentscheidung rechtswidrig.

Auch außerhalb des Arbeitskampfrechts wird für die Beurteilung der Geeignetheit als Prognoseentscheidung in Rechtsprechung und Literatur eine ex-ante-Betrachtung für maßgeblich erachtet. Aus dem Umstand, daß sich ein Mittel nachträglich, ex post, als dem angestrebten Zweck nicht dienlich erweist, kann noch nicht auf die rechtliche Ungeeignetheit und Rechtswidrigkeit des Mittels geschlossen werden. Um dies festzustellen, ist vielmehr auch hier eine ex-ante-Betrachtung vorzunehmen.[321]

Überträgt man diese Erkenntnis auf das Arbeitskampfrecht und dort auf die Prüfung der Geeignetheit eines eingesetzten Kampfmittels, so ergibt sich folgendes Bild: Ist der Arbeitskampf nicht erfolgreich gewesen, so ist damit seine Rechtswidrigkeit aufgrund mangelnder Eignung noch nicht dargelegt. Vielmehr muß zur Feststellung der fehlenden Geeignetheit ex ante, aus der zeitlichen Perspektive der Kampfpartei vor Beendigung des Arbeitskampfes eine entsprechende Prüfung erfolgen.

Neben der ex-ante-Betrachtung ist bei der Rechtmäßigkeitsüberprüfung des Kampfmitteleinsatzes anhand des Geeignetheitsgrundsatzes noch ein weiterer Aspekt zu berücksichtigen. Dieser Aspekt knüpft ebenfalls an den Prognosecharakter der Eignungsentscheidung an.

Mit der Aussage, daß es sich bei einer bestimmten Entscheidung um eine Prognose handelt, geht häufig, vor allem im öffentlich-rechtlichen Schrifttum, auch die Einräumung eines Beurteilungs- oder, was sinngleich ist, eines Prognosespielraums für den Prognostizierenden einher.[322] Teilweise wird sogar die Existenz eines festen Junktims zwischen Prognoseentscheidung und Beurteilungsspielraum behauptet.[323] Die Einräumung eines Beurteilungsspielraums führt dazu, daß sich korrespondierend die gerichtliche Kontrolldichte

---

BVerfGE 25, S. 1, 12 f.; 30, S. 250, 263; 39, S. 210, 226 zu Fehlprognosen des Gesetzgebers.

[321] s. BVerfGE 39, S. 210, 230; ähnlich bereits BVerfGE 30, S. 250, 263; 38, S. 61,88.

Aus dem Schrifttum: *Hirschberg,* Verhältnismäßigkeit, S. 52 f.; *Jakobs,* Verhältnismäßigkeit, S. 62 f.; *Jacob,* Staatsnotstand, S. 121; *Holzlöhner,* Verhältnismäßigkeit, S. 139; *Ossenbühl,* DÖV 1976, S. 463, 469; Drews/Wacke/*Vogel*/Martens, Gefahrenabwehr, S. 420; *Ress,* in: Kutscher u. a., Verhältnismäßigkeit, S. 5, 17 f.

[322] s. die Nachw. b. *Tettinger,* DVBl 1982, S. 421, 424 Fußn. 39. – Zur Terminologie Beurteilungsspielraum – Prognosespielraum *Lingemann,* Gefahrenprognose, S. 1.

[323] Vgl. dazu *Haverkate,* Rechtsfragen, S. 266; *Nierhaus,* DVBl 1977, S. 19, 21; *Lingemann,* Gefahrenprognose, S. 58.

vermindert. Das Gericht prüft die Entscheidung nicht mehr in vollem Umfange nach, es entstehen somit Wertungsfreiräume für den Entscheidungsträger.

Auch wenn nicht für sämtliche Prognoseentscheidungen allein mit Rücksicht auf deren Vorhersagecharakter die Einräumung eines Beurteilungsspielraums und damit verbunden die Einschränkung der gerichtlichen Kontrolldichte gerechtfertigt erscheint,[324] so kommt jedenfalls dem Prognosecharakter einer Entscheidung eine Indizwirkung für einen Beurteilungsspielraum zu.[325] Tritt ergänzend neben den Prognosecharakter der Entscheidung noch ein weiteres sachimmanentes Kriterium hinzu, das die Reduktion der gerichtlichen Kontrollkompetenz zu rechtfertigen vermag, so kann dem Prognostizierenden bei seiner Entscheidung ein Beurteilungsspielraum gewährt werden.[326]

Ein derartiges zusätzliches Kriterium kann für die Beurteilung der Eignung eines Arbeitskampfes in der Komplexität der Prognose erblickt werden.[327] Über die Eignung eines Arbeitskampfes zu entscheiden heißt für die jeweilige Kampfpartei, eine Entscheidung über den Erfolg des Arbeitskampfes zu treffen. Ob ein Arbeitskampf erfolgreich verläuft oder nicht, hängt von einer Vielzahl von Faktoren ab.[328] Soll die Beurteilung der Eignung des Arbeitskampfes hinreichend abgesichert sein, so müssen in den Entscheidungsprozeß sämtliche sowohl für als auch gegen den Erfolg sprechenden Faktoren miteinfließen und ihrer Bedeutung entsprechend gewichtet werden. Dadurch muß sich die Eignungsprognose für Arbeitskämpfe zwangsläufig zu einer hoch komplexen Entscheidung herausbilden. Diese Feststellung bedeutet, daß bei der Eignungsprüfung eines bestimmten aktuell eingesetzten Kampfmittels nicht nur eine ex-ante-Betrachtung zugrundezulegen ist, sondern daneben auch die Möglichkeit besteht, der jeweiligen Kampfpartei einen Beurteilungsspielraum einzuräumen.[329]

Die Zubilligung eines Beurteilungsspielraums bei der Geeignetheitskontrolle von Arbeitskampfmaßnahmen kann noch durch ein weiteres sachimmanentes Kriterium abgestützt werden. Der Staat hat im Bereich der Arbeits- und Wirtschaftsbedingungen seine Regelungszuständigkeit zugunsten der

---

[324] In diesem Sinne auch BVerfGE 50, S. 290, 332, zur Kontrolle gesetzgeberischer Prognosen.

[325] *Tettinger,* Rechtsanwendung, S. 455; *ders.,* DVBl 1982, S. 421, 427; *Lingemann,* Gefahrenprognose, S. 100; *Braun,* VerwArch. 76 (1985), S. 158, 177.

[326] *Tettinger,* Rechtsanwendung, S. 436; *ders.,* DVBl 1982, S. 421, 425 ff.; *Braun,* VerwArch. 76 (1985), S. 158, 177; *Lingemann,* Gefahrenprognose, S. 100 f.

[327] Zur Komplexität der Prognoseentscheidung als zusätzliches, die Einräumung eines Beurteilungsspielraums rechtfertigendes Kriterium *Tettinger,* DVBl 1982, S. 421, 425; *Lingemann,* Gefahrenprognose, S. 99; *Nierhaus,* DVBl 1977, S. 19, 23.

[328] Vgl. dazu auch BAG, AP Nr. 64 zu Art. 9 GG Arbeitskampf, unter B II 2.

[329] Zur Frage des Beurteilungsspielraums bei der Verhältnismäßigkeit im öffentlichen Recht s. *Wellhöfer,* Übermaßverbot, S. 98 f.

Tarifvertragsparteien weitgehend zurückgenommen. Dieses Zurücktreten des Staates zugunsten der Tarifvertragsparteien beruht auf dem Gesichtspunkt, „daß die unmittelbar Betroffenen besser wissen und besser aushandeln können, was ihren beiderseitigen Interessen und dem gemeinsamen Interesse entspricht, als der demokratische Gesetzgeber."[330] Aufgrund der größeren Kompetenz und Sachnähe wird also den Tarifvertragsparteien eine Präferenzstellung im Rahmen der Regelung der Arbeits- und Wirtschaftsbedingungen eingeräumt. Diese Vorrangstellung muß auch beim Arbeitskampf als dem notwendigen Hilfsinstrument der Tarifautonomie Geltung finden, entweder dadurch, daß die Tarifvertragsparteien ihrerseits berechtigt sind, das Arbeitskampfrecht zumindest teilweise durch eigene kollektive Vereinbarungen auszugestalten,[331] oder – als Minus – dadurch, daß der Staat die Rechtmäßigkeit von Arbeitskämpfen der Tarifparteien in Respekt vor deren Sachkompetenz zurückhaltend, unter anderem durch Einräumung entsprechender Beurteilungsspielräume, kontrolliert.[332]

Läßt sich aus dem bisher Ausgeführten ein Beurteilungsspielraum der Tarifparteien, denen allein die Berechtigung zur Führung eines Arbeitskampfes zukommt, für die Eignungsprognose argumentativ absichern, so ist damit aber nicht gesagt, daß dieser Beurteilungsspielraum unbegrenzt wäre. Rechtlich unbegrenzte Beurteilungsspielräume kann es nämlich in einem Rechtsstaat nicht geben. Vielmehr ist die Grenze dieses, wie auch aller anderen Beurteilungsspielräume spätestens im Falle der Evidenz der Rechtswidrigkeit überschritten.[333] Das heißt, ist die Eignung einer Kampfmaßnahme aus der Sicht ex-ante offensichtlich nicht gegeben, so ist diese Kampfmaßnahme – trotz eines Beurteilungsspielraums der Kampfparteien – als ungeeignet und rechtswidrig anzusehen.

In diesem Zusammenhang interessiert abschließend für die praktische Handhabung des Geeignetheitsgrundsatzes noch, von welchem genauen Zeitpunkt aus die ex-ante-Beurteilung zu erfolgen hat.

Die Kampfparteien sind rechtlich gehalten, die Verhältnismäßigkeit und damit auch die Eignung eines Arbeitskampfmittels vor dessen Einsatz zu über-

---

330 BVerfGE 34, S. 307, 317.

331 Vgl. die ausdrückliche Aufforderung des BAG an die Adresse der Koalitionen, den Bereich des Arbeitskampfrechts durch autonome Arbeitskampfordnungen selber auszugestalten: BAG, AP Nr. 43 zu Art. 9 GG Arbeitskampf, zu Teil III A 3 und C 5 der Gründe; Nr. 64, Bl. 924; s. ferner *Kissel,* FAZ v. 15. 12. 1984, S. 16 a. E.

332 Für eine zurückhaltende Verhältnismäßigkeitsprüfung im Arbeitskampfrecht Reuter, Festschrift Böhm, S. 521, 552; *Rüthers,* Aussperrung, S. 100; *Brodmann,* Arbeitskampf, S. 106 f.; *Loos,* Arbeitskampfhilfeabkommen, S. 180; *Oetker,* Erhaltungsarbeiten, S. 6; *Zöllner,* Diskussionsbeitrag, ZfA 1980, S. 507; *G. Müller,* RdA 1971, S. 321, 324; *ders.,* GewMH 1972, S. 273, 277 f.; *Seiter,* NJW 1980, S. 905, 912; *Konzen/Scholz,* DB 1980, S. 1593, 1598; *Konzen,* ArbRGegw 18 (1980), S. 19, 31; *ders.,* AfP 1984, S. 1, 6; *Leipold,* ZfA 1976, S. 273, 287.

333 Dazu BVerfGE 50, S. 290, 333.

prüfen, also zu einem Zeitpunkt zu kontrollieren, wo noch keine arbeitskampfbedingten Schäden eingetreten sind. Der Zeitpunkt unmittelbar vor Einsatz des Kampfmittels bietet sich deshalb als relevanter ex-ante-Blickwinkel an. Aus der Tatsache aber, daß Arbeitskämpfe mehrere Wochen oder sogar Monate andauern können, sind Konstellationen möglich, die eine Ergänzung im Hinblick auf den ex-ante-Zeitpunkt verlangen.

So ist es vorstellbar, daß aus der Sicht unmittelbar vor Einsatz des Kampfmittels dessen Eignung jedenfalls nicht offensichtlich ausgeschlossen war, im Laufe des Arbeitskampfes aber offenkundig wird, daß das eingesetzte Kampfmittel nicht zum Erfolg führen wird.[334] Für diesen Fall sollte eine differenzierte Beurteilung gewählt werden. Soweit noch berechtigte Hoffnung bestand, daß die gewählte Kampfmaßnahme Erfolg haben wird, solange also ihre Ungeeignetheit noch nicht offensichtlich war, solange kann die Eignung nicht verneint werden. Die Eignung muß jedoch verneint werden von dem Zeitpunkt ab, zu dem eindeutig feststand, daß der weitere Einsatz des Kampfmittels keinen Erfolg haben wird. Denn von diesem Moment ab ermangelte es einer positiven Eignungsprognose.[335] Das bedeutet, daß für die Prüfung der Geeignetheit einer eingesetzten Kampfmaßnahme der Zeitpunkt unmittelbar vor Einsatz des Kampfmittels der zunächst maßgebliche ex-ante-Sichtwinkel ist. Die jeweilige Kampfpartei muß aber während des laufenden Arbeitskampfes prüfen, ob eine Situation eingetreten ist, die die anfängliche Eignungsprognose eindeutig widerlegt.

Zusammenfassend läßt sich für die vorliegende Fallgruppe feststellen: Ein Arbeitskampfmittel, dessen Einsatz nicht zum Erfolg führt, ist nicht bereits wegen des fehlenden Erfolges rechtlich als ungeeignet einzustufen. Die Ungeeignetheit kann vielmehr lediglich dann bejaht werden, wenn bereits vor Einsatz des Kampfmittels feststeht, daß das Kampfmittel offensichtlich keinen Erfolg haben wird. Zeigt sich erst während des Einsatzes des Kampfmittels, daß es offensichtlich erfolglos bleiben wird, so ist lediglich sein weiterer Einsatz rechtswidrig.

dd) Zweifel am Erfolg des Arbeitskampfes

Die letzte Fallgruppe, die im Rahmen des Geeignetheitsgrundsatzes als Rechtmäßigkeitsmaßstab für Arbeitskämpfe erörtert werden soll, ist dadurch gekennzeichnet, daß der angestrebte tarifpolitische Erfolg der Kampfpartei zumindest teilweise eintritt, es aber zweifelhaft ist, ob gerade durch den Ein-

---

334 Vgl. auch die Parallelproblematik im öffentlichen Recht, wo sich erst im Laufe der Zeit eine gesetzliche Maßnahme als ungeeignet erweist; s. dazu *Ress,* in: Kutscher u. a., Verhältnismäßigkeit, S. 5, 19.

335 Zur entsprechenden Lösung der Parallelproblematik im öffentlichen Recht *Ress,* in: Kutscher u. a., Verhältnismäßigkeit, S. 5, 19.

satz des Kampfmittels dieser Erfolg herbeigeführt worden ist. Mit anderen Worten ausgedrückt, Kennzeichen der Fallgruppe ist es, daß die Kausalität zwischen Kampfmitteleinsatz und Tariferfolg fraglich ist. Zur Verdeutlichung soll folgendes Beispiel dienen.

Eine Gewerkschaft fordert für den neuen Tarifvertrag 7 % mehr Lohn, die Arbeitgeber sind nur bereit, den Tariflohn um 4 Prozentpunkte anzuheben. Es kommt zum Streik, und man einigt sich auf 5,5 %, wobei die Arbeitgeber darauf hinweisen, daß ihr Einlenken nicht als Folge des Streiks zu verstehen sei, sondern andere Gründe habe.

Erkennbar ist in dieser Fallgestaltung die Entscheidung der Frage nach der Eignung des Kampfmittels nicht unmaßgeblich davon abhängig, wen die Beweislast hinsichtlich der Kausalität bzw. der fehlenden Kausalität des Kampfmittels für den Erfolg trifft. Soll der Rechtmäßigkeitsmaßstab der Geeignetheit nicht zur Aushöhlung der Arbeitskampffreiheit führen, so muß zumindest bei Fällen, bei denen ein unmittelbarer zeitlicher Zusammenhang zwischen dem Einsatz des Kampfmittels und dem Nachgeben der Gegenseite besteht, die Beweislast denjenigen treffen, der die Ursächlichkeit des Kampfmittels für den Erfolg bestreitet.[336] Denn anderenfalls wäre die Tarifpartei, die das Kampfmittel einsetzt, gezwungen, eine Kausalitätskette schlüssig nachzuweisen, die sich in einem für sie nicht überschaubaren „Innenbereich" des Gegenspielers bewegt. Die Gründe, die die gegnerische Koalition im einzelnen zum Nachgeben veranlaßt haben, dürften nämlich entweder gar nicht oder nur unter größten Schwierigkeiten für den Gegenüber feststellbar sein.

Kann im Einzelfall eine fehlende Kausalität bewiesen werden, so bedeutet dieser Befund aber für sich allein genommen nicht, daß das Kampfmittel nach rechtlichen Maßstäben bereits als ungeeignet zu erachten wäre. Vielmehr muß, da mit dem Beweis fehlender Kausalität auch die Erfolglosigkeit des Kampfmittels dargetan ist, nach den für die vorangegangene Fallgruppe entwickelten Kriterien die Eignung des eingesetzten Kampfmittels weiter geprüft werden.

d) Zusammenfassende Bewertung

Die Handhabung des Geeignetheitsgrundsatzes als Rechtmäßigkeitsmaßstab erweist sich für bestimmte Fallkonstellationen, darunter auch die für die arbeitskampfrechtliche Praxis typische Situation des teilweise erfolgreichen Arbeitskampfes, als unproblematisch. Für andere Fallgruppen sind hingegen Schwierigkeiten erkennbar, die darin wurzeln, daß der Grundsatz der Geeig-

336 Zur Beweislastverteilung bei dem Verhältnismäßigkeitsgrundsatz im Arbeitskampfrecht äußert sich – soweit ersichtlich – lediglich *Loos,* Arbeitskampfhilfeabkommen, S. 177, 180; für den Bereich des öffentlichen Rechts s. *Wellhöfer,* Übermaßverbot, S. 101 ff.; *Wolffers,* ZBJV 113 (1977), S. 297, 304 ff.

netheit in die Gefahr der Kollision zur Arbeitskampffreiheit gerät. Diese Schwierigkeiten können aber durch ex-ante-Betrachtung, Gewährung eines Beurteilungsspielraums sowie entsprechender Beweislastverteilung beseitigt werden. Das Rechtmäßigkeitskriterium der Geeignetheit erhält damit zwar nur noch die Funktion eines groben Siebes, das lediglich extreme Fälle als rechtswidrige Arbeitskampfmaßnahmen auffängt. Auf der anderen Seite beläßt aber der Grundsatz der Geeignetheit als Rechtmäßigkeitsvoraussetzung den Kampfparteien den von der Arbeitskampffreiheit geforderten ausreichenden Freiraum für die kampfweise Durchsetzung ihrer tariflichen Forderungen.

2. Der Grundsatz der Erforderlichkeit

Nach dem Geeignetheitsgrundsatz ist nun als 2. Teilprinzip der Grundsatz der Erforderlichkeit in seiner praktischen Handhabung als Rechtmäßigkeitsmaßstab für Arbeitskämpfe anzusprechen.

a) Die Bedeutung des Erforderlichkeitsgrundsatzes in Rechtsprechung und Literatur

Anders als der Geeignetheitsgrundsatz wird dem Grundsatz der Erforderlichkeit im Arbeitskampfrecht größere Beachtung von seiten der Literatur zuteil.[337] Häufig firmiert dieser 2. Teilgrundsatz des Verhältnismäßigkeitsprinzips im Schrittum als Gebot des mildesten bzw. schonendsten Mittels.[338]

In der Rechtsprechung zum Arbeitskampfrecht hingegen hat das Erforderlichkeitsprinzip als Zulässigkeitsmaßstab für Arbeitskampfmaßnahmen bislang kaum Bedeutung erlangt. Das Bundesarbeitsgericht fordert zwar ausdrücklich, daß Kampfmaßnahmen, um verhältnismäßig zu sein, neben der Eignung und der Proportionalität auch das Merkmal der Erforderlichkeit aufweisen müssen,[339] darüber hinaus hat sich aber das höchste deutsche Arbeitsgericht bislang noch nicht näher zum Erforderlichkeitsgrundsatz geäußert. Selbst eine Definition oder inhaltliche Umschreibung dieses Grundsatzes durch das Bundesarbeitsgericht sucht man vergeblich.

---

[337] Zum Erforderlichkeitsgrundsatz im Arbeitskampfrecht äußern sich u. a. *Hirschberg,* Verhältnismäßigkeit, S. 153 ff.; *Krejci,* Aussperrung, S. 97 f.; *Seiter,* Übermaßverbot, S. 91 ff.; *Loos,* Arbeitskampfhilfeabkommen, S. 182; *Birk,* Unterstützungskampfmaßnahmen, S. 103 ff.; *ders.,* Warnstreik, S. 27 ff.; *Scholz/Konzen,* Aussperrung, S. 135 f.; *Wohlgemuth,* AuR 1982, S. 201, 205.

[338] s. etwa *Binkert,* Boykottmaßnahmen, S. 152; *Loos,* Arbeitskampfhilfeabkommen, S. 182; *Seiter,* Übermaßverbot, S. 91; *ders.,* Festschrift BAG, S. 583, 592; *Zöllner,* Diskussionsbeitrag, ZfA 1980, S. 507.

[339] BAG, AP Nr. 64 zu Art. 9 GG Arbeitskampf, Bl. 922 R, 923; Nr. 81, Bl. 571 R; Nr. 84, Bl. 368 R.

Auch bei anderen Gerichten, die sich mit der Rechtmäßigkeit von Arbeitskampfmaßnahmen befaßt haben, erfreut sich der Erforderlichkeitsgrundsatz offenbar keiner großen Beliebtheit. Soweit ersichtlich, wurde der Grundsatz bis heute nur in zwei Entscheidungen als Rechtmäßigkeitsmaßstab für Arbeitskampfmaßnahmen aufgegriffen.[340]

b) Die Fragestellung beim Erforderlichkeitsgrundsatz

Anhand des Erforderlichkeitsprinzips wird allgemein gefragt, ob ein bestimmtes Mittel unter gleich geeigneten Mitteln das mildeste für den oder die Betroffenen ist. Auf das Arbeitskampfrecht und dort auf die Prüfung der Rechtmäßigkeit des konkreten Einsatzes eines Arbeitskampfmittels übertragen, führt dies zu folgender Fragestellung: Ist der in Rede stehende Einsatz eines bestimmten Kampfmittels in einer konkreten Situation erforderlich, um bestimmte tarifvertraglich zulässige Regelungen durchzusetzen, oder stehen andere, zumindest gleich geeignete, aber weniger belastende Kampfalternativen zur Verfügung?

c) Die gleiche Eignung des Alternativkampfmittels

Bereits im Rahmen der allgemeinen Darstellung des Erforderlichkeitsgrundsatzes wurde nachdrücklich darauf hingewiesen, daß der Grundsatz der Erforderlichkeit nur gleich geeignete Mittel auf ihre Belastungsintensität hin vergleicht, die Belastungsintensität mithin nur dann für den Erforderlichkeitsgrundsatz Relevanz besitzt, wenn mehrere gleich geeignete Mittel vorhanden sind.[341] Dieses hier nochmals in Erinnerung zu rufen, erscheint keineswegs überflüssig, ist doch die Beachtung dieses Umstandes unerläßlich für die korrekte Handhabung des Erforderlichkeitsprinzips auch im Arbeitskampfrecht.

Die hiermit angesprochene, im Rahmen der Erforderlichkeitsprüfung vorzunehmende Reduktion auf den Kreis von nur gleich geeigneten Mitteln ist von Hirschberg[342] für das Arbeitskampfrecht mit großer Deutlichkeit herausgestellt worden.[343] Dennoch wird bei der Erörterung des Erforderlichkeitsgrundsatzes im Arbeitskampfrecht die Frage, ob das in Betracht kommende Alternativkampfmittel die gleiche Eignung besitzt wie das eingesetzte Kampfmittel, bis heute in aller Regel nicht gestellt. Als Beispiel kann hier die Entscheidung des Landesarbeitsgerichts Baden-Württemberg vom 8. 8. 1973[344]

---

[340] LAG Bad.-Würt. v. 8. 8. 1973 = AuR 1974, S. 316; KG v. 9. 9. 1976 = EzA Art. 9 GG Arbeitskampf Nr. 17 m. Anm. *Buchner* = AuR 1978, S. 59 m. Anm. *Ihlefeld*.

[341] s. oben 2. Teil B. II.

[342] Verhältnismäßigkeit, S. 156 f.

[343] Eine zutreffende Definition des Erforderlichkeitsgrundsatzes findet sich auch bei *Mayer-Maly*, ZfA 1980, S. 473, 474.

angeführt werden. In dem einstweiligen Verfügungsverfahren ging es um die Rechtmäßigkeit eines Boykotts, den die ÖTV mit Hilfe ausländischer Gewerkschaften gegen unorganisierte Reeder durchführte, um diese zum Abschluß von Tarifverträgen zu zwingen. Das Landesarbeitsgericht lehnte die Erforderlichkeit des Boykotts mit der Begründung ab, daß der ÖTV Kampfmittel von geringerer Schärfe zur Verfügung gestanden hätten, etwa ein Streik auf den Schiffen oder eine Aufforderung an die Mitglieder, mit den betreffenden Reedern kein Heuerverhältnis einzugehen oder bestehende Heuerverhältnisse zu beenden.[345] Auf die vorab zu klärende Frage, ob die vom Gericht genannten Alternativkampfmittel auch die gleiche Eignung wie der Boykott besessen hätten, ging das Landesarbeitsgericht mit keinem Wort ein.[346]

Daß die Frage nach der gleichen Eignung des Arbeitskampfmittels regelmäßig bei der Erforderlichkeit nicht erörtert wird, liegt wohl nicht zuletzt daran, daß der Grundsatz der Erforderlichkeit häufig als Prinzip des mildesten bzw. schonendsten Mittels umschrieben wird.[347] Ausgehend von dieser plakativen definitorischen Umschreibung wird nur allzu leicht übersehen, daß der Erforderlichkeitsgrundsatz von seinem definitorischen Gehalt her keineswegs von den Kampfparteien verlangt, unter allen Umständen ohne Rücksicht auf den Eignungsgrad des Kampfmittels immer das schonendste Mittel einzusetzen oder mit diesem die Arbeitskampfauseinandersetzung zu beginnen.[348] Insbesondere zwingt der Grundsatz die Kampfparteien nicht, auch dann das schonendste Mittel zum Einsatz zu bringen, wenn dieses weniger geeignet, sprich weniger erfolgversprechend ist als ein stärker belastendes, dafür aber erfolgversprechenderes Kampfmittel. Mit anderen Worten: Der Erforderlichkeitsgrundsatz verlangt nicht, aus dem Kreis sämtlicher geeigneter Kampfmittel, sondern nur aus dem kleineren Kreis gleich geeigneter Mittel das schonendste Arbeitskampfmittel auszuwählen. Stehen keine zumindest gleich geeigneten Alternativkampfmittel zur Auswahl, so ist selbst die schärfste Kampfmaßnahme – so erstaunlich dies zunächst klingen mag – das „mildeste Mittel" im Sinne eines richtig verstandenen Erforderlichkeitsprinzips.

Als Folge des Umstandes, daß im Rahmen des Erforderlichkeitsgrundsatzes nur gleich geeignete Kampfmittel auf ihre Belastungswirkung hin verglichen werden dürfen, ist es möglich, daß in einer konkreten Arbeitskampfsituation nicht nur ein einziges erforderliches Arbeitskampfmittel vorhanden ist, sondern daß es mehrere Kampfmittel gibt, die die Voraussetzungen des Erforderlichkeitsgrundsatzes erfüllen. In derartigen Fällen, wo mehrere „mildeste Mit-

---

[344] AuR 1974, S. 316.

[345] Unter I 2 b der Gründe.

[346] Ähnlich auch die Vorgehensweise des KG, AuR 1978, S. 59, 61.

[347] Zu den Nachw. s. Fußn. 338.

[348] So aber etwa *Krejci,* Aussperrung, S. 97 f.; *Konzen,* AcP 177 (1977), S. 473, 514, sowie die Definitionen des Erforderlichkeitsgrundsatzes bei *Eichmanns,* RdA 1977, S. 135, 139; *Seiter,* RdA 1981, S. 65, 75.

tel" zur Auswahl stehen, kann die Kampfpartei im Rahmen des Erforderlichkeitspinzips zwischen diesen Kampfmitteln frei wählen. Ihr steht – vorbehaltlich der abschließenden Proportionalitätsprüfung – ein Auswahlermessen zu.

d) Die Schwierigkeiten bei der Handhabung des Erforderlichkeitsgrundsatzes und ihre Bewältigung

Auch wenn beachtet wird, daß der Erforderlichkeitsgrundsatz keineswegs verlangt, unter sämtlichen geeigneten Mitteln das schonendste auszuwählen, sondern den Kreis, aus dem die Auswahl des mildesten Mittels erfolgt, auf nur gleich geeignete Mittel beschränkt, so weist dennoch die Handhabung des Erforderlichkeitsgrundsatzes als Rechtmäßigkeitsmaßstab im Arbeitskampfrecht erhebliche praktische Schwierigkeiten auf. Dies wird nachfolgend (unter aa) zu zeigen sein. Ob die festgestellten Schwierigkeiten bei der praktischen Handhabung adäquat bewältigt werden können, soll im Anschluß daran (unter bb) diskutiert werden.

aa) Die Schwierigkeiten

Daß die Handhabung des 2. Teilgrundsatzes des Verhältnismäßigkeitsprinzips im Arbeitskampfrecht Schwierigkeiten bereitet, darauf wurde im Schrifttum mehrfach hingewiesen.[349] Wohl am nachdrücklichsten hat Hirschberg auf die Schwächen des Erforderlichkeitsprinzips als Rechtmäßigkeitsmaßstab für Arbeitskampfmaßnahmen aufmerksam gemacht.[350]

(1) Die Schwierigkeiten für das Gericht

Hirschberg war es auch, der meinte, die Bestimmung des erforderlichen Kampfmittels durch die Gerichte grenze an Wahrsagerei.[351] Mit dieser Aussage deutete Hirschberg zu Recht an, daß jedenfalls eine rigide Erforderlichkeitskontrolle der Arbeitskampfmittel durch die Gerichte nicht möglich ist, die Gerichte vielmehr überfordern würde.[352] Die Gerichte müßten nämlich, um die Erforderlichkeit eines zum Einsatz gelangten Arbeitskampfmittels in vollem Umfang zu überprüfen, genau aufzeigen, welche Alternativkampfmaßnahmen statt des eingesetzten Kampfmittels in der konkreten Situation in

---

349 s. beispielsweise *Birk,* AuR 1974, S. 289, 300; *Loos,* Arbeitskampfhilfeabkommen, S. 182; *Wohlgemuth,* AuR 1982, S. 201, 205 f.; *Binkert,* Boykottmaßnahmen, S. 152 f.

350 *Hirschberg,* Verhältnismäßigkeit, S. 153 ff.

351 *Hirschberg,* Verhältnismäßigkeit, S. 155 f.

352 Gegen eine rigide Erforderlichkeitskontrolle *Konzen/Scholz,* DB 1980, S. 1593, 1598; *Konzen,* ArbRGegw 18 (1980), S. 19, 31; *Lieb,* DB 1984, Beilage Nr. 12, S. 10; *Oetker,* Erhaltungsarbeiten, S. 6.

Betracht gekommen wären, ob und gegebenenfalls welchen Erfolg deren Einsatz gezeitigt hätte und welche Belastungen im einzelnen für den Kampfgegner, die Allgemeinheit sowie für unbeteiligte Dritte eingetreten wären. Daß dies ein offensichtlich unmögliches Unterfangen wäre, wurde bereits verschiedentlich im Schrifttum angedeutet.[353] Wie sollte etwa ein Gericht juristisch abgesichert aufzeigen, daß ein hypothetischer zweistündiger Streik in einer konkreten Arbeitskampfsituation zum einen erfolgreich gewesen wäre und zum anderen zumindest der gleiche Erfolg eingetreten wäre wie bei dem tatsächlich durchgeführten ganztägigen Streik?[354] Um hier eine Aussage zu treffen, müßten die Gerichte den Bereich rationaler Rechtmäßigkeitsüberprüfung verlassen und sich auf das Gebiet rechtlich nicht abgesicherter Spekulationen begeben.[355]

(2) Die Schwierigkeiten für die Kampfpartei

Betrachtet man den Erforderlichkeitsgrundsatz und dessen Anforderungen nicht nur aus der Sicht des Richters, sondern auch aus dem Blickwinkel der Kampfparteien, so wird schnell erkennbar, daß dort ebenfalls erhebliche Probleme bei der Handhabung dieses Teilgrundsatzes als Rechtmäßigkeitsmaßstab für Arbeitskampfmaßnahmen entstehen.

Will eine Kampfpartei in einer arbeitskampfrechtlichen Auseinandersetzung unter allen Umständen rechtmäßig handeln, so muß sie sicherstellen, daß das eingesetzte Kampfmittel auch dem Erforderlichkeitsgrundsatz genügt. Dies bedingt aber, daß die Kampfpartei bereits vor Beginn des Einsatzes einer Kampfmaßnahme diese auf ihre Erforderlichkeit hin zu überprüfen hat.[356] Die Kampfpartei müßte sich fragen, ob keine anderen gleich geeigneten, aber die Rechts- und Interessensphäre der Betroffenen weniger beeinträchtigende Kampfmaßnahmen zur Auswahl stehen. Die Antwort hierauf setzt voraus, daß zuvor ein ganzes Bündel von Fragen gestellt und beantwortet wird.

Um festzustellen, ob kein anderes zumindest gleich geeignetes Alternativkampfmittel vorhanden ist, hätte die Kampfpartei zunächst bei ihrem eigenen beabsichtigten Kampfmittel anzusetzen und zu fragen, welchen Eignungsgrad, sprich welchen tarifpolitischen Erfolg, dieses Kampfmittel besitzen wird. Anschließend hätte sie Ausschau nach Alternativkampfmaßnahmen zu halten. Von den in Betracht kommenden Kampfmitteln hätte sie sowohl deren prinzipielle Eignung als auch deren Eignungsgrad zu klären. Die Kampfpartei müßte sich also die Frage vorlegen, ob und gegebenenfalls welcher Erfolg im

---

[353] s. neben Hirschberg auch *Birk,* AuR 1974, S. 289, 300; *Ihlefeld,* AuR 1978, S. 61, 63.

[354] Vgl. hierzu *Buchner,* Anm. zu KG, EzA Art. 9 GG Arbeitskampf Nr. 17, S. 110 e, f.

[355] In diesem Sinne auch *Ihlefeld,* AuR 1978, S. 61, 63.

[356] s. *Scholz/Konzen,* Aussperrung, S. 139.

Falle des Einsatzes der einzelnen Alternativkampfmittel erreicht werden wird. Werden die angestrebten tariflichen Regelungen in größerem, in gleichem oder in einem geringeren Maße durchgesetzt als mit dem beabsichtigten Kampfmittel?

Um erkennen zu können, ob ein anderes Kampfmittel weniger belastend wirkt, müßte die Kampfpartei zunächst die Frage beantworten, welche Schäden bei dem Kampfgegner, bei unbeteiligten Dritten sowie bei der Allgemeinheit im Falle des Einsatzes des von ihr ausgewählten Kampfmittels entstünden. Sodann hätte sie sich zu fragen, welche Schäden bei den zumindest gleich geeigneten Alternativkampfmitteln zu erwarten sind. Nach Beantwortung dieser Fragen müßte die Kampfpartei klären, welche der Arbeitskampfmaßnahmen die Kampfbetroffenen am wenigsten beeinträchtigt.

All diese im Rahmen der Erforderlichkeitsprüfung zu stellenden Fragen weisen eine Gemeinsamkeit auf: Zu ihrer Beantwortung bedarf es einer Prognoseentscheidung. Hier sollen nämlich zukünftige Entwicklungen vorausgesagt werden. Diese Voraussagen erweisen sich aber wenn nicht gar als unmöglich, so doch als außerordentlich schwierig.

Der hier konstatierte Befund resultiert vor allem aus einem Umstand. Sowohl Eignung und Eignungsgrad als auch Belastungsintensität von Kampfmaßnahmen sind entscheidend von dem in aller Regel nicht zuverlässig bestimmbaren Verhalten des sozialen Gegenspielers abhängig.[357] Je nachdem wie groß sein Widerstandswille und seine Widerstandskraft sind, kann eine Arbeitskampfmaßnahme erfolgreich oder nicht erfolgreich, mehr oder weniger erfolgreich oder mehr oder weniger beeinträchtigend sein.

Kann eine Kampfpartei aber Eignung, Eignungsgrad sowie Belastungsintensität von Arbeitskampfmaßnahmen wegen der „Mitbestimmung“ des sozialen Gegenspielers im vorhinein nicht mit hinreichender Sicherheit bestimmen, so muß als Folge dieses Umstandes für die Kampfpartei die Beurteilung der Erforderlichkeit einer Kampfmaßnahme als eine Entscheidung, die auf der Grundlage der Feststellung von Eignung, Eignungsgrad und Belastungsintensität der in Betracht kommenden Kampfmaßnahmen erfolgt, nahezu unmöglich sein, kumulieren doch bei der abschließenden Erforderlichkeitsbeurteilung sämtliche Schwierigkeiten der einzelnen Vorfragen.

Diese Feststellung würde für die arbeitskampfrechtliche Praxis folgendes bedeuten: Auch für eine Kampfpartei, die sich unter allen Umständen rechtstreu verhalten will und deshalb vor Einsatz ihres Kampfmittels dessen Erforderlichkeit überprüft, ist nicht hinreichend abzuschätzen, ob neben der ins Auge gefaßten Kampfmaßnahme nicht doch noch eine andere zumindest gleich geeignete, aber weniger belastende Arbeitskampfmaßnahme existiert.

---

[357] Vgl. dazu auch *Loos*, Arbeitskampfhilfeabkommen, S. 182.

Mit anderen Worten ausgedrückt: Keine Kampfpartei könnte sicher sein, ob sich das von ihr gewählte Kampfmittel in der späteren Arbeitskampfauseinandersetzung tatsächlich als erforderlich erweist. Jede Kampfpartei müßte sich demnach bei jedem Kampfmitteleinsatz mit dem Gedanken der fehlenden Erforderlichkeit und damit als Folge verbunden mit der Rechtswidrigkeit der Kampfmaßnahme vertraut machen. Keine Kampfpartei könnte mehr zuverlässig sagen, wo die rechtlichen Grenzen ihrer Kampfaktivitäten liegen. Damit wäre im Arbeitskampfrecht ein unerträglicher Zustand erreicht, ein Zustand, der offensichtlich mit der verfassungsrechtlich verbürgten Arbeitskampffreiheit und der Funktionsfähigkeit des Tarif- und Arbeitskampfsystems kollidiert.[358]

bb) Die Bewältigung der Schwierigkeiten

Erkennt man die Schwierigkeiten des Erforderlichkeitsgrundsatzes bei der Handhabung in der arbeitskampfrechtlichen Praxis sowohl für die Gerichte als auch für die Kampfparteien, so liegt es nahe, die Lösung der durch den Erforderlichkeitsgrundsatz aufgeworfenen Probleme darin zu suchen, daß man auf den Grundsatz der Erforderlichkeit als Rechtmäßigkeitsmaßstab für den Einsatz von Kampfmitteln generell verzichtet. In diese Richtung gehen auch die Überlegungen von Loos[359], Konzen[360] und Scholz/Konzen[361].

Es fragt sich aber, ob es nicht ein quasi „milderes Mittel" gibt als den generellen Verzicht auf den Erforderlichkeitsgrundsatz bei der Rechtmäßigkeitsüberprüfung von Kampfmitteleinsätzen; eine Lösung, die einerseits die Schwierigkeiten, die mit dem Erforderlichkeitsgrundsatz zu Tage getreten sind, beseitigt, andererseits aber an dem Erforderlichkeitsgrundsatz als Rechtmäßigkeitsmaßstab festhält.

Ausgangspunkt einer derartigen Lösung muß die allgemeine Forderung sein, daß jedes Rechtmäßigkeitsmerkmal, in welchem Rechtsgebiet auch immer, so gehandhabt werden muß, daß auf der einen Seite die Gerichte, die dieses Rechtmäßigkeitsmerkmal auf seine Einhaltung im Einzelfall zu überprüfen haben, nicht überfordert werden dürfen, auf der anderen Seite das Rechtmäßigkeitsgebot aber auch von seinen Adressaten in der Rechtswirklichkeit zu erfüllen ist. Ein Rechtmäßigkeitsmerkmal darf nichts Unmögliches verlangen. Wer rechtmäßig handeln will, muß auch die Möglichkeit haben, rechtmäßig zu handeln.[362]

---

[358] Daß die Funktionsfähigkeit des Tarif- und Kampfsystems eine Berechenbarkeit legitimer Kampfmaßnahmen verlangt, betont nachdrücklich *Konzen,* AfP 1984, S. 1, 6.

[359] Arbeitskampfhilfeabkommen, S. 182.

[360] AcP 177 (1977), S. 473, 514.

[361] Aussperrung, S. 136, 139 f.

[362] s. hierzu im Zusammenhang mit dem Geeignetheitsgrundsatz auch *Hirschberg,* Verhältnismäßigkeit, S. 52 f.

Diese Forderungen, übertragen auf das Rechtmäßigkeitsmerkmal der Erforderlichkeit im Arbeitskampfrecht, bedeutet, daß die Prüfung des 2. Teilgrundsatzes des Verhältnismäßigkeitsprinzips so ausgerichtet sein muß, daß sowohl die mit der Frage der Erforderlichkeit befaßten Gerichte nicht überfordert werden als auch die Kampfparteien die von dem Gebot der Erforderlichkeit statuierten Voraussetzungen erfüllen können.

Um diesen gebotenen Rechtszustand bei der Erforderlichkeitsprüfung von Arbeitskampfmaßnahmen zu erreichen, bietet sich ein Rückgriff auf die vorangegangenen Überlegungen im Zusammenhang mit dem Geeignetheitsgrundsatz als Rechtmäßigkeitsmaßstab im Arbeitskampfrecht an. Dort wurde festgestellt, daß die Entscheidung über die Geeignetheit einer Arbeitskampfmaßnahme für die betreffende Kampfpartei vor Beendigung der Arbeitskampfauseinandersetzung einen starken prognostischen Einschlag besitzt.[363] Gleiches gilt auch für die Beurteilung der Erforderlichkeit einer Arbeitskampfmaßnahme, die logisch aufbauend auf der Geeignetheitsentscheidung erfolgt. Auch sie besitzt aus der Sicht der betreffenden Kampfpartei einen erheblichen prognostischen Einschlag. Neben der Eignungsprognose muß – wie soeben ausgeführt – im Rahmen der Erforderlichkeitsfeststellung von der Kampfpartei nämlich noch Eignung und Belastungsintensität sowohl des ausgewählten als auch der in Betracht kommenden Alternativkampfmittel prognostiziert werden. Wegen des starken Prognosecharakters kann deshalb auch bei der Erforderlichkeitsprüfung ebenso wie bei der Prüfung der Geeignetheit eine ex-ante-Betrachtung zugrunde gelegt werden.

Diese Möglichkeit der ex-ante-Sicht bei der Bestimmung der Erforderlichkeit hat außerhalb des Arbeitskampfrechts in den verschiedensten Rechtsbereichen verbreitete Anerkennung gefunden.[364] Im Bereich des Arbeitskampfrechts dagegen, ist, soweit ersichtlich, lediglich von Birk[365] – ohne detaillierte Begründung – die ex-ante-Sichtweise für die Erforderlichkeitsprüfung zur Diskussion gestellt worden.[366]

Die Bestimmung der Erforderlichkeit eines Arbeitskampfmittels ex ante gewährleistet, daß die Gerichte nicht ihr durch Zeitablauf gewonnenes Erfahrungswissen gegen die Kampfparteien ins Feld führen können. Nur solche Umstände, Daten und Entwicklungstendenzen sind gerichtsverwendungsfä-

---

363 s. oben 3. Teil D. III. 1. c) cc).

364 Vgl. etwa BGH, NJW 1969, S. 802; Schönke/Schröder/*Lenckner*, Strafgesetzbuch, § 32, Rdnr. 34, zur Erforderlichkeit bei der Notwehr; *Holzlöhner*, Verhältnismäßigkeit, S. 139 ff., zu Maßnahmen der Strafverfolgung; *Knemeyer*, Ordnungsrecht, Rdnr. 215, für polizeiliche Maßnahmen. Allgemein zur ex ante Sicht bei der Erforderlichkeit *Hirschberg*, Verhältnismäßigkeit, S. 64; *Jakobs*, Verhältnismäßigkeit, S. 73.

365 Warnstreik, S. 28 f.

366 Die negativen Folgen einer judiziellen ex post Erforderlichkeitskontrolle stellen *Scholz/Konzen*, Aussperrung, S. 136, heraus, ohne sich jedoch für eine ex ante Betrachtung auszusprechen.

hig, die im Zeitpunkt der Erforderlichkeitsprognose vorhanden oder zumindest vorstellbar waren. Damit trägt die ex-ante-Sichtweise dazu bei, daß an die Einhaltung des Erforderlichkeitsgrundsatzes durch die Kampfparteien nicht zu hohe, unerfüllbare Anforderungen von seiten der Gerichte gestellt werden.

Neben der Beurteilung ex ante muß noch auf einen weiteren bei der Geeignetheitsproblematik angesprochenen Gesichtspunkt argumentativ zurückgegriffen werden. Wurde im Rahmen der Erörterungen zum Geeignetheitsgrundsatz als Rechtmäßigkeitsmaßstab für Arbeitskampfmaßnahmen dargelegt, daß bei der Frage der Eignung eines Arbeitskampfmittels den Kampf-/Tarifparteien ein Beurteilungsspielraum zu gewähren ist, weil Prognosecharakter und Komplexität der Eignungsentscheidung sowie die Vorrangstellung der Tarifparteien dies rechtfertigen,[367] so muß auf der Grundlage dieser Überlegungen auch bei der Beurteilung der Erforderlichkeit einer Kampfmaßnahme von einem Beurteilungsspielraum der Tarifparteien ausgegangen werden. Denn auch hier liegen die Gründe vor, die bei der Geeignetheitsbeurteilung von Arbeitskampfmaßnahmen einen Beurteilungsspielraum und damit korrespondierend eine Reduktion der gerichtlichen Kontrolldichte rechtfertigten. Zum einen besitzen die Tarifparteien im Arbeitskampfrecht eine Präferenzstellung, zum anderen hat die Entscheidung über die Erforderlichkeit sowohl einen prognostischen Einschlag als auch einen, wie das Bündel der zu klärenden Vorfragen zeigt, höchst komplexen Charakter.

Kann der Kampfpartei demzufolge ein Beurteilungsspielraum bei der Erforderlichkeitsbestimmung von Arbeitskampfmitteln gewährt werden,[368] so muß dieser Spielraum zum einen wegen der fehlenden Möglichkeit der Kampfparteien, sich ein hinreichend sicheres Urteil zu bilden, zum anderen zur Verhinderung einer Überforderung der Gerichte möglichst großzügig und weit angelegt sein. Eine Erforderlichkeitsüberprüfung der Kampfmittel durch die Gerichte sollte sich deshalb lediglich auf eine Evidenzkontrolle beschränken. Nur wenn eindeutig aus der Sicht ex ante feststeht, daß die Erforderlichkeit einer Arbeitskampfmaßnahme nicht gegeben ist, sollte das Gericht diese Kampfmaßnahme als nicht erforderlich und damit als rechtswidrig qualifizieren.[369]

---

[367] Oben 3. Teil D. III. 1. c) cc).

[368] Zur Verknüpfung von Beurteilungsspielraum und Erforderlichkeit im Arbeitsrecht vgl. die Rspr. des BAG zur Erstattungspflicht des Arbeitgebers für Schulungs- und Bildungsveranstaltungen von Betriebsratsmitgliedern, BAG, AP Nr. 2, 7 zu § 40 BetrVG 1972; BAG, AP Nr. 4, 18 zu § 37 BetrVG 1972; ferner *Pahlen,* Verhältnismäßigkeit, insb. S. 120 f. – Allg. zur Verbindung von Erforderlichkeit und Beurteilungsspielraum *Hirschberg,* Verhältnismäßigkeit, S. 62 ff. mit Fußn. 95.

[369] Für eine zurückhaltende Kontrolltätigkeit bei der Erforderlichkeit von Arbeitskampfmaßnahmen etwa *Reuter,* Festschrift Böhm, S. 521, 552; auch *Lieb,* DB 1984, Beilage Nr. 12, S. 10.

Mit dieser eingeschränkten gerichtlichen Erforderlichkeitskontrolle würde sichergestellt, daß die Gerichte bei einer Erforderlichkeitsüberprüfung nicht überfordert wären und nicht den Bereich der Spekulationen betreten müßten, um die Einhaltung des Erforderlichkeitsgrundsatzes durch die Kampfparteien zu kontrollieren. Die Arbeitskampfparteien ihrerseits könnten bei einer auf Evidenz beschränkten Kontrolle der Gerichte das Rechtmäßigkeitsgebot der Erforderlichkeit erfüllen, ohne daß ihnen der für die Verwirklichung der Arbeitskampffreiheit notwendige Spielraum für ihre Arbeitskampfaktivitäten verlorenginge.

e) Zusammenfassende Bewertung

Wird der Erforderlichkeitsgrundsatz ohne nähere „Feineinstellungen" als Rechtmäßigkeitsmaßstab für den Einsatz von Arbeitskampfmitteln verwendet, so treten erhebliche Probleme sowohl für die damit befaßten Gerichte als auch für die Kampfparteien auf. Die Gerichte werden durch eine strenge und vollständige Überprüfung der Kampfmaßnahmen anhand des Erforderlichkeitsgrundsatzes überfordert und in den Bereich rechtlich nicht faßbarer Spekulationen gedrängt. Für die Arbeitskampfparteien erscheint der Grundsatz bei strenger Handhabung als nahezu unerfüllbar.

Um dennoch – trotz dieser Schwierigkeiten – an dem Grundsatz als Rechtmäßigkeitskriterium festhalten zu können und ihn daneben für die Praxis handhabbar und damit praktikabel zu gestalten, darf die Bestimmung der Erforderlichkeit nur aus der Sicht ex ante erfolgen und muß die Kontrolldichte der Gerichte durch Gewährung eines bis zur Evidenz fehlender Erforderlichkeit reichenden Beurteilungsspielraumes der Kampfparteien beschränkt werden. Durch diese zulässigen „Feineinstellungen" verliert der Grundsatz der Erforderlichkeit die Eigenschaft eines rigiden Rechtmäßigkeitsmaßstabes im Arbeitskampfrecht. Seine Aufgabe kann nur noch darin bestehen, mitzuhelfen, exzessive Kampfmaßnahmen als rechtswidrig auszusondern.

3. Das ultima-ratio-Prinzip

Der Grundsatz, daß Arbeitskämpfe nur das letzte Mittel der Auseinandersetzung nach Ausschöpfung aller Verhandlungsmöglichkeiten sein dürfen, wird als sog. ultima-ratio-Prinzip bezeichnet. Es wird heute ganz überwiegend als Rechtmäßigkeitsmaßstab für Arbeitskämpfe anerkannt.[370] Rechtsprechung und herrschende Lehre leiten diesen Grundsatz als spezielle Ausprä-

---

[370] s. nur die zahlreichen Nachw. bei *Picker,* RdA 1982, S. 331, 332 Fußn. 10. Gegen das ultima-ratio-Prinzip ArbG Düsseldorf, DB 1982, S. 387 f.; *Bieback,* in: Däubler, Arbeitskampfrecht, Rdnr. 343.

gung aus dem Verhältnismäßigkeitsprinzip und dort aus dem Grundsatz der Erforderlichkeit ab.[371]

Wegen dieser Herkunft hat eine Darstellung des Verhältnismäßigkeitsgrundsatzes im Arbeitskampfrecht auch das ultima-ratio-Prinzip mit einzubeziehen. Die Darstellung kann aber nur eine begrenzte sein, denn eine auch nur annähernd umfassende Erörterung dieses Prinzips, das sich heute als selbständiges Rechtmäßigkeitskriterium neben dem Grundsatz der Verhältnismäßigkeit „emanzipiert" hat, würde umfangmäßig eine eigene Monographie beanspruchen. Deshalb sollen im folgenden nur einige wichtige Gesichtspunkte dieses Prinzips behandelt werden.[372]

a) Das ultima-ratio-Prinzip als formelle Erforderlichkeit

Der Grundsatz der Erforderlichkeit wurde bisher in einem materiellen Sinn verstanden und dementsprechend diskutiert. In diesem Zusammenhang ging es um die Frage, welches unter mehreren gleich geeigneten Mitteln das mildeste ist. Die herrschende Meinung gibt dem Erforderlichkeitsgrundsatz im Arbeitskampfrecht daneben in Form des ultima-ratio-Prinzips noch einen formellen, verfahrensmäßigen Sinngehalt:[373] Arbeitskämpfe sind nur dann erforderlich, wenn alle Verständigungsmöglichkeiten ausgeschöpft sind.[374] Kampfmaßnahmen sind demnach solange nicht erforderlich, als nicht feststeht, daß auf dem Verhandlungswege keine Lösung des Tarifkonflikts gefunden werden kann. Dementsprechend ist es den Tarifvertragsparteien auch verwehrt, ihre Forderungen der Gegenseite ultimativ mitzuteilen und zu Kampfmaßnahmen zu schreiten, wenn ihr Gegenüber hierauf nicht sofort in vollem Umfang eingeht. Die Tarifvertragsparteien müssen vielmehr zunächst ihre Standpunkte durchdiskutieren.[375]

---

[371] s. aus der Rechtsprechung BAG, AP Nr. 43 zu Art. 9 GG Arbeitskampf, Bl. 309 R; aus jüngerer Zeit LAG Bad.-Württ., DB 1982, S. 1409. Aus dem Schrifttum *Zöllner,* Arbeitsrecht, § 40 VI 4 a (S. 374); *Seiter,* Streikrecht, S. 514; *ders.,* Anm. zu BAG, EzA Art. 9 GG Arbeitskampf Nr. 54, unter C I 2, III 2 a; *Löwisch,* ZfA 1971, S. 319, 337; *Mayer-Maly,* BB 1981, S. 1774, 1778; *Birk,* Warnstreik, S. 28, 30; *G. Müller,* Arbeitskampf, S. 293; *Rebel,* RdA 1979, S. 207, 211; abweichend der Begründungsansatz von *Picker,* RdA 1982, S. 331 ff.

[372] Vgl. näher zum ultima-ratio-Prinzip, wenn auch teilweise abweichend von der h. M., *Picker,* Warnstreik, S. 178 ff.

[373] Zu der Differenzierung von materieller und formeller Erforderlichkeit s. *Zöllner,* Festschrift Bötticher, S. 427, 436; *Seiter,* Übermaßverbot, S. 92.

[374] Ausdrücklich bezieht hier der GS des BAG, AP Nr. 43 zu Art. 9 GG Arbeitskampf, Bl. 309 R, die Durchführung eines Schlichtungsverfahrens mit ein. Zur Frage, ob aus dem ultima-ratio-Prinzip die Verpflichtung für die Kampfparteien folgt, vor Beginn einer Arbeitskampfmaßnahme ein Schlichtungsverfahren durchzuführen, s. im übrigen bejahend *Brodmann,* Arbeitskampf, S. 118; verneinend *Konzen,* AcP 177 (1977), S. 473, 515.

[375] *Seiter,* Streikrecht, S. 514; *Kalb,* Arbeitskampfrecht, Rdnr. 122.

Indem das ultima-ratio-Prinzip die Pflicht zur Ausschöpfung aller Verhandlungsmöglichkeiten postuliert, bezweckt es, Arbeitskämpfe mit ihren außerordentlichen Störwirkungen und Schäden nach Möglichkeit ganz zu verhindern. Das Prinzip dient demnach der Schadensverhinderung.[376]

Das ultima-ratio-Prinzip hat seit dem Beschluß des Großen Senats aus dem Jahre 1971 in mehreren Judikaten des Bundesarbeitsgerichts Erwähnung gefunden. Im folgenden soll daher ein kurzer Überblick über die Rechtsprechung des Bundesarbeitsgerichts seit 1971 zum ultima-ratio-Grundsatz gegeben werden.[377]

b) Die Rechtsprechung des BAG zum ultima-ratio-Prinzip seit dem Beschluß vom 21. 4. 1971

In seinem grundlegenden Beschluß vom 21. 4. 1971 hat der Große Senat des Bundesarbeitsgerichts das ultima-ratio-Prinzip mit dem Verhältnismäßigkeitsgrundsatz in Zusammenhang gebracht und es ausdrücklich als Folgerung aus dem letzteren begriffen.[378] Wenn das Gericht in dieser Entscheidung darüber hinaus feststellte, daß *jede* Arbeitskampfmaßnahme – sei es Streik, sei es Aussperrung – nur nach Ausschöpfung aller Verständigungsmöglichkeiten ergriffen werden dürfe,[379] so räumte der Große Senat damit erkennbar dem ultima-ratio-Prinzip uneingeschränkte Geltung im Arbeitskampfrecht ein.

Obwohl das Abstellen auf „jede" Arbeitskampfmaßnahme keinerlei Raum für Ausnahmen zuließ, rückte 5 Jahre später trotzdem der 1. Senat des Bundesarbeitsgerichts in seiner sogenannten 1. Warnstreikentscheidung[380] von der uneingeschränkten Geltung des ultima-ratio-Prinzips ab durch Zulassung kurzer, zur Unterstützung von Tarifverhandlungen nach Ablauf der Friedenspflicht durchgeführter Warnstreiks.

Diese Einschränkung des ultima-ratio-Prinzips versuchte das Gericht mit Hilfe einer teleologischen Reduktion zu begründen. Daß Arbeitskämpfe nur nach Ausschöpfung aller Verhandlungsmöglichkeiten geführt werden dürften, gelte nur für den Regelfall, daß zeitlich längerfristige oder unbegrenzte Arbeitskampfmaßnahmen erfolgen. Handle es sich dagegen nach Ablauf der tariflichen Friedenspflicht und während des Laufs von Tarifverhandlungen nur darum, den Abschluß dieser Verhandlungen dadurch zu beschleunigen, daß

---

[376] *Brox/Rüthers,* Arbeitskampfrecht, Rdnr. 154; *Rüthers,* Arbeitsgesellschaft, S. 53.

[377] Zum ultima-ratio-Prinzip vor 1971 s. die Rechtsprechungs- u. Literaturnachweise bei *Seiter,* Streikrecht, S. 513 f.

[378] Die relevante Passage des Beschlusses findet sich oben wiedergegeben im 3. Teil, unter B. II. 1.

[379] BAG, AP Nr. 43 zu Art. 9 GG Arbeitskampf, Bl. 309 R.

[380] BAG v. 17. 12. 1976 = BAGE 28, S. 295 = AP Nr. 51 zu Art. 9 GG Arbeitskampf m. Anm. *Rüthers* = EzA Art. 9 GG Arbeitskampf Nr. 19 m. Anm. *Otto.*

dem Tarifpartner die Bereitschaft zu einem intensiveren Arbeitskampf vor Augen geführt werden solle, so könne dieser „milde“ Druck in Form eines kurzen Warnstreiks auch vor Ausschöpfung aller Verständigungsmöglichkeiten ausgeübt werden. Ein derartiges Verfahren entspreche geradezu dem allgemeinen Grundsatz der Verhältnismäßigkeit: Einerseits werde noch nicht zu einem unbefristeten Arbeitskampf aufgerufen, solange die Verhandlungsmöglichkeiten noch nicht ausgeschöpft seien; andererseits wirke ein Warnstreik darauf hin, den tariflosen und damit nicht befriedeten Zustand möglichst schnell zu beenden.[381]

In seinem 2. Warnstreikurteil vom 12. 9. 1984[382] ging der 1. Senat des Bundesarbeitsgerichts, was die Nichtgeltung des ultima-ratio-Prinzips anbelangt, noch einen erheblichen Schritt weiter als in seiner ersten gerade vorgestellten Warnstreikentscheidung. Das Gericht zog ersichtlich unter Hinweis auf Art. 31 ESC die generelle Geltung des ultima-ratio-Prinzips für das Arbeitskampfrecht in Zweifel,[383] verwarf jedoch den ultima-ratio-Grundsatz nicht, sondern ließ diese Frage im Ergebnis offen.[384]

Das Bundesarbeitsgericht sah sich deshalb nicht zur abschließenden Beurteilung der generellen Geltung des ultima-ratio-Prinzips im Arbeitskampfrecht veranlaßt, weil nach seiner Auffassung jedenfalls für kurze zeitlich befristete Warnstreiks – einschließlich der Neuen Beweglichkeit[385] – während noch laufender Tarifverhandlungen das Prinzip ohnehin nicht gelten könne. Zur Begründung verwies das Gericht auf seine Ausführungen in der 1. Warnstreikentscheidung von 1976.[386]

Nur wenige Monate nach dem 2. Warnstreikurteil bestätigte der 1. Senat erneut, daß das ultima-ratio-Prinzip kurze und zeitlich befristete Streiks, zu denen die Gewerkschaft nach Ablauf der Friedenspflicht während laufender Tarifverhandlungen aufruft, nicht verbiete und daher auch Warnstreiks in Form der Neuen Beweglichkeit zulässig seien, wenn nur zu kurzen zeitlich befristeten Arbeitsniederlegungen aufgerufen werde.[387]

---

381 Unter 3. der Gründe.

382 BAGE 46, S. 322 = AP Nr. 81 zu Art. 9 GG Arbeitskampf m. Anm. *Herschel* = EzA Art. 9 GG Arbeitskampf Nr. 54 m. Anm. *Seiter.*

383 B II 2 c der Gründe.

384 B II 2 d der Gründe.

385 Gegen die Gleichsetzung von Warnstreik und Neuer Beweglichkeit s. aber stellvertretend für die h. L. *Lieb,* NZA 1985, S. 265, 269; *Loritz,* ZfA 1985, S. 185, 199 ff. m. w. N.

386 Unter B II 2 d, e der Gründe.

387 BAG v. 29. 1. 1985 = AP Nr. 83 zu Art. 9 GG Arbeitskampf = EzA Art. 9 GG Arbeitskampf Nr. 56 = DB 1985, S. 1697, unter B 2 der Gründe.

c) *Kritik*

Soweit das Bundesarbeitsgericht in seiner Entscheidung vom 12. 9. 1984 Zweifel äußert an der Geltung des ultima-ratio-Prinzips aus dem Gesichtspunkt des Art. 31 ESC, dessen innerstaatliche Geltung bereits fraglich ist,[388] sind diese Zweifel nicht begründet. Wie G. Müller[389], Lieb[390], Scholz[391] und zuletzt Konzen[392] ausführlich nachgewiesen haben, läßt sich aus der Europäischen Sozialcharta kein Argument gegen das ultima-ratio-Prinzip ableiten. Eine Wiederholung ihrer diesbezüglichen Ausführungen bedarf es an dieser Stelle nicht.

Soweit das Bundesarbeitsgericht in seinen Entscheidungen von 1976, 1984 und zuletzt 1985 das ultima-ratio-Prinzip in seinem Anwendungsbereich beschränken will, kann dem nicht gefolgt werden. Das ultima-ratio-Prinzip muß – wie vom Großen Senat des Bundesarbeitsgerichts 1971 vorgesehen – uneingeschränkte Geltung im Arbeitskampfrecht besitzen.[393] Denn zum einen wird bei jeder Aufweichung dieses Grundsatzes die klare Trennung zwischen Verhandlungs- und Kampfebene verwischt.[394] Dies führt als Folge zu uferlosen, die Praktikabilität des ultima-ratio-Prinzips beeinträchtigenden Abgrenzungsproblemen.[395] Zum anderen darf nicht übersehen werden, daß das ultima-ratio-Prinzip auch nach der Rechtsprechung des Bundesarbeitsgerichts als spezielle Ausprägung des Verhältnismäßigkeitsgrundsatzes angesehen wird. Jede Durchbrechung des ultima-ratio-Grundsatzes muß zwangsläufig auch zu einer Durchbrechung des Verhältnismäßigkeitsprinzips führen.[396]

Des weiteren scheint der 1. Senat des Bundesarbeitsgerichts bei seiner Argumentation den Zweck des ultima-ratio-Grundsatzes – nämlich Schaden zu verhindern – völlig zu verkennen. Der Senat rechtfertigt die Nichtgeltung des ultima-ratio-Prinzips vor allem mit dem Hinweis auf eine mögliche schadens*mindernde* Wirkung von kurzen verhandlungsbegleitenden Streiks. In der Hoffnung, diese verhandlungsbegleitenden Streiks könnten eventuell durch ihren „milden" Druck unbefristete Kampfstreiks vermeiden helfen, also den durch eine Arbeitskampfauseinandersetzung entstehenden Gesamtschaden mindern, läßt das Gericht eine Durchbrechung des ultima-ratio-Prinzips zu.

---

388 Zur Problematik der innerstaatlichen Geltung der ESC vgl. *Brox/Rüthers,* Arbeitskampfrecht, Rdnr. 124; *Konzen,* JZ 1986, S. 157, 162 mit zahlreichen Nachw.

389 DB 1984, S. 2692.

390 NZA 1985, S. 265, 267 f.

391 SAE 1985, S. 33, 39 f.

392 JZ 1986, S. 157 ff.

393 So etwa auch *G. Müller,* DB 1982, Beilage Nr. 16, S. 13; *ders.,* Arbeitskampf, S. 293; *Picker,* Warnstreik, S. 188.

394 s. insb. *Picker,* DB 1985, Beilage Nr. 7, S. 3 ff.

395 *Brox/Rüthers,* Arbeitskampfrecht, Rdnr. 154.

396 *Mayer-Maly,* BB 1981, S. 1774, 1779.

Eine Durchbrechung des ultima-ratio-Prinzips, das gerade der Schadens*verhinderung* dient, kann aber nicht mit lediglich schadens*mindernden* Wirkungen von bestimmten Streiks gerechtfertigt werden. Was, wie das ultima-ratio-Prinzip, zur Schadensverhinderung gedacht ist, kann schon aus logischen Gründen nicht deshalb gegenstandslos werden, weil es mit Vorkehrungen zur Schadens*minderung* kollidiert. Erst wenn eine Schadensverhinderung gescheitert ist, kommen Überlegungen zur Schadensminderung zum Zuge. Ein Scheitern des Versuchs der Schadensverhinderung kann aber bei einem Tarifkonflikt erst dann angenommen werden, wenn die Verhandlungen der Tarifparteien gescheitert sind. Solange noch die Tarifverhandlungen andauern, besteht die Möglichkeit, daß die Tarifparteien sich ohne Arbeitskampf einigen. Es ist deshalb ein Fehlschluß, mit dem Argument der Schadensverminderung eine Schadenszufügung zu erlauben, solange eine Einigung ohne jeden Kampfmitteleinsatz und damit ohne jeglichen Schaden möglich ist.[397]

Kann das ultima-ratio-Prinzip umfassende Geltung für alle Arbeitskampfmaßnahmen beanspruchen, so seien abschließend – basierend auf dieser Feststellung – noch zwei wichtige Problempunkte angesprochen. Das ist zum einen die Frage, ob aus dem ultima-ratio-Grundsatz eine Pflicht zur Urabstimmung abzuleiten ist, zum anderen die Frage nach der Justitiabilität des ultima-ratio-Prinzips.

d) Die Pflicht zur Urabstimmung als Folge des ultima-ratio-Prinzips

Im arbeitsrechtlichen Schrifttum vielfach diskutiert ist die Frage, ob die Gewerkschaften vor Ausrufung eines Streiks eine Urabstimmung durchzuführen verpflichtet sind.[398] Teilweise wird eine Pflicht der Gewerkschaften zur Durchführung einer Urabstimmung bejaht und aus dem ultima-ratio-Prinzip begründet. Dieses Prinzip gebiete die Durchführung einer Urabstimmung.[399] Auch die Urabstimmung gehöre zu den Möglichkeiten einer friedlichen Beilegung des Tarifkonflikts. Diese Möglichkeiten müßten vor Beginn des Arbeitskampfes vollständig ausgeschöpft sein. Durch die Urabstimmung könne festgestellt werden, ob unter den Gewerkschaftsmitgliedern überhaupt die nötige Kampfbereitschaft bestehe.[400]

Dieser Ansicht kann nicht zugestimmt werden. Bei der Durchführung einer Urabstimmung geht es allein um die verbandsinterne Klärung der Arbeitskampfbereitschaft der betroffenen Arbeitnehmer, es handelt sich dabei um

---

397 *Brox/Rüthers,* Arbeitskampfrecht, Rdnr. 154; *Rüthers,* Arbeitsgesellschaft, S. 53 f.

398 Vgl. dazu aus jüngster Zeit *Bauer/Röder,* DB 1984, S. 1096 ff. m. w. N.

399 *Hueck/Nipperdey/Säcker,* Arbeitsrecht II/2, S. 1025 m. w. N. in Fußn. 69 d.

400 *Hueck/Nipperdey/Säcker,* Arbeitsrecht II/2, S. 1025.

eine Form verbandsinterner Willensbildung.[401] Die Durchführung einer Urabstimmung verzögert zwar den Beginn eines Streiks, sie hat aber als Form verbandsinterner Willensbildung keinen Einfluß auf die friedliche Beilegung des Konflikts auf dem Verhandlungswege.[402] Die interne Willensbildung einer der Arbeitskampfparteien kann nicht Außenwirkung besitzen und die Rechtmäßigkeit einer Arbeitskampfmaßnahme Dritten gegenüber berühren, selbst dann nicht, wenn die Satzung eine Urabstimmung vorsieht.[403] Die zwingende Durchführung einer Urabstimmung läßt sich daher nicht mit dem ultima-ratio-Prinzip begründen.[404] Dies gilt erst recht, wenn man bereits in der Einleitung der Urabstimmung eine Kampfhandlung erblickt.[405] Denn dann wäre die Schwelle zur Lösung von Tarifkonflikten auf dem Verhandlungswege ohnehin bereits überschritten.[406]

e) Die Justitiabilität des ultima-ratio-Prinzips

Aus den Reihen des Schrifttums,[407] aber auch von seiten des amtierenden Präsidenten des Bundesarbeitsgerichts[408] wurde auf die Schwierigkeiten der Justitiabilität des ultima-ratio-Prinzips aufmerksam gemacht.

In der Tat gelangt man schnell an die Grenzen des ultima-ratio-Grundsatzes mit der Frage, wann denn alle Verhandlungsmöglichkeiten vor einem Arbeitskampf ausgeschöpft sind.[409] Sicherlich muß hier ausgeschlossen sein, daß die Gerichte mit Hilfe des ultima-ratio-Prinzips den Tarifvertragsparteien vorschreiben, wie und wie lange sie zu verhandeln, auf welche Forderungen und Konzessionen des Gegners sie sich einzulassen und welche Vermittlungsbemühungen sie im Interesse der Verständigung zu akzeptieren haben.[410] Eine so verstandene gerichtliche Überprüfung der Einhaltung des ultima-ratio-Prinzips würde der Tarifautonomie zuwiderlaufen und eine unzulässige Tarifzensur durch die Gerichte bedeuten.[411]

---

401 *Bauer/Röder,* DB 1984, S. 1096, 1097; *Brodmann,* Arbeitskampf, S. 120 f.

402 *Seiter,* Streikrecht, S. 510; *Brodmann,* Arbeitskampf, S. 120; *Schumann,* in: Däubler, Arbeitskampfrecht, Rdnr. 223.

403 *Kalb,* Arbeitskampfrecht, Rdnr. 125 m. w. N.; auch ArbG Düsseldorf, EzA Art. 9 GG Arbeitskampf Nr. 15.

404 H.M., s. stellvertretend *Seiter,* Streikrecht, S. 509 f.; *Brox/Rüthers,* Arbeitskampfrecht, Rdnr. 203; *Kalb,* Arbeitskampfrecht, Rdnr. 125; *Schumann,* in: Däubler, Arbeitskampfrecht, Rdnr. 223.

405 So BAG, AP Nr. 2 zu § 1 TVG Friedenspflicht.

406 Hierauf stellt das ArbG Düsseldorf, EzA Art. 9 GG Arbeitskampf Nr. 15, ab; vgl. auch *Bauer/Röder,* DB 1984, S. 1096, 1097.

407 *Picker,* RdA 1982, S. 331, 335 f.; *Reuter,* JuS 1986, S. 19, 23; *G. Müller,* Arbeitskampf, S. 295 f.; weitergehend *Kittner,* in: Alternativkommentar, Art. 9 Abs. 3, Rdnr. 66, das ultima-ratio-Prinzip sei nicht justitiabel.

408 *Kissel,* FAZ v. 15. 12. 1984, S. 16.

409 s. auch *Kissel,* wie vor.

410 *Reuter,* JuS 1986, S. 19, 23.

Zutreffend wird deshalb auch im Schrifttum verlangt, die Ausschöpfung aller Verhandlungsmöglichkeiten „formell" zu verstehen.[412] Soweit nicht offensichtliche Verständigungsmöglichkeiten ungenutzt geblieben sind,[413] ist an die Erklärung[414] einer oder beider Verhandlungsparteien über das Scheitern der Verhandlungen anzuknüpfen. Das heißt: Werden die Verhandlungen von einem Beteiligten oder aber von beiden Parteien für gescheitert erklärt, ist grundsätzlich davon auszugehen, daß alle Verhandlungsmöglichkeiten ausgeschöpft worden sind.

Da die tatsächliche innere Verhandlungsbereitschaft nicht gerichtlich überprüft werden kann, sie sich vielmehr der Justitiabilität entzieht,[415] können bei diesem „formellen" Verständnis des ultima-ratio-Prinzips Manipulationen der Tarifparteien nicht vollständig ausgeschlossen werden.[416] Mithin kann für die Praxis lediglich mit dem ultima-ratio-Prinzip eine begrenzte Mißbrauchskontrolle durch die Gerichte verbunden sein.[417] Als rigider Rechtmäßigkeitsmaßstab in der Hand der Gerichte eignet sich der ultima-ratio-Grundsatz nicht.

4. Der Grundsatz der Proportionalität

Nach dem Exkurs zu dem ultima-ratio-Prinzip gilt es nun den letzten der drei Teilgrundsätze des Verhältnismäßigkeitsprinzips, den Grundsatz der Proportionalität, im Hinblick auf seine Handhabung und Praktikabilität näher zu beleuchten.

a) Die Bedeutung des Proportionalitätsgrundsatzes in Rechtsprechung und Literatur

Im arbeitskampfrechtlichen Schrifttum wird der Proportionalitätsgrundsatz häufig angesprochen.[418] Jedoch bleiben – neben einigen beachtlichen Anmer-

---

411 In diesem Sinne etwa *G. Müller,* Arbeitskampf, S. 294; *Kissel,* FAZ v. 15. 12. 1984, S. 16; *Picker,* RdA 1982, S. 331, 335 f.

412 *Brox/Rüthers,* Arbeitskampfrecht, Rdnr. 201; *G. Müller,* Arbeitskampf, S. 299; *ders.,* DB 1982, Beilage Nr. 16, S. 14; *Reuter,* JuS 1986, S. 19, 23; *Seiter,* Anm. zu BAG, EzA Art. 9 GG Arbeitskampf Nr. 54, unter C III 4; *ders.,* Streikrecht, S. 515; s. zur Problematik auch *Konzen,* JZ 1986, S. 157, 159.

413 Dazu näher *Seiter,* Anm. zu BAG, EzA Art. 9 GG Arbeitskampf Nr. 54, unter C III 4.

414 Zumeist wird für diese Erklärung eine gewisse Förmlichkeit verlangt, s. hierzu *Brox/Rüthers,* Arbeitskampfrecht, Rdnr. 202; *Seiter,* Streikrecht, S. 515; *G. Müller,* Arbeitskampf, S. 299; *Picker,* RdA 1982, S. 331, 347 f.

415 *Seiter,* Streikrecht, S. 515; *ders.,* Anm. zu BAG, EzA Art. 9 GG Arbeitskampf Nr. 54, unter C III 4; *Brox/Rüthers,* Arbeitskampfrecht, Rdnr. 201.

416 *G. Müller,* Arbeitskampf, S. 295 f., 299; s. auch *Rüfner,* RdA 1985, S. 193, 197.

417 Ebenso *Seiter,* Anm. zu BAG, EzA Art. 9 GG Arbeitskampf Nr. 54, unter C III 4; *Reuter,* JuS 1986, S. 19, 23.

kungen und Gedanken[419] – die Ausführungen oft auf die Feststellungen beschränkt, daß der Verhältnismäßigkeitsgrundsatz (im engeren Sinne), wie er wohl mehrheitlich im Bereich des Arbeitskampfrechts bezeichnet wird, Mittel und Zweck in Relation setzt und eine Interessenabwägung beinhaltet.

Von seiten der Rechtsprechung hat der Proportionalitätsgrundsatz im Arbeitskampfrecht bis heute keine vertiefende Erörterung erfahren. Soweit ersichtlich, hat sich bislang noch kein Arbeitsgericht näher mit der Proportionalitätsfrage bei Streiks auseinandergesetzt. Das Bundesarbeitsgericht betont lediglich, daß auch der Streik wie jedes Mittel des Arbeitskampfes neben Geeignetheit und Erforderlichkeit auch die Proportionalität erfüllen muß.[420] Für das Kampfmittel der Arbeitgeberseite, die Aussperrung, ist der Grundsatz durch die Entscheidungen des Bundesarbeitsgerichts vom 10. 6. 1980 in den Blickpunkt getreten. Das Bundesarbeitsgericht hatte dort die sogenannte Quotenregelung – gedacht als Konkretisierung der Proportionalität von Abwehraussperrungen – entwickelt und angewandt,[421] allgemeine, weiterführende Aussagen speziell zum Proportionalitätsprinzip jedoch weitgehend vermieden.

b) *Die Fragestellung beim Proportionalitätsgrundsatz*

Die Proportionalität eines Mittels wird nicht positiv, sondern negativ bestimmt.[422] Entscheidend für die Bejahung der Proportionalität ist nicht das Bestehen eines angemessenen, optimalen Verhältnisses zwischen Mittel und Zweck, relevant ist vielmehr nur, ob das Mittel zu dem angestrebten Zweck außer Verhältnis steht. Es geht also bei dem Proportionalitätsgrundsatz nicht um eine Optimierung, sondern lediglich um das Fehlen einer Disproportion.

Übertragen auf das Arbeitskampfrecht und dort auf die Überprüfung des Einsatzes eines Arbeitskampfmittels anhand des Proportionalitätsprinzips stellt sich somit die Frage, ob der Einsatz eines bestimmten Arbeitskampfmittels zu dem Zweck, zulässige tarifliche Regelungen durchzusetzen, außer Verhältnis steht.

Um festzustellen, ob ein Mißverhältnis zwischen Mittel und Zweck vorliegt, hat allgemein bei dem Proportionalitätsgrundsatz eine umfassende Interessen-

---

[418] s. z. B. *Isele,* Festschrift Schnorr v. Carolsfeld, S. 219, 229 ff.; *Konzen,* AcP 177 (1977) S. 473, 510, 513f.; *Scholz/Konzen,* Aussperrung, S. 141f.; *Kalb,* Arbeitskampfrecht, Rdnr. 128 ff.; *Zöllner,* Arbeitsrecht, § 40 VI 4 b (S. 375); *Seiter,* RdA 1981, S. 65, 75; *ders.,* AfP 1985, S. 186, 193; *Birk,* Unterstützungskampfmaßnahmen, S. 89 ff.; *Bieback,* in: Däubler, Arbeitskampfrecht, Rdnr. 389 f.

[419] Etwa *Seiter,* Streikrecht, S. 151 ff., 538 ff.; *ders.,* Übermaßverbot, S. 88 f., 93 ff.; *Birk,* Warnstreik, S. 37 ff.; *Loos,* Arbeitskampfhilfeabkommen, S. 183 ff.

[420] BAG, AP Nr. 81 zu Art. 9 GG Arbeitskampf, Bl. 571 R.

[421] BAG, AP Nr. 64, 65 zu Art. 9 GG Arbeitskampf, jeweils unter B II der Gründe.

[422] H. M., s. oben 2. Teil B. III.

und Rechtsgüterabwägung zu erfolgen.[423] Die Rechtsgüter und Interessen, die durch das Mittel gefördert werden sollen, werden den Rechtsgütern und Interessen, die von dem Mittel nachhaltig betroffen werden, zunächst gegenübergestellt und anschließend gegeneinander abgewogen. Ergibt sich bei dieser Prüfung, daß die nachhaltig betroffenen Rechtsgüter und Interessen überwiegen, so ist das Mittel disproportional. Für die hier relevante Proportionalitätsprüfung im Arbeitskampfrecht hat folglich eine Interessenabwägung der durch den Einsatz eines Arbeitskampfmittels kollidierenden Rechtsgüter und Interessen zu erfolgen.

c) Die Schwierigkeiten bei der Handhabung des Proportionalitätsgrundsatzes

Bei den beiden ersten Teilgrundsätzen des Verhältnismäßigkeitsprinzips, dem Grundsatz der Geeignetheit und dem der Erforderlichkeit, wurde aufgezeigt, daß diese Teilgrundsätze nicht ohne weiteres und problemlos als handhabbare Rechtmäßigkeitsmaßstäbe in das Arbeitskampfrecht integriert werden können. Für den dritten Teilgrundsatz stellt sich dementsprechend die Frage, ob sich auch bei seiner Handhabung als Rechtmäßigkeitskriterium ein ähnliches Bild wie für die beiden ersten Teilgrundsätze ergibt. Diese Frage zu stellen, liegt auch deshalb nahe, weil bereits bei der allgemeinen Darlegung zum Proportionalitätsgrundsatz eine generelle Schwäche dieses Prinzips für die praktische Arbeit mit ihm sichtbar wurde.

aa) Die Rechtsunsicherheit

(1) Problemstellung

Im Rahmen der allgemeinen Vorstellung des Proportionalitätsgrundsatzes wurde festgestellt, daß die bei der Proportionalitätsprüfung vorzunehmende Interessenabwägung dem Abwägenden einen größeren Wertungsspielraum bei seiner Entscheidung beläßt als etwa eine Subsumtion. Mit dem größeren Wertungsspielraum für den Abwägenden geht jedoch auch eine größere Unsicherheit für die von der Entscheidung Betroffenen einher, was das Ergebnis der Abwägung anbelangt. Auch dieses wurde bereits betont.[424]

Diese Rechtsunsicherheit als Schwäche der Interessenabwägung muß sich zwangsläufig auch im Grundsatz der Proportionalität selbst niederschlagen. Die Schwäche der Interessenabwägung muß die Berechenbarkeit der Proportionalitätsentscheidung beeinträchtigen und eine Rechtsunsicherheit im Hin-

---

[423] s. dazu bereits 2. Teil B. III.

[424] s. oben 2. Teil B. III.

blick auf das Ergebnis der Proportionalitätskontrolle für die Beteiligten nach sich ziehen.

Von dieser allgemein zu konstatierenden Schwäche des Proportionalitätsgrundsatzes kann die Handhabung des Grundsatzes im Arbeitskampfrecht nicht völlig ausgeschlossen bleiben. Die allgemeine Schwäche des Grundsatzes der Proportionalität stellt sich sogar für den Bereich des Arbeitskampfrechts als besonders deutlich dar, und zwar aus folgendem Grunde: Arbeitskämpfe beeinträchtigen den Kampfgegner, die Allgemeinheit sowie am Arbeitskampf nicht beteiligte Dritte. Mit der Vielzahl der Kampfbetroffenen steigt auch die Zahl der vom Arbeitskampf betroffenen Rechtsgüter und Interessen. Soll eine Arbeitskampfmaßnahme nach allen Seiten, also sowohl gegenüber dem Kampfgegner, der Allgemeinheit als auch gegenüber unbeteiligten Dritten, Proportionalität aufweisen, so müssen sämtliche sowohl bei dem Kampfgegner als auch bei der Allgemeinheit sowie bei den unbeteiligten Dritten durch die Arbeitskampfmaßnahme betroffenen Rechtsgüter und Interessen in den Abwägungsprozeß zur Feststellung der Proportionaliät eingestellt werden. Je größer aber die Zahl der am Abwägungsprozeß beteiligten Rechtsgüter und Interessen ist, desto komplexer muß die Interessenabwägung werden, desto größer muß für den Abwägenden der Spielraum der Interessenbewertung werden. Mit dem wachsenden Wertungs- und Entscheidungsspielraum muß zwangsläufig für die Beteiligten auch eine größere Rechtsunsicherheit, was das Ergebnis der Interessenabwägung und damit der Proportionalität anbetrifft, einhergehen.

Diese Feststellung bedeutet, daß im Arbeitskampfrecht – bemüht man sich hier nicht gegenzusteuern – bei strikter Überprüfung der Proportionalität von Arbeitskampfmaßnahmen durch die Gerichte für die betroffenen Kampfparteien eine außerordentliche Rechtsunsicherheit entstehen muß. Kaum eine Kampfpartei dürfte bei größeren Arbeitskämpfen in der Lage sein, zuverlässig vorauszusehen, wie die Gerichte sich später in einem Prozeß zur Proportionalität der eingesetzten Kampfmaßnahmen äußern werden, ob die Gerichte die Proportionalität bejahen oder verneinen werden.

Die Arbeitskampfparteien stehen bei dieser Sachlage vor der Alternative, entweder das Risiko der nachträglich durch die Gerichte festgestellten Disproportionalität und damit der Rechtswidrigkeit ihrer Arbeitskampfmaßnahmen einzugehen oder die Taktik des Minimalkonflikts einzuschlagen und nur kleine, kaum belastende Arbeitskämpfe zu führen. Sie stehen damit letztlich vor der Wahl, entweder sich dem Risiko fast unübersehbarer Ersatzansprüche auszusetzen oder darauf zu verzichten, möglichst umfassend mit dem dafür nötigen Druck durch Arbeitskämpfe ihre Tarifziele durchzusetzen. Daß ein derartiger Zustand im Arbeitskampfrecht mit der Arbeitskampffreiheit, aber auch mit der Funktionsfähigkeit der Tarifautonomie in Konflikt geraten muß, dürfte offensichtlich sein und wird zu Recht auch mit großer Eindringlichkeit von seiten des Bundesarbeitsgerichts, aber auch seit langem von seiten des Schrifttums[425] herausgestellt. Exemplarisch seien hier die entsprechenden Ausführungen des Bundesarbeitsgerichts wiedergegeben.

„Arbeitskämpfe haben so weitreichende Folgen und eine so außerordentliche Bedeutung für die kampfführenden Parteien und für die Allgemeinheit, daß die Grenzen ihrer Zulässigkeit wenigstens in groben Zügen vorhersehbar sein müssen. Wenn sich die Frage nach der Rechtmäßigkeit eines Arbeitskampfes generell erst nach einem langjährigen Prozeß beantworten ließe, ergäben sich daraus unüberschaubare Risiken. Beide sozialen Gegenspieler würden dadurch in der Wahrnehmung ihrer Rechte außerordentlich stark behindert. Das Funktionieren der geltenden Kampf- und Ausgleichsordnung könnte gefährdet sein."[426]

Angesichts dieses Befundes drängt sich mit Blick auf die Praktikabilität des Verhältnismäßigkeitsgrundsatzes die Frage auf, ob und gegebenenfalls wie der Rechtsunsicherheit bei der Proportionalitätsprüfung von Arbeitskampfmaßnahmen zu begegnen ist, ob und – wenn ja – wie erreicht werden kann, daß die Proportionalitätsbewertung von Arbeitskampfmaßnahmen durch die Gerichte für die Arbeitskampfparteien hinreichend vorhersehbar wird.

(2) Lösungsvorschlag

Die sich bei der Handhabung des Proportionalitätsgrundsatzes im Arbeitskampfrecht einstellende Rechtsunsicherheit läßt sich durch mehrere auch in anderen Rechtsbereichen im Zusammenhang mit der Proportionalität zu beobachtenden Schritten auf ein für die Kampfparteien erträgliches Maß herunterschrauben.

Da Interessenabwägung nicht als pauschales Verfahren begriffen werden kann,[427] empfiehlt sich als erster Schritt, um die Rechtsunsicherheit einzudämmen, die Entwicklung eines geordneten Interessenabwägungsverfahrens. In diesem Verfahren kann mit Hilfe der dort zu gewinnenden Kriterien und Subkriterien der Abwägungsvorgang durchaus rational determiniert und auch kontrollierbar gestaltet werden. Darauf wird in einer gesonderten Erörterung zum Abwägungsverfahren bei der Proportionalitätsprüfung von Arbeitskampfmaßnahmen noch einzugehen sein.[428]

Eine weitere Möglichkeit, die Rechtsunsicherheit bei der Handhabung des Proportionalitätsgrundsatzes als Rechtmäßigkeitsmaßstab für Arbeitskampfmaßnahmen abzubauen, besteht darin, die Proportionalität praktikabel zu konkretisieren. Bereits G. Müller hat nur wenige Monate nach dem Beschluß

---

[425] Vgl. *Däubler,* JuS 1972, S. 642; *Löwisch,* ZfA 1971, S. 319 ff.; *Reuß,* AuR 1971, S. 353, 355; *Reuter,* Festschrift Böhm, S. 521, 552.

[426] BAG, AP Nr. 64 zu Art. 9 GG Arbeitskampf, unter B I 3 b.

[427] *Alexy,* Grundrechte, S. 151.

[428] Unter d).

des Großen Senats vom 21. 4. 1971 für den Verhältnismäßigkeitsgrundsatz die Möglichkeit der praktikablen Konkretisierung im Interesse der Rechtssicherheit in die Diskussion gebracht.[429] Seither wird im Schrifttum im Zusammenhang mit dem Grundsatz der Verhältnismäßigkeit immer wieder auf das Bedürfnis der Konkretisierung hingewiesen.[430] Auch das Bundesarbeitsgericht hat eine Konkretisierung des Verhältnismäßigkeitsprinzips für wünschenswert erklärt und auf der Grundlage dessen die sogenannte Quotenregelung als Versuch der Konkretisierung der Proportionalität für Abwehraussperrungen entwickelt.[431]

Bei der Konkretisierung der Proportionalität für Arbeitskampfmaßnahmen gilt es zwei extreme Wege, nämlich einerseits detaillierte Kasuistik, andererseits pauschale Faustformeln, zu vermeiden.

Eine detaillierte Kasuistik würde zwar auf den ersten Blick der Forderung nach mehr Rechtssicherheit entgegenkommen, doch erscheint auch eine bis ins kleinste gehende Kasuistik nicht als der geeignete Weg, der hier angesprochenen Proportionalitätsproblematik gerecht zu werden. Sowohl Gewerkschaften als auch Arbeitgeber erfinden in ihren Expertenstäben immer neue Kampfstrategien und Kampfformen, man denke nur an die Neue Beweglichkeit oder an die Mini-Max-Strategie. Eine kasuistische Erfassung der Proportionalität würde mit dieser schnellebigen Entwicklung im Arbeitskampfrecht nicht Schritt halten können, sondern müßte regelmäßig der arbeitskampfrechtlichen Praxis hinterherhinken und hätte daher für die Praxis keinen nützlichen Effekt.

Auf der anderen Seite sollte aber auch eine Konkretisierung der Proportionalität für Arbeitskampfmaßnahmen mit Hilfe pauschaler Faustformeln vermieden werden, weil diese – wie das Beispiel der Quotenregelung des Bundesarbeitsgerichts zeigt – zu wenig dem zu entscheidenden Einzelfall und dessen besonderen Umständen Rechnung tragen können. Anstatt pauschaler Faustformeln oder detaillierter Kasuistik sollten Rechtsprechung und Literatur versuchen, einen Mittelweg zwischen diesen Extremen zu finden.[432]

Eine sachgerechte Regelung der Beweislast für die Frage der Proportionalität bzw. Disproportionalität von Arbeitskampfmaßnahmen bietet sich als zusätzliche Möglichkeit an, die Rechtsunsicherheit abzubauen. Die Beweislast für die Proportionalität sollte nicht der handelnden Arbeitskampfpartei aufge-

---

[429] *G. Müller,* RdA 1971, S. 321, 323; *ders.,* GewMH 1972, S. 273, 276 f.

[430] *Auffahrt,* RdA 1977, S. 129, 133; *Brox/Rüthers,* Arbeitskampfrecht, Rdnr. 193; *Rüthers,* Aussperrung, S. 98; *Picker,* Warnstreik, S. 237 Fußn. 150; *Schäuble,* Streik, S. 250 f.; *Löwisch,* Diskussionsbeitrag, ZfA 1980, S. 495.

[431] BAG, AP Nr. 64 zu Art. 9 GG Arbeitskampf, Bl. 923 R ff. – Zum Inhalt der „Quotenregelung" s. oben 3. Teil B. III.

[432] Ansatzpunkte für diesen Mittelweg finden sich etwa bei *Oetker,* Erhaltungsarbeiten, S. 14 ff., 42 ff.; *Seiter,* Streikrecht, S. 549 ff.; *Brodmann,* Arbeitskampf, S. 150 ff.; *Küttner/Schlüpers-Oehmen,* AfP 1980, S. 80, 81 ff.

bürdet werden, vielmehr sollte die Beweislast für die Disproportionalität auf denjenigen verlagert werden, der die Proportionalität der konkreten Arbeitskampfmaßnahme bestreitet.[433]

Um der Rechtsunsicherheit zu begegnen, erscheint es nicht zuletzt unerläßlich, daß die Gerichte die Proportionalitätsprüfung von Arbeitskampfmaßnahmen zurückhaltend durchführen. Die Gerichte sollten sich hier auf eine Evidenzkontrolle beschränken.[434] Nur wenn eine Arbeitskampfmaßnahme offensichtlich zur Durchsetzung zulässiger tariflicher Regelungen außer Verhältnis steht, wenn also die vom Arbeitskampf negativ betroffenen Rechtsgüter und Interessen eindeutigen Vorrang besitzen, sollten die zuständigen Gerichte die betreffende Kampfmaßnahme als disproportional verwerfen. Durch diese Beschränkung der gerichtlichen Kontrolldichte wird eine kritische, für die Kampfparteien unzumutbare Grauzone vermieden.[435]

Mit dem soeben genannten Maßnahmenkatalog ist es zwar möglich, die Rechtsunsicherheit für die Kampfparteien auf ein vertretbares Maß zu reduzieren, doch wird durch die beiden zuletzt vorgestellten Möglichkeiten (Beweislastverteilung, Evidenzkontrolle) auch deutlich, daß die Rechtsunsicherheit bei dem Proportionalitätsgrundsatz wohl nur dadurch auf ein erträgliches Maß abgebaut werden kann, daß man den Grundsatz der Proportionalität in seiner Funktion als Rechtmäßigkeitsmaßstab in der arbeitskampfrechtlichen Praxis auf die Aussonderung von offensichtlich exzessiven Arbeitskampfmaßnahmen beschränkt.

bb) Das Spannungsverhältnis von Proportionalität und Tarifautonomie

Zu der Rechtsunsicherheit als der ersten bei der Handhabung des Proportionalitätsgrundsatzes für die arbeitskampfrechtliche Praxis auftretenden Schwierigkeit tritt eine weitere Problematik im Zusammenhang mit dem Grundsatz der Proportionalität hinzu. Diese Problematik resultiert aus der Tarifautonomie.

(1) Problemstellung

Der Staat hat mit der durch Art. 9 Abs. 3 GG verfassungsrechtlich abgesicherten Tarifautonomie einen Freiraum gewährt, in dem die Tarifparteien

[433] Ebenso *Loos,* Arbeitskampfhilfeabkommen, S. 177, 180; s. hierzu des weiteren *Birk,* Warnstreik, S. 37 f.

[434] Im Ergebnis auch *Seiter,* Streikrecht, S. 155; *ders.,* NJW 1980, S. 905, 912 m. Hinweis auf ArbG Kassel, Urteil v. 15. 12. 1978, 3 Ca 307/78; *Zöllner,* Arbeitsrecht, § 40 VI 4 b (S. 375); *Rüthers,* Aussperrung, S. 100; *Scholz/Konzen,* Aussperrung, S. 233; *dies.,* DB 1980, S. 1593, 1598; *G. Müller,* RdA 1971, S. 321, 324; *ders.,* GewMH 1972, S. 273, 277 f.; *Loos,* Arbeitskampfhilfeabkommen, S. 180.

[435] In diesem Sinne ebenfalls *Loos,* Arbeitskampfhilfeabkommen, S. 180.

eigenständig, ohne staatliche Willensbeeinflussung, nötigenfalls mit Hilfe von Arbeitskämpfen die für sie gerechten und angemessenen Arbeits- und Wirtschaftsbedingungen regeln und festlegen können.

Das Bestehen der Tarifautonomie in unserem Staate korrespondiert mit dem Verbot der staatlichen, insbesondere der gerichtlichen Tarifzensur. Der Staat und seine Organe dürfen weder den Tarifparteien, etwa durch Zwangsschlichtung, den Inhalt der abzuschließenden Tarifverträge vorschreiben noch einen maßgeblichen Einfluß auf die Gestaltung der einzelnen Arbeits- und Wirtschaftsbedingungen nehmen oder gar die Tarifforderungen auf deren wirtschaftliche Berechtigung und situative Angemessenheit überprüfen. Darüber herrscht heute Einigkeit.[436]

Auch im Zusammenhang mit dem Verhältnismäßigkeitsgrundsatz im Arbeitskampfrecht wird dieses Verbot der Tarifzensur immer wieder ausdrücklich herausgestellt. Es wird – mit Recht – betont, daß das Verbot der staatlichen, vor allem der gerichtlichen Tarifzensur auch für den Verhältnismäßigkeitsgrundsatz und dessen Handhabung zu gelten habe.[437] Deutlich hat dies das Bundesarbeitsgericht in seinen Entscheidungen vom 10. 6. 1980 hervorgehoben:[438]

> „Richtig ist jedenfalls, daß das Übermaßverbot nicht zu einer Tarifzensur führen darf. Eine Kontrolle der Tarifziele durch die Gerichte für Arbeitssachen wäre (von Extremfällen vielleicht abgesehen) ein Eingriff in die Tarifautonomie und kann deshalb bei der Anwendung des arbeitskampfrechtlichen Übermaßverbotes nicht in Betracht kommen."

Diese nachdrückliche Herausstellung von seiten des Bundesarbeitsgerichts erfolgte nicht ohne Grund, denn wie auch verschiedentlich im Schrifttum erkannt wird,[439] muß eine konsequente Handhabung des Proportionalitätsgrundsatzes bei der Überprüfung des konkreten Einsatzes eines Arbeitskampfmittels in die Gefahr einer unzulässigen gerichtlichen Tarifzensur geraten. Dies zu verdeutlichen wird Aufgabe der nachfolgenden Zeilen sein. Dabei soll das Spannungsverhältnis zwischen Proportionalität und Tarifautonomie zunächst anhand des letzten großen Arbeitskampfes sichtbar gemacht werden.

Im Frühsommer 1984 wurde in der Metallindustrie ein erbitterter Arbeitskampf um die 35-Stunden-Woche geführt.[440] Die IG Metall bezweckte mit

---

[436] Statt aller *Reuß,* AuR 1975, S. 289, 292; *Rüthers,* Gedächtnisschrift Dietz, S. 299, 319 f.; *Seiter,* Streikrecht, S. 176 ff. m. w. N.

[437] *Brox/Rüthers,* Arbeitskampfrecht, Rdnr. 195; *Löwisch,* ZfA 1971, S. 319, 334 f.; *Seiter,* Streikrecht, S. 178; *Ammann,* Streikrecht, S. 30; *Krejci,* Aussperrung, S. 95; *v. Hoyningen-Huene,* JuS 1987, S. 505, 508.

[438] AP Nr. 64 zu Art. 9 GG Arbeitskampf, Bl. 923; Nr. 65, Bl. 939.

[439] *Seiter,* Streikrecht, S. 538 ff.; *ders.,* Übermaßverbot, S. 93 f.; *Loos,* Arbeitskampfhilfeabkommen, S. 183; *Reuß,* AuR 1976, S. 97, 100.

[440] Zu den wirtschaftlichen Schäden dieses Arbeitskampfes s. bereits Einleitung Fußn. 2.

dem Einsatz von Streiks die Einführung der 35-Stunden-Woche mit vollem Entgeltausgleich, die Arbeitgeberseite versuchte ihrerseits mit Aussperrungen dem zu begegnen und weiterhin die 40-Stunden-Woche in den Tarifverträgen festzuschreiben.

Hätte sich ein Arbeitsgericht mit diesem Arbeitskampf zu befassen und eine Entscheidung über die Zulässigkeit der jeweils von Arbeitnehmer- und Arbeitgeberseite eingesetzten Kampfmittel zu fällen, so würde sich für das Gericht bei Einbeziehung des Proportionalitätsgrundsatzes in die Rechtmäßigkeitsbeurteilung der Arbeitskampfmittel folgende Situation ergeben. Bei der Überprüfung der Proportionalität der im Arbeitskampf eingesetzten gewerkschaftlichen Streiks müßte das Gericht entscheiden, ob die Streiks außer Verhältnis zu dem gewerkschaftlichen Ziel standen, die 35-Stunden-Woche bei vollem Entgeltausgleich zu erreichen.

Um dieses entscheiden zu können, müßte das Gericht – ausgehend von den allgemeinen Anforderungen des Proportionalitätsgrundsatzes – eine Abwägung der bei diesem Arbeitskampf konfligierenden Rechtsgüter und Interessen vornehmen. Das Gericht hätte das Interesse der Gewerkschaft, durch Arbeitskampfdruck die 35-Stunden-Woche zu erreichen, abzuwägen mit den von den Streiks betroffenen Rechtsgütern und Interessen der Arbeitgeberseite, der Allgemeinheit sowie der am Arbeitskampf nicht beteiligten Dritten. Es hätte festzustellen, welche der kollidierenden Interessenseiten überwiegt.

Hält das judizierende Gericht das mit dem Streik durchzusetzende Tarifziel der 35-Stunden-Woche für berechtigt, weil arbeitsmarktpolitisch eine Arbeitszeitverkürzung dringend notwendig ist, so wird es dem Interesse der Gewerkschaft, durch Arbeitskampfdruck die 35-Stunden-Woche zu erreichen, einen sehr hohen Stellenwert einräumen und aus dem sehr hohen Stellenwert resultierend im Rahmen der Interessenabwägung zu einem Überwiegen des gewerkschaftlichen Interesses gegenüber den Interessen und Rechtsgütern der Kampfbetroffenen gelangen, mithin die Proportionalität der Streiks bejahen.

Sieht das Gericht hingegen eine wöchentliche Arbeitszeitverkürzung als den falschen Weg an, der für die Volkswirtschaft von außerordentlichem Nachteil wäre, so wird das Gericht dem gewerkschaftlichen Interesse, durch Arbeitskampfdruck die 35-Stunden-Woche zu erreichen, wenn überhaupt, nur eine geringe Wertigkeit zugestehen. Wegen der geringen Wertigkeit wird das Gericht zu einem Überwiegen der Interessen der Arbeitskampfbetroffenen und damit zur Disproportionalität der Streiks gelangen. Das heißt, je nachdem, wie das Gericht das gewerkschaftliche Ziel der 35-Stunden-Woche subjektiv bewertet, gelangte man mithin entweder zur Proportionalität und damit zur Rechtmäßigkeit oder zur Disproportionalität und damit verbunden zur Rechtswidrigkeit der gewerkschaftlichen Streiks.

Ein entsprechendes Bild ergäbe sich auch für die eingesetzten Aussperrungen von seiten der Arbeitgeber. Wird die 35-Stunden-Woche aus arbeitsmarktpolitischen Gründen von dem Gericht als unerläßlich angesehen, so kann das Interesse, sich der 35-Stunden-Woche zu verschließen und weiterhin an der 40-Stunden-Woche festzuhalten, allenfalls einen geringen Stellenwert bekommen, der nicht ausreicht, um das für die Bejahung der Proportionalität der Aussperrung notwendige Überwiegen der Arbeitgeberinteressen zu begründen. Wird die Arbeitszeitverkürzung vom Gericht als falscher Weg erachtet, so kommt dem Interesse, durch Arbeitskampfdruck die 40-Stunden-Woche weiter festzuschreiben, ein sehr hoher Stellenwert zu, der es ermöglicht, ein Überwiegen der Interessen der Arbeitgeber gegenüber den Interessen und Rechtsgütern der von den Aussperrungen Betroffenen anzunehmen und dementsprechend die Proportionalität der Aussperrungen bejahen zu können. Auch hier hängt also die Entscheidung über Proportionalität oder Disproportionalität und damit letztendlich über Rechtmäßigkeit oder Rechtswidrigkeit einer Arbeitskampfmaßnahme maßgeblich von der subjektiven Bewertung des Tarifziels durch das Gericht ab.

Dieses erste Beispiel zeigt mit hinreichender Deutlichkeit das Spannungsverhältnis zwischen Proportionalitätsgrundsatz und Tarifautonomie auf; es läßt erkennen, daß bei Einsatz des Proportionalitätsgrundsatzes im Rahmen der Rechtmäßigkeitsüberprüfung einer konkreten Arbeitskampfmaßnahme die Gefahr einer Tarifzensur durch die Gerichte droht. Die Gerichte haben mittels der Proportionalitätsprüfung die Möglichkeit, darüber zu bestimmen, welche der rechtlich zulässigen Tarifziele es wert sind, durch Einsatz von Arbeitskampfmitteln durchgesetzt zu werden. Damit kann der Richter über den Weg der Kontrolle der Proportionalität von Arbeitskampfmaßnahmen maßgeblichen Einfluß auf die Gestaltung der Arbeits- und Wirtschaftsbedingungen in Tarifverträgen erlangen.

Ein weiteres Beispiel dafür, daß der Proportionalitätsgrundsatz in der Hand des Richters in die Gefahr geraten kann, zu einer unzulässigen Tarifzensur zu werden, stellen all die Fälle dar, bei denen eine an sich eher geringfügige, aber rechtlich zulässige Tarifforderung mit „grobem Geschütz“ durchgesetzt werden soll.

So kann etwa die Situation entstehen, daß die Tarifpartner sich auf dem Verhandlungswege über eine Erhöhung der Löhne in Forderung und Angebot bis auf wenige Zehntelprozent entgegengekommen sind, trotzdem aber ein breit angelegter Arbeitskampf wegen dieser geringen Lohndifferenz begonnen und mit äußerster Schärfe durchgeführt wird.[441]

---

[441] Beispiel ist der Arbeitskampf in der Druckindustrie 1976; s. dazu *Rüthers,* AfP 1977, S. 305, 317; *Brodmann,* Arbeitskampf, S. 16 ff.

Hier liegt die auch in der arbeitskampfrechtlichen Diskussion aufgeworfene Frage nahe,[442] ob eine geringfügige Tarifforderung unter dem Gesichtspunkt der Verhältnismäßigkeit im engeren Sinne ausreicht, um die Führung eines Arbeitskampfes mit den damit verbundenen erheblichen Schäden für die Betroffenen einschließlich der Allgemeinheit zu rechtfertigen.

Auf den ersten Blick erscheinen in derartigen Fällen Mittel (Arbeitskampf und dessen Belastungen) und Zweck (Durchsetzung einer geringfügigen Tarifforderung) außer Verhältnis zueinander zu stehen. Man ist versucht, gerade wegen der mit dem Arbeitskampf zu erzielenden vermeintlich geringen Vorteile auf der einen Seite und den vom Arbeitskampf hervorgerufenen erheblichen Schäden bei den Betroffenen auf der anderen Seite eine Disproportionalität der eingesetzten Kampfmittel anzunehmen.[443]

Eine Bejahung der Disproportionalität aus dieser Überlegung heraus würde aber unwillkürlich auf eine gerichtliche Tarifzensur hinauslaufen.[444] Denn würde man für die Bewertung der Proportionalität einer Arbeitskampfmaßnahme an Art und Höhe der rechtlich zulässigen Tarifforderung anknüpfen und die Proportionalität maßgeblich deshalb scheitern lassen, weil lediglich wegen einer im Verhältnis zu den Arbeitskampfschäden geringen Tarifforderung gekämpft wird, so hieße dies im Ergebnis, daß die Gerichte über den Proportionalitätsgrundsatz festlegen könnten, für welche Tarifforderung wie lange und in welchem Umfange gekämpft werden darf. Je höher und gewichtiger die Tarifforderung in den Augen der Gerichte wäre, desto größer dürften die Arbeitskampfschäden sein. Die Gerichte würden demnach die Tarifforderungen auf ihre Berechtigung zur Durchsetzung in einem Arbeitskampf hin überprüfen. Die Entwicklung, die eine derartige Proportionalitätsprüfung für die Praxis nach sich ziehen würde, liegt auf der Hand. Vor allem die Gewerkschaften wären, um das Risiko der Disproportionalität ihrer Streiks gering zu halten, gezwungen, überhöhte Tarifforderungen zu stellen.[445] Damit wäre aber regelmäßig die Annäherung der Verhandlungsstandpunkte im Rahmen der Kompromißbildung verhindert.[446] Aus dieser Einsicht heraus hat sich heute im arbeitskampfrechtlichen Schrifttum zu Recht die Auffassung durchgesetzt, daß die Proportionalität einer Arbeitskampfmaßnahme nicht bereits deshalb verneint werden kann, weil eine an sich eher geringfügige Tarifforderung mit „grobem Arbeitskampfgeschütz" durchgesetzt werden soll.[447]

---

[442] s. *Rüthers,* AfP 1977, S. 305, 317.

[443] In diese Richtung ging die Rspr. des RAG und des RG zu § 826 BGB; s. dazu m. w. N. *Seiter,* Streikrecht, S. 539 f.; *Rüthers,* AfP 1977, S. 305, 317.

[444] Vgl. *Seiter,* Übermaßverbot, S. 93 f.; *Rüthers,* Gedächtnisschrift Dietz, S. 299, 319 f.; *Däubler,* Streik, S. 90.

[445] s. ebenso *Seiter,* Streikrecht, S. 540; *Konzen,* AcP 177 (1977), S. 473, 516 Fußn. 258; *Rüthers,* AfP 1977, S. 305, 317.

[446] *Seiter,* Streikrecht, S. 540.

Die zurückliegenden Ausführungen haben hinreichend verdeutlicht, daß für die Überprüfung eines konkreten Arbeitskampfes die Proportionalitätskontrolle, wird sie nicht den Besonderheiten des Arbeitskampfrechts angepaßt, die Gefahr einer unzulässigen gerichtlichen Tarifzensur mit sich bringt. Daß die Gerichte der Arbeitsgerichtsbarkeit seit dem grundlegenden Beschluß des Großen Senats von 1971 bislang mittels des Proportionalitätsgrundsatzes keine Tarifzensur durch ihre Judikatur ausgeübt haben, liegt auch in dem Umstand begründet, daß die Rechtsprechung im Arbeitskampfrecht bislang dem Proportionalitätsprinzip zu wenig Aufmerksamkeit gewidmet hat. Angesichts des hier festgestellten Befundes der Gefahr einer gerichtlichen Tarifzensur erfährt der von Teilen des Schrifttums erhobene Vorwurf, in der Verhältnismäßigkeitsprüfung wurzele das Element der Tarifzensur,[448] eine gewisse Berechtigung und kann nicht kurzerhand als falsch bezeichnet werden.[449]

Soll der Grundsatz der Proportionalität ein brauchbares und damit praktikables Rechtmäßigkeitskriterium für Arbeitskämpfe darstellen, so muß eine Lösung gefunden werden, mit der die Gefahr der gerichtlichen Tarifzensur bei der Handhabung dieses Grundsatzes in ausreichendem Maße beseitigt werden kann. Bisher ist in der arbeitskampfrechtlichen Diskussion nur allzu wenig Energie auf die Lösung dieses Spannungsverhältnisses zwischen Proportionalitätsgrundsatz und Tarifautonomie verwandt worden. Dieser Umstand läßt die Suche nach einer befriedigenden Lösung in dieser Problematik nicht leichter erscheinen.

(2) Lösungsvorschlag

Ausgangspunkt zur Lösung des Spannungsverhältnisses zwischen Proportionalitätsgrundsatz und Tarifautonomie muß die sich in den vorangegangenen Zeilen herauskristalisierende Erkenntnis sein, daß, will man an dem Grundsatz der Proportionalität bei der Rechtmäßigkeitsüberprüfung des Einsatzes von Arbeitskampfmitteln festhalten, die Proportionalitätskontrolle auf die Besonderheiten des Arbeitskampfrechts abgestimmt werden muß. Das bedeutet, daß im Rahmen des Zulässigen die Rechtmäßigkeitsüberprüfung anhand des Proportionalitätsprinzips dort modifiziert werden muß, wo die Gefahr einer unzulässigen Tarifzensur auftritt. Ein erneuter Blick auf die Proportionalitätsprüfung ist daher geboten.

Die Feststellung, ob ein Mittel allgemein oder speziell ein Arbeitskampfmittel proportional ist oder nicht, erfolgt im Wege der Abwägung der konfligie-

---

447 s. nur *Seiter,* Streikrecht, S. 540; *ders.,* Übermaßverbot, S. 93 f.; *Gamillscheg,* Arbeitsrecht II, S. 151; *Brodmann,* Arbeitskampf, S. 128 ff.; richtungsweisend *Hueck/Nipperdey/Säcker,* Arbeitsrecht II/2, S. 1030.

448 s. etwa *Schumann,* in: Däubler, Arbeitskampfrecht, Rdnr. 202.

449 So aber *G. Müller,* Arbeitskampf, S. 281.

renden Interessen und Rechtsgüter. Beim Arbeitskampf stehen sich gegenüber: Auf der einen Seite das Interesse der handelnden Kampfpartei, durch Arbeitskampfdruck bestimmte tarifvertraglich zulässige Regelungen durchzusetzen, und auf der anderen Seite die vom Arbeitskampfeinsatz negativ berührten Interessen und Rechtsgüter des sozialen Gegenspielers und der Allgemeinheit sowie die Interessen und Rechtsgüter der an der Arbeitskampfauseinandersetzung nicht beteiligten Dritten.

Um eine Aussage über die Proportionalität einer Arbeitskampfmaßnahme treffen zu können, müssen vermittels der Interessenabwägung die gegenlaufigen Interessen und Rechtsgüter gewichtet und muß ihr gegenseitiger Stellenwert festgelegt werden. Hier an dieser Stelle setzt nun die Gefahr einer unzulässigen gerichtlichen Tarifzensur ein. Es entsteht die Gefahr, daß die Gerichte, ausgehend von dem jeweils im Einzelfall verfolgten Arbeitskampfziel, das Interesse an der kampfweisen Durchsetzung zulässiger tariflicher Regelungen in seiner Wertigkeit unterschiedlich bewerten: In einem Fall dem Interesse einen hohen Stellenwert einräumen, in einem anderen Falle die Wertigkeit des Interesses weniger hoch veranschlagen und in einem dritten Fall das Interesse als gering erachten.

Mit der unterschiedlichen Einstufung des Interesses, durch Arbeitskampfdruck zulässige tarifliche Regelungen durchzusetzen, werden entscheidend die Weichen für die Bewertung der Proportionalität einer Arbeitskampfmaßnahme in Richtung Disproportionalität oder Proportionalität gestellt. Je nachdem, wie das Gericht beispielsweise das Interesse der Gewerkschaften, die 35-Stunden-Woche durchzusetzen, in seiner Wertigkeit einstuft, würden erhebliche durch den Kampfmitteleinsatz entstehende Schäden gerechtfertigt sein oder nicht, würde das konkret eingesetzte Kampfmittel als proportional oder disproportional vom Gericht erachtet werden.

Eine derartige, ausgehend von den konkreten Tarifzielen, durch die Gerichte vorgenommene unterschiedliche Bewertung des Interesses, mit Hilfe von Arbeitskämpfen tarifvertraglich zulässige Regelungen durchzusetzen, muß dem Gedanken der Tarifautonomie widersprechen und sich als unzulässige gerichtliche Tarifzensur darstellen. Ob die Rechtsgüter und Interessen des sozialen Gegenspielers, der Allgemeinheit oder der am Arbeitskampf unbeteiligten Dritten von einer Kampfpartei beeinträchtigt werden, um eine Wochenarbeitszeitverkürzung, eine Erhöhung des Jahresurlaubes oder um eine ein-, drei- oder zehnprozentige Lohnerhöhung durchzusetzen, kann und darf die Frage der Proportionalität der Arbeitskampfmaßnahme weder in positiver noch in negativer Hinsicht berühren. Der Staat und damit auch die Gerichte haben hier eine Neutralität gegenüber den rechtlich zulässigen Kampfforderungen zu wahren.[450]

[450] Zur Neutralität des Staates gegenüber der Kampfforderung s. *Richardi,* NJW 1978, S. 2057, 2059 f.; *Seiter,* Übermaßverbot, S. 93 f.

Für die gerichtliche Bewertung des Interesses, tarifvertraglich zulässige Regelungen durch Arbeitskampfdruck durchzusetzen, bedeutet dies: Um die Gefahr der gerichtlichen Tarifzensur zu verhindern, darf der Wert dieses Interesses in der Hand der Gerichte nicht als eine von der subjektiven Einschätzung der Gerichte abhängigen Variablen erscheinen. Vielmehr muß das Interesse, tarifvertraglich zulässige Regelungen durch Arbeitskampfdruck durchzusetzen, mit einer den Gerichten für sämtliche Arbeitskampfsituationen vorgegebenen festen Wertgröße, einer Interessenwertkonstanten, verknüpft werden.[451] Diese Interessenwertkonstante ist ihrerseits sodann in den Abwägungsprozeß im Rahmen der Proportionalitätsprüfung einzustellen.

Durch die Benennung einer festen Wertgröße für das Interesse, tarifvertraglich zulässige Regelungen durchzusetzen, wird gewährleistet, daß sowohl die für die Proportionalitätsfeststellung typische und unerläßliche Interessenabwägung für Arbeitskämpfe weiterhin durchgeführt werden kann als auch die Gefahr gerichtlicher Tarifzensur gebannt wird. Die zu wählende Interessenwertkonstante kann aber nicht eine beliebige sein, vielmehr muß sie von der Rechtsordnung her legitimiert sein. Gerade bei Berücksichtigung dieses Gesichtspunktes bietet sich als Interessenwertkonstante die Arbeitskampffreiheit an.

Zum einen stellt die Arbeitskampffreiheit in unserer Rechsordnung eine feste Wertgröße dar, die nicht von Arbeitskampf zu Arbeitskampf schwankt. Deshalb ist es auch den Gerichten verwehrt, je nach dem konkreten Arbeitskampf die Arbeitskampffreiheit, was ihren Wert anbelangt, unterschiedlich einzustufen. Zum anderen ist das Interesse, durch Arbeitskampfdruck zulässige tarifliche Regelungen durchzusetzen, von seinem sachlichen Gehalt her in der Arbeitskampffreiheit verbürgt, die ihrerseits unter dem Schutz des Art. 9 Abs. 3 GG steht.[452] Die Verfassung schützt durch die Arbeitskampffreiheit das Interesse der Kampfparteien, durch das Mittel des Arbeitskampfes rechtmäßige Ziele, also zulässige tarifliche Regelungen, durchzusetzen.

Wird die Arbeitskampffreiheit als Interessenwertkonstante verstanden, die das Interesse, durch Arbeitskampfdruck zulässige tarifliche Regelungen durchzusetzen, repräsentiert, so ist sie mit ihrem durch Art. 9 Abs. 3 GG geprägten hohen Wert auf seiten der das Kampfmittel einsetzenden Partei bei der Interessenabwägung im Rahmen der Proportionalitätsüberprüfung in Ansatz zu bringen und gegenüber den vom Arbeitskampf beeinträchtigten Rechtsgütern und Interessen des Kampfgegners, der Allgemeinheit sowie unbeteiligter Dritter abzuwägen.[453] Ergibt sich bei der Abwägung, daß die

---

[451] In der Ausgangsüberlegung ähnlich *Birk*, Warnstreik, S. 39; *Seiter*, Streikrecht, S. 540: „Wenn das Kampfziel, also die geforderte Regelung, eine der richterlichen Nachprüfung entzogene Konstante bildet ...“

[452] Zur verfassungsrechtlichen Garantie der Arbeitskampffreiheit in Art. 9 Abs. 3 GG s. oben 1. Teil C. I.

durch den Arbeitskampf beeinträchtigten Rechtsgüter und Interessen gegenüber der Arbeitskampffreiheit eindeutig überwiegen, so ist das eingesetzte Arbeitskampfmittel als disproportional anzusehen. Läßt sich ein derartiges Überwiegen nicht feststellen, so muß von der Proportionalität der betreffenden Arbeitskampfmaßnahme ausgegangen werden.

Bevor eine zusammenfassende Bewertung des Proportionalitätsgrundsatzes als Rechtmäßigkeitsmaßstab für Arbeitskämpfe erfolgt, soll nicht verabsäumt werden, unter Berücksichtigung der gewonnenen Erkenntnisse einige für die praktische Handhabung des Grundsatzes relevante allgemeine Hinweise hinsichtlich des Verfahrens zur Feststellung der Proportionalität des Einsatzes von Arbeitskampfmitteln zu geben. Mit diesen Hinweisen soll aber auch gezeigt werden, daß die Proportionalitätsprüfung nicht einfach eine Sache des Rechtsgefühls ist, sondern durchaus als ein kontrollierbarer Vorgang mit rational faßbaren Kriterien begriffen werden kann.

d) Das Verfahren zur Feststellung der Proportionalität

Die Proportionalitätsfeststellung erfolgt durch eine umfassende Rechtsgüter- und Interessenabwägung. Als erster Schritt bei dem Abwägungsverfahren ist zunächst eine Rechtsgüter- und Interessenanalyse vorzunehmen. Es gilt zu klären, welche Rechtsgüter und rechtlich geschützten Interessen sich bei der Abwägung gegenüberstehen.[454] Bevor nämlich nicht Gewißheit darüber herrscht, welche Rechtsgüter und Interessen gegeneinander abzuwägen sind, kann sinnvollerweise eine Proportionalitätsaussage nicht stattfinden. Ein Urteil über die Proportionalität kann stets nur aus dem Vergleich der konkret beteiligten Interessen hervorgehen.[455]

Der eine Pol bei der Abwägung ist bereits mit der Arbeitskampffreiheit benannt worden. Ihm können je nach der Arbeitskampfauseinandersetzung eine Vielzahl von beeinträchtigten Rechtsgütern und Interessen der Allgemeinheit, des Kampfgegners und der am Arbeitskampf unbeteiligten Dritten gegenübergestellt werden.[456] So wird bei dem sozialen Gegenspieler durch eine Arbeitskampfmaßnahme dessen Koalitionsbetätigungsfreiheit betroffen.[457] Bei größeren Arbeitskämpfen im Pressebereich dürfte neben der

---

[453] Vgl. zur notwendigen Abwägung zwischen Arbeitskampffreiheit einerseits und den Rechten der Kampfbetroffenen andererseits bei der Proportionalitätsprüfung *Löwisch/Mikosch,* ZfA 1978, S. 153, 159.

[454] s. *Wendt,* AÖR 104 (1979), S. 414, 458 f.; *Jakobs,* Verhältnismäßigkeit, S. 20, 22; *Jacob,* Staatsnotstand, S. 119.

[455] *Hotz,* Verhältnismäßigkeit, S. 100.

[456] Vgl. zur Abwägung der Arbeitskampffreiheit mit den durch den Arbeitskampf betroffenen Rechten und Interessen, *Oetker,* Erhaltungsarbeiten, S. 38 ff.; s. auch *Scholz/Konzen,* Aussperrung, S. 137.

[457] *Heinze,* SAE 1983, S. 224, 228.

Pressefreiheit[458] häufig auch die Informationsfreiheit der Allgemeinheit berührt sein.[459] Streiken in Krankenhäusern die Ärzte oder das Pflegepersonal, können Leben und Gesundheit der Patienten gefährdet oder gar beeinträchtigt sein.[460] Werden in den Städten die kommunalen Verkehrsbetriebe durch einen Arbeitskampf lahmgelegt, so kann je nach den Umständen die Bewegungsfreiheit der Fahrgäste beeinträchtigt sein.[461]

Da bei der Abwägung nur solche Rechtsgüter und Interessen berücksichtigt werden können, die durch den Arbeitskampf beeinträchtigt bzw. hinreichend gefährdet werden, hat im Rahmen der Rechtsgüter- und Interessenanalyse, als dem ersten Schritt bei dem Abwägungsverfahren, auch die nicht immer einfache Abgrenzung zwischen rechtlich relevanter Beeinträchtigung und der für das Recht unbeachtlichen Belästigung zu erfolgen.[462] Bei bloßen Bagatellen, alltäglichen Lästigkeiten oder subjektiven Empfindlichkeiten kann von einer rechtlich relevanten Beeinträchtigung eines Rechtsgutes bzw. eines Interesses nicht die Rede sein,[463] vielmehr handelt es sich nur um eine rechtlich unbeachtliche und daher für den Abwägungsprozeß irrelevanten Belästigung.

Wird etwa bei den Verkehrsbetrieben gestreikt, so stellt sich die Frage, ob die dem Industriezeitalter angemessene Bewegungsfreiheit der Fahrgäste beeinträchtigt wird oder ob durch den Streik lediglich rechtlich unbeachtliche Unbequemlichkeiten verursacht werden.[464]

In einem zweiten Schritt sind die durch den Arbeitskampf beeinträchtigten Rechtsgüter und Interessen mittels eines abstrakten Wertevergleichs gegenüber der Arbeitskampffreiheit in Relation zu setzen.[465] Es ist in diesem Rahmen zu klären, ob die betroffenen Rechtsgüter und Interessen abstrakt, also losgelöst von dem konkreten Arbeitskampf, in unserer Rechtsordnung im

---

458 Zum Verhältnis der Arbeitskampffreiheit zur Pressefreiheit s. *Brodmann,* Arbeitskampf; *Rüthers,* AfP 1977, S. 305 ff., insb. S. 313 ff.; *Badura,* AÖR 104 (1979), S. 246, 261 f.; *Küttner/Schlüpers-Oehmen,* AfP 1980, S. 80, 81 ff.; *Kisker,* RdA 1987, S. 194 ff.; *Buchner,* RdA 1987, S. 209.

459 Zur möglichen Beeinträchtigung der Informationsfreiheit bei Arbeitskämpfen im Pressebereich BGH, SAE 1980, S. 18, 20; BAG, AP Nr. 84 zu Art. 9 GG Arbeitskampf, Bl. 368 und jüngst *Heinze,* RdA 1987, S. 225.

460 Zur Zulässigkeit von Kampfmaßnahmen der Ärzte und des Pflegepersonals vgl. *Rodenbeck,* Streiks, S. 85 ff.; *Oetker,* Erhaltungsarbeiten, S. 43 f.

461 Vgl. zu Arbeitskämpfen und deren Zulässigkeit in Verkehrsbetrieben *Oetker,* Erhaltungsarbeiten, S. 43; *Pachtner,* Streik, S. 51 ff.; *Rodenbeck,* Streiks, S. 105 ff.

462 Eingehend zur Abgrenzung grundrechtlich relevanter Beeinträchtigungen von irrelevanten bloßen Belästigungen *Ramsauer,* VerwArch. 72 (1981) S. 89 ff., insb. S. 96 ff. – Zu den Schwierigkeiten der Abgrenzung vgl. exemplarisch den Fluglärm-Beschluß des BVerfG, in: BVerfGE 55, S. 54, 73 ff.

463 *Pieroth/Schlink,* Grundrechte, Rdnr. 286.

464 Vgl. *Ramm,* Streikrecht, S. 149.

465 Zum abstrakten Wertevergleich bei dem Abwägungsverfahren *H. Schneider,* Güterabwägung, S. 153 ff.; *Larenz,* Festschrift Klingmüller, S. 235, 246 f.; *Degenhart,* Staatsrecht I, S. 281; *Gern,* DÖV 1986, S. 462, 466 f.

Verhältnis zur Arbeitskampffreiheit einen höheren, niedrigeren oder gleichen Rang besitzen. Bei diesem Wertevergleich kann es nicht auf die ureigenste Ansicht des überprüfenden Richters ankommen, vielmehr hat der Wertevergleich auszugehen von den Wertungen der Rechtsordnung.[466]

Ein wichtiger Hinweis zur Bestimmung des Ranges eines Rechtsgutes in unserer Rechtsordnung ergibt sich aus der Prüfung, ob das durch den Arbeitskampf betroffene Rechtsgut ebenso wie die Arbeitskampffreiheit durch die Verfassung geschützt ist oder nur durch nachrangiges Recht Schutz erfährt; denn je höher ein Rechtsgut in der Rechtsquellenhierarchie angesiedelt ist, desto gewichtiger ist es in den Prozeß der Abwägung anzusetzen.[467] Ein weiterer Hinweis für den abstrakten Wertevergleich ergibt sich aus dem Fundamentalprinzip. Nach diesem Prinzip ist ein Rechtsgut um so höherrangiger, je fundamentaler es im demokratischen Staat für andere Rechtsgüter ist.[468]

Ergibt sich bei dem abstrakten Wertevergleich, daß die Arbeitskampffreiheit gegenüber bestimmten Rechtsgütern und Interessen des Kampfgegners, der Allgemeinheit oder unbeteiligter Dritter höherrangig zu bewerten ist, so müssen die betreffenden der Arbeitskampffreiheit gegenläufigen Interessen und Rechtsgüter grundsätzlich zurücktreten und können der Arbeitskampffreiheit in der Regel keine Grenzen setzen.[469]

Das abstrakte Rangverhältnis, losgelöst vom konkreten Arbeitskampf, reicht für die Interessenabwägung im Rahmen der Proportionalitätsprüfung des Einsatzes eines Arbeitskampfmittels allein noch nicht aus. Hinzukommen muß noch die Bestimmung des konkreten, durch die einzelne Arbeitskampfsituation geprägten Rangverhältnisses zwischen der Arbeitskampffreiheit einerseits und den kollidierenden Rechtsgütern und Interessen der Kampfbetroffenen andererseits.[470] Dieser dritte Schritt bei dem Interessenabwägungsverfahren ist zu unternehmen, weil generelle Wertvorzüge durch individuelle Umstände des konkreten Interessenkonflikts, um den es ja letztendlich geht, kompensiert werden können.[471] Aus dem Umstand, daß Rechtsgüter im Konfliktfall teils stärker, teils weniger stark, teils zahlreich, teils weniger zahlreich beeinträchtigt sein können, teils eines großen, teils eines geringen Schutzes

---

[466] Vgl. *Larenz,* Methodenlehre, S. 396; *Gern,* DÖV 1986, S. 462, 466.

[467] *Gern,* DÖV 1986, S. 462, 467. – Zur Ermittlung der Wertigkeit von Grundrechten *Ossenbühl,* Festgabe BVerfG, Bd. I, S. 458, 507; *Murswiek,* Verantwortung, S. 167 ff.

[468] *Gern,* DÖV 1986, S. 462, 467 m. w. N.; vgl. ferner *Murswiek,* Verantwortung, S. 169 f.

[469] s. dazu allgemein *Gern,* DÖV 1986, S. 462, 467: „Ergibt die Auslegung eine Höherwertigkeit des einen Rechtsgutes, hat das andere im Konfliktfall grundsätzlich zurückzutreten."

[470] Zur Notwendigkeit der Bestimmung des konkreten Rangverhältnisses *H. Schneider,* Güterabwägung, S. 157, 181 ff.; *Gern,* DÖV 1986, S. 462, 467.

[471] *Wendt,* AÖR 104 (1979), S. 414, 461; *Larenz,* Festschrift Klingmüller, S. 235, 248; *Jakobs,* Verhältnismäßigkeit, S. 26; *Degenhart,* Staatsrecht I, Rdnr. 281.

bedürfen, kann sich im Einzelfall die Notwendigkeit ergeben, das im abstrakten Wertevergleich gewonnene Ergebnis auf der Stufe des konkreten Wertevergleichs zu revidieren.[472] Wird etwa ein Rechtsgut nur peripher in seinem Schutzbereich berührt, so kann ein abstrakt gleich- oder gar minderwertiges Rechtsgut, das stärker betroffen ist, für die Abwägung als höherwertig angesehen werden.[473]

Vor allem der Gesichtspunkt der Intensität des Betroffenseins erscheint für die Bestimmung des konkreten Rangverhältnisses zwischen den bei einem Arbeitskampf kollidierenden Rechtsgütern und Interessen von entscheidender Bedeutung,[474] denn die Bandbreite des Betroffenseins bei Arbeitskämpfen kann von der bloßen rechtlich irrelevanten Belästigung bis hin zur völligen Vernichtung eines Rechtsgutes reichen.

Da der Intensitätsgrad von Rechtsgutbeeinträchtigungen regelmäßig nicht mathematisch erfaßbar ist,[475] müssen von Rechtsprechung und Literatur bei der Proportionalitätskontrolle um der Rechtssicherheit willen möglichst viele sich ergänzende praktikable Kriterien zur Feststellung des jeweiligen Intensitätsgrades der Beeinträchtigung herausgearbeitet werden.[476] Hier bieten sich für den Arbeitskampf unter anderem folgende Kriterien an: Dauer,[477] Zeitpunkt und Ankündigung[478] der Beeinträchtigung, örtliche und personelle Ausdehnung des Arbeitskampfes,[479] Durchführung und Umfang von Notstands- und Erhaltungsarbeiten.[480]

Mit Hilfe eines derartigen Datenkranzes sollte die Rechtsprechung unter Mitwirkung des Schrifttums eine Beeinträchtigungsgrenze bestimmen, ab der von einem eindeutigen Überwiegen der vom Arbeitskampf betroffenen Rechtsgüter und Interessen der Allgemeinheit, des Kampfgegners sowie der am Arbeitskampf nicht beteiligten Dritten gegenüber der Arbeitskampffrei-

---

[472] *Gern,* DÖV 1986, S. 462, 467.

[473] Wie vor.

[474] Die Bedeutung des Intensitätsgrades der Beeinträchtigung für das Abwägungsergebnis betonen u. a. *Jakobs,* Verhältnismäßigkeit, S. 21 f., 26; *Wendt,* AöR 104 (1979), S. 414, 462 f.

[475] Vgl. *Gern,* DÖV 1986, S. 462, 465; gegen eine Mathematisierung des Abwägungsverfahrens *Larenz,* Festschrift Klingmüller, S. 235, 247 f.

[476] Zu den Schwierigkeiten der Bestimmung der Beeinträchtigungsintensität jüngst *Murswiek,* Verantwortung, S. 175 ff.

[477] Zur Aussagekraft der zeitlichen Dauer der Betroffenheit s. allg. *Jakobs,* Verhältnismäßigkeit, S. 22; *Murswiek,* Verantwortung, S. 177, und speziell für Warnstreiks *Seiter,* Anm. zu BAG, EzA Art. 9 GG Arbeitskampf Nr. 54, unter B II 2; *Scholz,* SAE 1985, S. 33, 38.

[478] Die Bedeutung der Ankündigung von Arbeitskämpfen für die Frage der Beeinträchtigungsintensität wird bei *Seiter,* Anm. zu BAG, EzA Art. 9 GG Arbeitskampf Nr. 54, unter B II 4, herausgestellt.

[479] Vgl. dazu auch *Birk,* Warnstreik, S. 50 f.; *Zöllner,* DB 1985, S. 2450, 2458.

[480] Zur Bedeutung der Notstands- und Erhaltungsarbeiten für die Beeinträchtigungsintensität *Oetker,* Erhaltungsarbeiten, S. 14 ff., 42 ff.

heit auszugehen ist. Diese Grenze muß, da nur ein eindeutiges Überwiegen der kampfbetroffenen Rechtsgüter und Interessen zur Disproportionalität einer Arbeitskampfmaßnahme führt, weit angelegt sein.

e) Zusammenfassende Bewertung

Der Grundsatz der Proportionalität, angewandt als Rechtmäßigkeitskriterium für den Einsatz von Arbeitskampfmitteln, erweist sich ohne nähere Abstimmung auf die Besonderheiten des Arbeitskampfrechts in seiner Handhabung als äußerst problematisch, weil zwei gewichtige Problempunkte einer praktikablen Handhabung des Grundsatzes im Arbeitskampfrecht als Rechtmäßigkeitsmaßstab entgegenstehen. Zum einen führt der Proportionalitätsgrundsatz in der Funktion eines Zulässigkeitsmaßstabes für Arbeitskampfmaßnahmen zu einer großen Rechtsunsicherheit für die Kampfparteien auf Kosten der verfassungsrechtlich garantierten Arbeitskampffreiheit. Zum anderen ergibt sich bei Anwendung dieses Grundsatzes als Rechtmäßigkeitskriterium für den Einsatz von Arbeitskampfmitteln ein nicht zu übersehendes Spannungsverhältnis zur Tarifautonomie. Es besteht die Gefahr, daß die Gerichte über den Grundsatz der Proportionalität eine unzulässige staatliche Tarifzensur ausüben.

Durch entsprechende, hier aufgezeigte zulässige Schritte bei dem Proportionalitätsprüfungsverfahren lassen sich zwar die beiden gewichtigen Probleme der Rechtsunsicherheit und der Gefahr der Tarifzensur weitgehend ausräumen, übrig bleibt dann aber für die Gerichte nur ein Rechtmäßigkeitsmaßstab, der sich auf die Aussonderung extremer Fälle der Rechtswidrigkeit bei Arbeitskampfmaßnahmem beschränkt. Nur in dieser eingeschränkten Funktion erscheint der Proportionalitätsgrundsatz für die arbeitskampfrechtliche Praxis brauchbar.

5. Abschließende Beurteilung von Handhabung und Praktikabilität des Verhältnismäßigkeitsgrundsatzes

Die vorangegangene Untersuchung hat gezeigt, daß der Grundsatz der Verhältnismäßigkeit als Zulässigkeitsmaßstab für Arbeitskampfmaßnahmen kein Rechtmäßigkeitsmerkmal darstellt, das sich problemlos in der arbeitskampfrechtlichen Praxis handhaben läßt. Vielmehr treten bei allen drei Teilgrundsätzen des Verhältnismäßigkeitsprinzips, aber auch bei dem zum selbständigen Rechtmäßigkeitsmerkmal „emanzipierten" ultima-ratio-Prinzip deutliche Schwierigkeiten auf, die einer Praktikabilität entgegenstehen. Entsprechende im Schrifttum geäußerte Zweifel an der Praktikabilität des Verhältnismäßigkeitsgrundsatzes sind deshalb im Ansatzpunkt auch nicht unberechtigt. Wer aber ein vollständiges Bild des Verhältnismäßigkeitsgrundsatzes im Arbeitskampfrecht zeichnen will, darf jedoch nicht übersehen, daß es die Möglichkeit gibt, durch zulässige „Feineinstellungen“ die auftretenden Schwierigkeiten bei allen Teilgrundsätzen des Verhältnismäßigkeitsprinzips hinreichend zu beseitigen.

Diese Feineinstellungen führen dazu, daß der Grundsatz der Verhältnismäßigkeit den Charakter eines rigiden, die Arbeitskampffreiheit stark einengenden Rechtmäßigkeitsgebotes abstreift. Nur in der Funktion eines Rechtmäßigkeitsmerkmals, das exzessive Arbeitskampfmaßnahmen als rechtswidrig zu sanktionieren hilft, ist der Grundsatz der Verhältnismäßigkeit für die arbeitskampfrechtliche Praxis brauchbar und von Nutzen. Für eine einschneidende Rechtmäßigkeitskontrolle von Arbeitskämpfen ist der Grundsatz der Verhältnismäßigkeit hingegen ungeeignet und nicht praktikabel.

Wird diesem hier festgestellten Befund von den Gerichten in ihrer Judikatur zum Verhältnismäßigkeitsgrundsatz Rechnung getragen, so besteht die Hoffnung, daß die scharfe Kritik an dem Verhältnismäßigkeitsgrundsatz in absehbarer Zukunft weitgehend verstummen wird.

Zusammenfassung

Der Große Senat des Bundesarbeitsgerichts hat mit seinem Beschluß vom 21. 4. 1971 den Grundsatz der Verhältnismäßigkeit als zentralen Rechtmäßigkeitsmaßstab für alle Arbeitskämpfe statuiert. Seit dieser Entscheidung steht der Verhältnismäßigkeitsgrundsatz mit seinen Teilprinzipien der Geeignetheit, der Erforderlichkeit und der Proportionalität im Kreuzfeuer der Kritik, wobei diese Kritik nicht nur von dem rechtswissenschaftlichen Schrifttum und den Gewerkschaften ausgeht, sondern auch aus den Reihen der Richterschaft artikuliert wird.

Eine Bestandsaufnahme der Entwicklung des Verhältnismäßigkeitsgrundsatzes im Arbeitskampfrecht läßt zwei große Problem- und Kritikfelder deutlich sichtbar werden. Zunächst ist da die Frage des „Ob“, die Frage, ob der Verhältnismäßigkeitsgrundsatz in der Funktion eines Rechtmäßigkeitsmaßstabes für Arbeitskämpfe Geltung beanspruchen kann.

In der Diskussion wird mit verschiedenen Argumenten versucht, die Geltung des vom Bundesarbeitsgericht statuierten Rechtmäßigkeitsgebotes der Verhältnismäßigkeit in Abrede zu stellen. Eine genauere Analyse zeigt jedoch, daß die Einführung des Verhältnismäßigkeitsgrundsatzes durch das Bundesarbeitsgericht als Akt richterlicher Rechtsfortbildung rechtlich nicht zu beanstanden ist. Zum einen besitzt das Bundesarbeitsgericht die Rechtsfortbildungskompetenz. Das Gericht ist nicht durch Gewaltenteilungs-, Rechtsstaats- und Demokratieprinzip gehindert, anstelle des aufgrund der politischen Gegebenheiten im Arbeitskampfrecht regelungsunfähigen Gesetzgebers selbst Rechtmäßigkeitskriterien für Arbeitskampfmaßnahmen aufzustellen. Zum anderen steht die Einführung des Verhältnismäßigkeitsgrundsatzes als Rechtsfortbildung auch inhaltlich im Einklang mit der Rechtsordnung. Sie widerspricht nicht den Vorgaben der Rechtsordnung, insbesondere kann kein Widerspruch zu dem das Arbeitskampfrecht entscheidend prägenden Art. 9 Abs. 3 GG sowie zu Funktion und Anwendungsbereich des Verhältnismäßigkeitsgrundsatzes festgestellt werden. Aus einer verfassungsrechtlichen Betrachtung läßt sich vielmehr der Schluß ziehen, daß das Verhältnismäßigkeitsprinzip im Arbeitskampfrecht verfassungsrechtlich geradezu geboten ist, will der Staat nicht selbst gegen das für ihn bindende Verfassungsprinzip der Verhältnismäßigkeit verstoßen.

Neben der Frage des „Ob“ steht das zweite große Problem- und Kritikfeld, die Frage des „Wie“, die Frage nach Handhabung und Praktikabilität des Verhältnismäßigkeitsgrundsatzes. Kann der Grundsatz für das Arbeitskampfrecht praktikabel gehandhabt werden? Ist der Grundsatz ein brauchbares Rechtmäßigkeitsmerkmal für Arbeitskämpfe? Welche Probleme stellen sich bei seiner Anwendung im Bereich des Arbeitskampfrechts? Welchen Nutzwert bringt der Verhältnismäßigkeitsgrundsatz für die arbeitskampfrechtliche Praxis?

Um hier juristisch vertretbare Aussagen zu treffen, ist es zunächst unerläßlich, den maßgeblichen Zweck, den „Bezugspunkt“, zu bestimmen, an dem Geeignetheits-, Erforderlichkeits- und Proportionalitätsprüfung auszurichten sind. Es gilt festzustellen, wozu, zur Erreichung welchen Zweckes Arbeitskämpfe geeignet, erforderlich und proportional sein müssen. Dieser zu eruierende Bezugspunkt besteht nicht in der Kampftaktik oder in der Parität, wie verschiedentlich in der Diskussion angenommen wird. Als Bezugspunkt kann nur derjenige Zweck in Betracht kommen, der allein zur rechtlichen Legitimation von Arbeitskämpfen führt. Da Arbeitskampfmaßnahmen nur dann rechtlich zulässig sind, wenn sie die Durchsetzung zulässiger tariflicher Regelungen bezwecken, kann der Bezugspunkt nur in der Durchsetzung zulässiger tariflicher Regelungen erblickt werden. Nur wenn Arbeitskampfmaßnahmen geeignet, erforderlich und proportional sind zur Durchsetzung zulässiger tariflicher Regelungen, genügen sie dem Verhältnismäßigkeitsgrundsatz.

Unter Verwendung des als richtig erkannten Bezugspunktes ergeben sich bei der Frage der Handhabung und Praktikabilität der einzelnen Teilgrundsätze im Rahmen der Überprüfung eines Kampfmitteleinsatzes nahezu identische Befunde. Sowohl bei der Handhabung des Geeignetheitsprinzips, des Erforderlichkeitsgrundsatzes einschließlich seiner speziellen Ausprägung im ultima-ratio-Prinzip als auch beim Grundsatz der Proportionalität treten erhebliche Schwierigkeiten auf, die die Praktikabilität der einzelnen Teilgrundsätze in Frage stellen. Bei allen Teilgrundsätzen lassen sich jedoch durch verschiedene Schritte diese Schwierigkeiten weitgehend ausräumen. Sei es, daß man bei der Geeignetheits- und Erforderlichkeitsprüfung eine ex-ante-Betrachtung unter Gewährung eines Beurteilungsspielraumes für die Kampfparteien vornimmt oder sich bei dem Grundsatz der Proportionalität unter anderem bemüht, im Interesse der Rechtssicherheit diesen Teilgrundsatz praktikabel zu konkretisieren.

Auch unter Berücksichtigung dieser Konkretisierung kann dem Grundsatz der Verhältnismäßigkeit als Rechtmäßigkeitsmaßstab für Arbeitskämpfe lediglich die Funktion zugesprochen werden, exzessive Arbeitskampfmaßnahmen als rechtswidrig auszusondern. Nur in dieser auf eine Exzeßkontrolle beschränkten Funktion erscheint der Verhältnismäßigkeitsgrundsatz praktikabel; als rigides Rechtmäßigkeitskriterium für Arbeitskämpfe hingegen eignet sich der Grundsatz nicht.

Literaturverzeichnis*

Alexy, Robert: Theorie der *Grundrechte,* Baden-Baden 1985

Alternativkommentar zum Grundgesetz, Bd. 1, Neuwied, Darmstadt 1984

Ammann, Jörg Erik: Zum *Streikrecht* der Rundfunkmitarbeiter, Diss. Mainz 1981

Assmann, Heinz-Dieter: Gläubigerschutz im faktischen GmbH-Konzern durch richterliche Rechtsfortbildung – Teil 1, JZ 1986, S. 881

Auffarth, Fritz: Der gegenwärtige Stand des Arbeitskampfrechts in der Bundesrepublik Deutschland unter besonderer Berücksichtigung des Streikrechts, RdA 1977, S. 129

Auffermann, Peter: Der Grundsatz der *Verhältnismäßigkeit* im Arbeits- und Sozialversicherungsrecht, Diss. Würzburg 1975

Badura, Peter: Die Tarifautonomie im Spannungsfeld von Gemeinwohlerfordernissen und kollektiver Interessenwahrung, AÖR 104 (1979), S. 246

— Verfassungsfragen des nicht koalitionsmäßigen Streiks, DB 1985, Beilage Nr. 14

— Staatsrecht, München 1986

Bauer, Jobst-Hubertus/*Röder,* Gerhard: Streik ohne Urabstimmung?, DB 1984, S. 1096

Becker, Hans Joachim: Das verfassungsmäßige Prinzip der Verhältnismäßigkeit, SchlHA 1977, S. 161

Benda, Ernst: Das Arbeitskampfrecht in der Rechtsordnung der Bundesrepublik Deutschland, RdA 1986, S. 143

Bertelsmann, Klaus: Aussperrung, Berlin 1979

Bieback, Karl-Jürgen: Der Warnstreik im System des Arbeitskampfrechts, AuR 1983, S. 361

Binkert, Gerhard: Gewerkschaftliche Boykottmaßnahmen und Arbeitskampfordnung, AuR 1979, S. 234

— Gewerkschaftliche *Boykottmaßnahmen* im System des Arbeitskampfrechts, Berlin 1981

Birk, Rolf: Boykott und einstweilige Verfügung im grenzüberschreitenden Arbeitskampf, AuR 1974, S. 289

— Die Rechtmäßigkeit gewerkschaftlicher *Unterstützungskampfmaßnahmen,* Stuttgart 1978 (Rechtsgutachten erstattet für die Gewerkschaft ÖTV)

— Der gewerkschaftliche *Warnstreik* im öffentlichen Dienst, Stuttgart 1985 (Rechtsgutachten erstattet für die Gewerkschaft ÖTV)

* Auf die Angabe der Untertitel wurde überwiegend verzichtet.

Blaesing, Heiner: Grundrechtskollisionen, Diss. Bochum 1974

Blomeyer, Wolfgang: Die Entwicklung des arbeitsrechtlichen Schrifttums im Jahre 1974, ZfA 1975, S. 243

— Das Übermaßverbot im Betriebsverfassungsrecht, Festschrift für das BAG, München 1979, S. 17

Bobke, Manfred H.: Richterrechtliche Grenzen des Arbeitskampfes, AuR 1982, S. 41

Bobke, Manfred H./*Grimberg,* Herbert: Der gewerkschaftliche *Warnstreik* im Arbeitskampfrecht, Köln 1983

Böckenförde, Ernst-Wolfgang: *Gesetz* und gesetzgebende Gewalt, 2. Aufl., Berlin 1981

Braun, Wilfried: Offene Kompetenznormen - ein geeignetes und zulässiges Regulativ im Wirtschaftsverwaltungsrecht?, VerwArch. 76 (1985), S. 24, 158

Breuer, Rüdiger: Legislative und administrative Prognoseentscheidungen, Staat 1977, S. 21

Brodmann, Jörg: *Arbeitskampf* und Pressefreiheit, Berlin 1982

Brox, Hans/*Rüthers,* Bernd: Arbeitskampfrecht, 2. Aufl., Stuttgart, Berlin, Köln, Mainz 1982

Buchner, Herbert: Anmerkung zu KG, EzA Art. 9 GG Arbeitskampf Nr. 17

— Das Arbeitskampfrecht unter den Anforderungen der Verhandlungsparität und der Staatsneutralität, RdA 1986, S. 7

— Das Arbeitskampfrecht im Medienbereich - eine Sonderform des allgemeinen Arbeitskampfrechts? RdA 1987, S. 209

Bürck, Harald: Die Mitwirkung der Beteiligten bei der Sachaufklärung im sozialgerichtlichen Verfahren, DÖV 1982, S. 223

Buschmann, Rudolf: Konsequenzen für den Arbeitskampf, Nachlese der Aussperrungsentscheidungen vom 10. Juni 1980 und vom 22. Dezember 1980, BlStSozArbR 1981, S. 97

Bydlinski, Franz: Hauptpositionen zum Richterrecht, JZ 1985, S. 149

Canaris, Claus-Wilhelm: Grundrechte und Privatrecht, AcP 184 (1984), S. 201

Däubler, Wolfgang: Der *Streik* im öffentlichen Dienst, 2. Aufl., Tübingen 1971

— Die unverhältnismäßige Aussperrung - BAG (GS) AP, Art. 9 GG - Arbeitskampf - Nr. 43, JuS 1972, S. 642

— Das Grundrecht auf Streik - eine Skizze, ZfA 1973, S. 201

— Perspektiven des Arbeitskampfrechts, AuR 1982, S. 361

— *Neue Beweglichkeit* im öffentlichen Dienst? Der gewerkschaftliche Warnstreik als Rechtsproblem, Stuttgart 1984 (Rechtsgutachten erstattet für die Gewerkschaft ÖTV)

— (Hrsg.): Arbeitskampfrecht, 2. Aufl., Baden-Baden 1987

— Das *Arbeitsrecht 1,* Hamburg 1985

Däubler, Wolfgang/*Hege,* Hans: Koalitionsfreiheit, Baden-Baden 1976

Degener, Wilhelm: Grundsatz der *Verhältnismäßigkeit* und strafprozessuale Zwangsmaßnahmen, Berlin 1985

Degenhart, Christoph: Staatsrecht I, Heidelberg 1984

Dieterich, Thomas: Die Kodifikation des Arbeitskampfrechts, RdA 1978, S. 329

— Methodische Bemerkungen zu den Aussperrungsurteilen des Bundesarbeitsgerichts vom 16. Juni 1980, Festschrift für Wilhelm Herschel, München 1982, S. 37

— Freiheit und Bindung des Richters, RdA 1986, S. 2

Dilcher, Hermann: Besteht für die Notwehr nach § 227 BGB das Gebot der Verhältnismäßigkeit oder ein Verschuldenserfordernis?, Festschrift für Heinz Hübner, Berlin, New York 1984, S. 443

Drews, Bill/*Wacke,* Gerhard/*Vogel,* Klaus/*Martens,* Wolfgang: Gefahrenabwehr, 9. Aufl., Köln, Berlin, Bonn, München 1986

Dütz, Wilhelm: Die Grenzen von Aussperrung und arbeitskampfbedingter Entgeltverweigerung nach Risiko-Prinzipien und Kurzarbeitsregeln, DB 1979, Beilage Nr. 14

— Anmerkung zu LAG Bad.-Württ., EzA Art. 9 GG Arbeitskampf Nr. 27

Eichmanns, Max: Der Grundsatz der Kampfparität - der augenblickliche Stand der Debatte, RdA 1977, S. 135

Fastenrath, Ulrich: Gewaltenteilung - ein Überblick, JuS 1986, S. 194

Franke, Christian/*Geraats,* Herbert: Zulässigkeit von politisch motivierten Arbeitskampfmaßnahmen?, DB 1986, S. 965

Friauf, Karl Heinrich: Die verfassungsrechtlichen Vorgaben einer gesetzlichen oder tarifvertraglichen Arbeitskampfordnung, RdA 1986, S. 188

Frowein, Jochen Abr.: Zur völkerrechtlichen und verfassungsrechtlichen Gewährleistung der *Aussperrung,* Tübingen 1976

Gallwas, Hans-Ullrich: Faktische *Beeinträchtigungen* im Bereich der Grundrechte, Berlin 1970

Gamillscheg, Franz: Arbeitsrecht II, 6. Aufl., München 1984

Geffken, Rolf: Anmerkung, DuR 1974, S. 329

— *Seeleutestreik* und Hafenarbeiterboykott, Marburg 1979

Gelder, Alfons van: Ein neues Arbeitskampfrecht?, AuR 1972, S. 97

Gentz, Manfred: Zur Verhältnismäßigkeit von Grundrechtseingriffen, NJW 1968, S. 1600

— Brauchen wir ein neues Tarif- und Arbeitskampfrecht?, NZA 1985, S. 305

Gerhardt, Michael: Das *Koalitionsgesetz,* Berlin 1977

Germelmann, Claas-Hinrich: Theorie und *Geschichte des Streikrechts,* Darmstadt 1980

Gern, Alfons: Güterabwägung als Auslegungsprinzip des öffentlichen Rechts, DÖV 1986, S. 462

Gitter, Wolfgang/*Heinze,* Meinhard: Die Entwicklung des Arbeitsrechts im Jahre 1971, ZfA 1973, S. 29

Götz, Volkmar: Die Entwicklung des allgemeinen Polizei- und Ordnungsrechts (1981 bis 1983), NVwZ 1984, S. 211

— Allgemeines Polizei- und *Ordnungsrecht,* 8. Aufl., Göttingen 1985

Grabitz, Eberhard: Der Grundsatz der Verhältnismäßigkeit in der Rechtsprechung des Bundesverfassungsgerichts, AÖR 98 (1973), S. 568

Grunsky, Wolfgang: Abwehraussperrung und Allgemeininteresse im Arbeitskampf, ZRP 1976, S. 129

Hall, Karl-Heinrich/*Peter,* Christoph: Dissenting opinion, Pressefreiheit und Strafverfolgungsinteresse – BVerfGE 20, 162, JuS 1967, S. 355

Hanau, Peter: Die Entscheidungsfreiheit des Richters im Recht der Arbeitnehmerhaftung, Festschrift für Heinz Hübner, Berlin, New York 1984, S. 467

Haverkate, Görg: *Rechtsfragen* des Leistungsstaats (Verhältnismäßigkeitsgebot und Freiheitsschutz im leistenden Staatshandeln), Tübingen 1983

Heckelmann, Dieter: Die Entwicklung des arbeitsrechtlichen Schrifttums im Jahre 1972, ZfA 1973, S. 425

Heinze, Meinhard: Anmerkung, SAE 1983, S. 224

— Drittwirkungen von Arbeitskämpfen im Medienbereich, RdA 1987, S. 225

Hesse, Konrad: Grundrechte, Bestand und Bedeutung, *Handbuch des Verfassungsrechts* der Bundesrepublik Deutschland, Berlin, New York 1983, S. 79

— *Grundzüge* des Verfassungsrechts der Bundesrepublik Deutschland, 15. Aufl., Heidelberg 1985

Hettlage, Manfred C.: Arbeitskämpfe im rechtlichen Niemandsland?, BB 1985, S. 2253

Hinkel, Reinhard: Zur Situation der kommunalen Selbstverwaltung, NVwZ 1985, S. 225

Hirschberg, Lothar: Der Grundsatz der *Verhältnismäßigkeit,* Göttingen 1981

Hörl, Henner: *Sozialadäquanz* und Arbeitskämpfe, Diss. Würzburg 1970

Hoffmann, Reinhard: Beamtenstreik und Verfassungsverständnis vom Sozialstaat, KJ 1971, S. 45

— Der Grundsatz der Parität und die Zulässigkeit der Aussperrung, in: Kittner (Hrsg.), Streik und Aussperrung, Frankfurt a. M. 1974, S. 47

Hoffmann, Wolfgang: Inhalt und Grenzen der Demonstrationsfreiheit nach dem Grundgesetz, JuS 1967, S. 393

Holzlöhner, Helmut: Die Grundsätze der Erforderlichkeit und *Verhältnismäßigkeit* als Prinzipien des Strafverfahrens, Diss. Kiel 1968

Hotz, Werner Friedrich: Zur Notwendigkeit und *Verhältnismäßigkeit* von Grundrechtseingriffen, Diss. Zürich 1977

Hoyningen-Huene, Gerrick von: Rechtsfortbildung im Arbeitsrecht als Vorreiter und Vorbild?, BB 1986, S. 2133

— Rechtmäßigkeitsvoraussetzungen aktueller Arbeitskampfmittel der Gewerkschaften, JuS 1987, S. 505

Hromadka, Wolfgang: Tariffibel: Tarifvertrag, Tarifverhandlungen, Schlichtung, Arbeitskampf, 2. Aufl., Köln 1985

Huber, Günter: Das Problem der verfassungsrechtlichen Gewährleistung der *Aussperrung,* Frankfurt a. M., Bern 1983

Hubmann, Heinrich: Grundsätze der Interessenabwägung, AcP 155 (1956), S. 85

Hueck, Alfred/*Nipperdey,* Hans Carl/*Säcker,* Franz Jürgen: Lehrbuch des *Arbeitsrechts,* Bd. II, 2. Halbbd., 7. Aufl., Berlin, Frankfurt a. M. 1970

Ihlefeld, Andreas: Anmerkung, AuR 1978, S. 61

Ipsen, Jörn: *Richterrecht* und Verfassung, Berlin 1975

— Verfassungsrechtliche Schranken des Richterrechts, DVBl 1984, S. 1102

Isele, Hellmut Georg: Zur Problematik des Streiks in Versorgungsbetrieben, Festschrift für Ludwig Schnorr von Carolsfeld, Köln, Berlin, Bonn, München 1972, S. 219

Jacob, Karin: Grenzen des Arbeitskampfrechts im *Staatsnotstand,* Berlin 1985

Jakobs, Michael Chr.: Der Grundsatz der Verhältnismäßigkeit, DVBl 1985, S. 97

— Der Grundsatz der *Verhältnismäßigkeit,* Köln, Berlin, Bonn, München 1985

Jesch, Dietrich: *Gesetz* und Verwaltung, 2. Aufl., Tübingen 1968

Joachim, Hans G.: Ist der Grundsatz der Verhältnismäßigkeit ein geeignetes Kriterium für die rechtliche Erfassung des Phänomens „Arbeitskampf"?, AuR 1973, S. 289

Kalb, Heinz-Jürgen: Arbeitskampfrecht, Darmstadt 1986

Kirchhof, Paul: Richterliche Rechtsfindung, gebunden an „Gesetz und Recht", NJW 1986, S. 2275

Kirchner, Dieter: Möglichkeiten und Grenzen der tarifvertraglichen Gestaltung des Arbeitskampfes, RdA 1986, S. 159

Kisker, Gunter: Der Arbeitskampf im Medienbereich aus der Sicht der Art. 5 Abs. 1 und 9 Abs. 3 des Grundgesetzes, RdA 1987, S. 194

Kissel, Otto Rudolf: Das Bundesarbeitsgericht - vom Gesetzgeber allein gelassen?, AuR 1982, S. 137

— Grenzen der rechtsprechenden Gewalt, NJW 1982, S. 1777

— Der Respekt vor der Tarifautonomie, FAZ vom 15. 12. 1984, Nr. 284, S. 16

— Das Spannungsfeld zwischen Betriebsvereinbarung und Tarifvertrag, NZA 1986, S. 73

Kittner, Michael: Parität im Arbeitskampf?, GewMH 1973, S. 91

— (Hrsg.): Streik und Aussperrung, Frankfurt a. M. 1974

Klein, Harald: *Koalitionsfreiheit* im pluralistischen Sozialstaat, Königstein/Ts. 1979

Kloepfer, Michael: Der Vorbehalt des Gesetzes im Wandel, JZ 1984, S. 685

— Arbeitsgesetzgebung und Wesentlichkeitstheorie, NJW 1985, S. 2497

Knemeyer, Franz-Ludwig: Polizei- und *Ordnungsrecht,* 2. Aufl., München 1985

Koch, Hans-Joachim/*Rüssmann,* Helmut: Juristische *Begründungslehre,* München 1982

Koller, Ingo: Die Entwicklung des arbeitsrechtlichen Schrifttums im Jahre 1979, ZfA 1980, S. 521

Konzen, Horst: Der Arbeitskampf im Verfassungs- und Privatrechtssystem, AcP 177 (1977), S. 473

— Anmerkung, SAE 1977, S. 235

— Anmerkung, SAE 1980, S. 21

— Koalitionsfreiheit und gewerkschaftliche Werbung im Betrieb, ArbRGegw 18 (1980), S. 19

— Parität, Übermaßverbot und Aussperrungsquoten, Jura 1981, S. 585

— Aussperrungsquoten und Druckgewerbe, AfP 1984, S. 1

— Anmerkung, SAE 1986, S. 57

— Europäische Sozialcharta und ultima-ratio-Prinzip, JZ 1986, S. 157

Konzen, Horst/*Scholz,* Rupert: Die begrenzte Aussperrung, DB 1980, S. 1593

Kraft, Alfons: Anmerkung, SAE 1980, S. 297

Krauss, Rupprecht von: Der Grundsatz der *Verhältnismäßigkeit* in seiner Bedeutung für die Notwendigkeit des Mittels im Verwaltungsrecht, Hamburg 1955

Krebs, Walter: Zum aktuellen Stand der Lehre vom Vorbehalt des Gesetzes, Jura 1979, S. 304

Krejci, Heinz: *Aussperrung,* Verfassungs- und Privatrechtsfragen nach deutschem Recht, Wien 1980

Krey, Volker: Rechtsfindung contra legem als Verfassungsproblem, JZ 1978, S. 465

Kriele, Martin: Vorbehaltslose Grundrechte und die Rechte anderer, JA 1984, S. 629

Küttner, Wolfdieter/*Schlüpers-Oehmen,* Reinhold: Zulässigkeit von Arbeitskampfmaßnahmen in Rundfunkanstalten, AfP 1980, S. 80

Langheineken, Uwe: Der Grundsatz der *Verhältnismäßigkeit* in der Rechtsprechung des Bundesverfassungsgerichts, unter besonderer Berücksichtigung der Judikatur zu Art. 12 Abs. 1 Satz 2 GG, Diss. Freiburg i. Br. 1972

Larenz, Karl: Methodische Aspekte der „Güterabwägung", Festschrift für Ernst Klingmüller, Karlsruhe 1974, S. 235

— *Methodenlehre* der Rechtswissenschaft, 5. Aufl., Berlin, Heidelberg, New York, Tokyo 1983

Leipold, Dieter: Die Entwicklung des arbeitsrechtlichen Schrifttums im Jahre 1975, ZfA 1976, S. 273

Lerche, Peter: *Übermaß* und Verfassungsrecht, Köln, Berlin, München, Bonn 1961

Lieb, Manfred: Gedanken zur Aussperrung, DB 1980, S. 2188

— Die Zulässigkeit von Demonstrations- und Sympathiearbeitskämpfen – zugleich ein Beitrag zur Rechtslage bei unklarem Kampfziel, ZfA 1982, S. 113

— Zur Zulässigkeit kampfgebietsausweitender Aussperrungen (Überlegungen über den Umfang arbeitskampftaktischer Spielräume auf Arbeitgeberseite), DB 1984, Beilage Nr. 12

— Arbeitsrecht, 3. Aufl., Heidelberg 1984

— Zum Verhältnis von Rechtsordnung und Arbeitskampf, NZA 1985, S. 265

Lingemann, Michael: Die *Gefahrenprognose* als Basis eines polizeilichen Beurteilungsspielraumes?, Diss. Bochum 1985

Lisken, Hans: Richterrecht statt Arbeitskampfgesetz?, ZRP 1985, S. 264

Löwisch, Manfred: Das Übermaßverbot im Arbeitskampfrecht, ZfA 1971, S. 319

— Empfiehlt es sich, die Geltung des Ultima-Ratio-Grundsatzes im Arbeitskampfrecht gesetzlich zu regeln?, ZfA 1985, S. 53

Löwisch, Manfred/*Mikosch,* Ernst: Erhaltungsarbeiten im Arbeitskampf, ZfA 1978, S. 153

Loos, Alexander: *Arbeitskampfhilfeabkommen* der Arbeitgeberseite im Schnittpunkt von Wettbewerbsrecht und Arbeitsrecht. Zugleich ein Beitrag zur arbeitskampfrechtlichen Sozialpartnerparität und zum Übermaßverbot im Arbeitskampf, Diss. Marburg 1979

Loritz, Karl-Georg: Das Bundesarbeitsgericht und die „Neue Beweglichkeit", ZfA 1985, S. 185

Mager, Ernst-Günther: Zur neueren Rechtsprechung des Bundesarbeitsgerichts zum Arbeitskampfrecht, ArbRGegw 15 (1977), S. 75

Mangoldt, Hermann von/*Klein,* Friedrich: Das Bonner *Grundgesetz,* Bd. 1, 3. Aufl., München 1985

Maunz, Theodor/*Dürig,* Günter: Grundgesetz, Kommentar, München, Stand Mai 1986 (Loseblatt)

Maunz, Theodor/*Zippelius,* Reinhold: Deutsches *Staatsrecht,* 26. Aufl., München 1985

Mayer-Maly, Theo: Aussperrung und Parität, DB 1979, S. 95

— Die Bedeutung des Grundsatzes der Verhältnismäßigkeit für das kollektive Arbeitsrecht, ZfA 1980, S. 473

— Der Warnstreik, BB 1981, S. 1774

— Anmerkung zu BAG, AP Nr. 84 zu Art. 9 GG Arbeitskampf

— Über die der Rechtswissenschaft und der richterlichen Rechtsfortbildung gezogenen Grenzen, JZ 1986, S. 557

Metzner, Richard: Das *Verbot der Unverhältnismäßigkeit* im Privatrecht, Diss. Erlangen-Nürnberg 1970

Moritz, Klaus: Funktionsgrenzen von Richterrecht am Beispiel der Grundsatzrechtsprechung des Bundesarbeitsgerichts, RdA 1977, S. 197

Mückenberger, Ulrich: Der Arbeitskampf als staatlich inszeniertes Ritual, BlStSozArbR 1980, S. 241

Müller, Friedrich: *Normstruktur* und Normativität, Berlin 1966

— Die *Einheit* der Verfassung, Berlin 1979

Müller, Gerhard: Das Arbeitskampfrecht im Beschluß des Großen Senats des Bundesarbeitsgerichts vom 21. April 1971, RdA 1971, S. 321

— Fragen zum Arbeitskampfrecht nach dem Beschluß des Großen Senats des Bundesarbeitsgerichts vom 21. April 1971, GewMH 1972, S. 273

— Überlegungen zu Streik und Aussperrung in Anknüpfung an Aussagen des Bundesarbeitsgerichts, DB 1981, Beilage Nr. 7

— Die Grundlagen des deutschen Arbeitskampfrechts, DB 1982, Beilage Nr. 16

— Überlegungen zum ultima-ratio-Prinzip im Blick auf die Europäische Sozialcharta, DB 1984, S. 2692

— *Arbeitskampf* und Arbeitsrecht, insbesondere die Neutralität des Staates und verfahrensrechtliche Fragen, 1985 (Rechtsgutachten erstattet für den Bundesminister für Arbeit und Sozialordnung)

Müller, Hans Peter: Aussperrung und Verhältnismäßigkeit, DB 1980, S. 1694

Münch, Ingo von: Verfassungsrechtliche Grundlagen des Arbeitskampfrechts, Jura 1979, S. 25

Murswiek, Dietrich: Die staatliche *Verantwortung* für die Risiken der Technik, Berlin 1985

Nierhaus, Michael: Zur gerichtlichen Kontrolle von Prognoseentscheidungen der Verwaltung, DVBl 1977, S. 19

Nieuwland, Herwig van: Darstellung und Kritik der Theorien der immanenten *Grundrechtsschranken,* Diss. Göttingen 1981

Noll, Peter: Gesetzgebungslehre, Hamburg 1973

Oetker, Hartmut: Die Durchführung von Not- und *Erhaltungsarbeiten* bei Arbeitskämpfen, Heidelberg 1984

Ossenbühl, Fritz: Der polizeiliche Ermessens- und Beurteilungsspielraum, DÖV 1976, S. 463

— Die Kontrolle von Tatsachenfeststellungen und Prognoseentscheidungen durch das Bundesverfassungsgericht, Festgabe BVerfG, Bd. I, Tübingen 1976, S. 458

— „Zumutbarkeit als Verfassungsmaßstab", Festgabe zum 10jährigen Jubiläum der Gesellschaft für Rechtspolitik, München 1984, S. 315

Pachtenfels, Jürgen: Der Grundsatz der Verhältnismäßigkeit im arbeitsvertraglichen Kündigungsrecht, BB 1983, S. 1479

Pachtner, Bernd: *Streik* und Allgemeininteresse, Diss. München 1971

Pahlen, Ronald: Der Grundsatz der *Verhältnismäßigkeit* und die Erstattung von Schulungskosten nach dem BetrVG 72, Berlin 1979

Pawlowski, Hans-Martin: *Methodenlehre* für Juristen, Heidelberg, Karlsruhe 1981

Peter, Manfred: Gedanken zu dem Ruf nach dem Gesetzgeber im Arbeitsrecht, RdA 1985, S. 337

Pfarr, Heide M./*Brandt,* Hermann: Zur Geltung des Verhältnismäßigkeitsgrundsatzes bei Streik und Aussperrung, AuR 1981, S. 325

Picker, Eduard: Ultima-ratio-Prinzip und Tarifautonomie, RdA 1982, S. 331

— Der *Warnstreik* und die Funktion des Arbeitskampfes in der Privatrechtsordnung, Köln, Berlin, Bonn, München 1983

— Verhandlungsbegleitende Arbeitskämpfe - Ein Epilog zum Warnstreik, DB 1985, Beilage Nr. 7

Pieroth, Bodo/*Schlink,* Bernhard: *Grundrechte,* Staatsrecht II, Heidelberg 1985

Pietzcker, Jost: Artikel 12 Grundgesetz - Freiheit des Berufs und Grundrecht der Arbeit, NVwZ 1984, S. 550

Plander, Harro: Der Staat als Hoheitsträger und Tarifvertragspartei im Rollenkonflikt, AuR 1986, S. 65

Pohl, Ottmar: Ist der Gesetzgeber bei Eingriffen in die Grundrechte an den Grundsatz der *Verhältnismäßigkeit* gebunden?, Diss. Köln 1959

Raiser, Thomas: Die *Aussperrung* nach dem Grundgesetz, Berlin 1975

— Der Kampf um die Aussperrung, ZRP 1978, S. 201

— Richterrecht heute, ZRP 1985, S. 111

— Die arbeitsrechtlichen Grundlagen des Arbeitskampfes im Medienbereich, RdA 1987, S. 201

Ramm, Thilo: Das Koalitions- und *Streikrecht* der Beamten, Köln 1970

Ramsauer, Ulrich: Die Bestimmung des Schutzbereichs von Grundrechten nach dem Normzweck, VerwArch. 72 (1981), S. 89

Randerath, Michael: Die *Kampfkündigung* des Arbeitgebers im kollektiven Arbeitskampfsystem, Bonn 1983

Ratajczak, Thomas: Die *Änderungskündigung* des Arbeitgebers, Heidelberg 1984

Rebel, Wolfgang: Die Zulässigkeit des Warnstreiks, RdA 1979, S. 207

Reichel, Hans: Tarifvertragsgesetz, Kommentar, Frankfurt a. M., Stand Februar 1986 (Loseblatt)

Ress, Reorg: Der Grundsatz der Verhältnismäßigkeit im deutschen Recht, in: Kutscher, Ress, Teitgen, Ermacora, Ubertazzi, Der Grundsatz der *Verhältnismäßigkeit* in europäischen Rechtsordnungen, Heidelberg 1985, S. 5

Reuß, Wilhelm: Das neue Arbeitskampfrecht, AuR 1971, S. 353

— Die Unzulässigkeit gerichtlicher Tarifzensur, AuR 1975, S. 289

— Streikrecht und Aussperrungsrecht, AuR 1976, S. 97

Reuter, Dieter: Nochmals: Die unverhältnismäßige Aussperrung - BAG (GS) AP, Art. 9 GG - Arbeitskampf - Nr. 43, JuS 1973, S. 284

— Die Entwicklung des arbeitsrechtlichen Schrifttums im Jahre 1973, ZfA 1974, S. 235

— „Streik und Aussperrung“, RdA 1975, S. 275

— Die Arbeitskampffreiheit in der Verfassungs- und Rechtsordnung der Bundesrepublik Deutschland, Festschrift für Franz Böhm, Tübingen 1975, S. 521

— Die unfaßbare „Neue Beweglichkeit“, JuS 1986, S. 19

Richardi, Reinhard: Die Verhältnismäßigkeit von Streik und Aussperrung, NJW 1978, S. 2057

— Die *Grenzen* der Zulässigkeit des Streiks, Bielefeld 1980

— Arbeitskampfbegriff und Arbeitskampfrecht, Festschrift für Ernst Wolf, Köln, Berlin, Bonn, München 1985, S. 549

— Selbstgestaltung der Arbeitskampfordnung durch Tarifvertrag und Verbandssatzung, RdA 1986, S. 146

Rodenbeck, Günter: *Streiks* in lebenswichtigen Betrieben, Diss. Kiel 1976

Rösner, Hans Jürgen: Kommt die Wende im Arbeitskampfrecht?, Wirtschaftsdienst 1985, S. 552

Rüfner, Wolfgang: Zur Gemeinwohlbindung der Tarifvertragsparteien, RdA 1985, S. 193

Rüthers, Bernd: *Streik* und Verfassung, Köln 1960

— Die Entwicklung des Arbeitskampfrechts unter besonderer Berücksichtigung der Rechtsprechung des Bundesarbeitsgerichts, ArbRGegw 10 (1972), S. 23

— „Tarifautonomie und Schlichtungszwang", Gedächtnisschrift für Rolf Dietz, München 1973, S. 299

— Arbeitskampf und Pressefreiheit, AfP 1977, S. 305

— Rechtsprobleme der *Aussperrung,* Berlin 1980

— Anmerkung zu BAG, EzA Art. 9 GG Arbeitskampf Nr. 36, 37, 38

— Die Kontrolle der sozialen Koalitionen (Gewerkschaften und Arbeitgeberverbände) durch Verwaltung und Rechtsprechung, ZfA 1982, S. 237

— Die offene *Arbeitsgesellschaft,* Zürich 1985

— Zum Gesetzgebungsauftrag im Arbeitskampfrecht, NZA 1986, S. 11

— Rezension: Karin Jacob, Grenzen des Arbeitskampfrechts im Staatsnotstand, DÖV 1986, S. 164

Rupp, Hans-Heinrich: *Grundfragen* der heutigen Verwaltungslehre, Tübingen 1965

Säcker, Franz Jürgen: *Gruppenautomonie* und Übermachtkontrolle im Arbeitsrecht, Berlin 1972

— Zu den rechtspolitischen Grundlagen der Arbeitskampf-Entscheidung des Bundesarbeitsgerichts vom 21. April und 26. Oktober 1971, GewMH 1972, S. 287

— Die Institutions- und Betätigungsgarantie der Koalitionen im Rahmen der Grundrechtsordnung, ArbRGegw Bd. 12 (1974), S. 17

— Zur *Rechtmäßigkeit des Boykotts* von Außenseiter-Reedereien zum Zwecke des Abschlusses von Anschluß-Tarifverträgen (Rechtsgutachten erstattet für die Gewerkschaft ÖTV)

Schäuble, Paul B.: Widerrechtlicher *Streik* und Abwehraussperrung, Frankfurt a. M., Bern, New York 1983

Schlüter, Wilfried: Das *Obiter Dictum,* München 1973

Schmidt, Eberhard: Der Strafprozeß, NJW 1969, S. 1137

Schmidt-Preuß, Matthias: Abschied von der Aussperrungsarithmetik, BB 1986, S. 1093

Schnapp, Friedrich E.: Grenzen der Grundrechte, JuS 1978, S. 729

— Die Verhältnismäßigkeit des Grundrechtseingriffs, JuS 1983, S. 850

Schneider, Hans: Zur Verhältnismäßigkeits-Kontrolle insbesondere bei Gesetzen, Festgabe BVerfG, Bd. II, Tübingen 1976, S. 390

Schneider, Hans-Peter: Die Gesetzmäßigkeit der Rechsprechung. Zur Bindung des Richters an Gesetz und Verfassung, DÖV 1975, S. 443

Schneider, Harald: Die *Güterabwägung* des Bundesverfassungsgerichts bei Grundrechtskonflikten, Baden-Baden 1979

Schönke, Adolf/*Schröder,* Horst: Strafgesetzbuch, 22. Aufl., München 1985

Scholz, Rupert: Die Koalitionsfreiheit als Verfassungsproblem, München 1971

— Koalitionsrecht und „Neue Beweglichkeit" im Arbeitskampf, SAE 1985, S. 33

— Grundgesetzliche Arbeitsverfassung - Grundlagen und Herausforderungen, DB 1987, S. 1192

Scholz, Rupert/*Konzen,* Horst: Die *Aussperrung* im System von Arbeitsverfassung und kollektivem Arbeitsrecht, Berlin 1980

Schwabe, Jürgen: Probleme der *Grundrechtsdogmatik,* Darmstadt 1977

Schwerdtner, Peter: Fürsorge- und Treuepflichten im Gefüge des Arbeitsverhältnisses oder: Vom Sinn und Unsinn einer Kodifikation des Allgemeinen Arbeitsvertragsrechts, ZfA 1979, S. 1

— Teilnahme am rechtmäßigen Streik als Vertragsbruch?, Jura 1985, S. 19

Seiter, Hugo: *Streikrecht* und Aussperrungsrecht, Tübingen 1975

— Die Aussperrung nach dem Grundgesetz, JZ 1978, S. 413

— Arbeitskampfparität und *Übermaßverbot* unter besonderer Berücksichtigung des „Boykotts" in der deutschen Seeschiffahrt, Düsseldorf 1979

— Die Rechtsgrundlagen der suspendierenden Abwehraussperrung, JA 1979, S. 337

— Der Warnstreik im System des Arbeitskampfrechts, Festschrift für das BAG, München 1979, S. 583

— Zwischenbilanz im Kampf um die Aussperrung, NJW 1980, S. 905

— Die neue Aussperrungsrechtsprechung des Bundesarbeitsgerichts, RdA 1981, S. 65

— Die Rechtsprechung des Bundesverfassungsgerichts zu Art. 9 Abs. 3 GG, AÖR 109 (1984), S. 88

— Aussperrung im Druckgewerbe, AfP 1985, S. 186

— Das schwierige Gleichgewicht, FAZ vom 2. 3. 1985, Nr. 52, S. 15

— Anmerkung zu BAG, EzA Art. 9 GG Arbeitskampf Nr. 54

— Zur Gestaltung der Arbeitskampfordnung durch den Gesetzgeber, RdA 1986, S. 165

Sendler, Horst: Wer gefährdet wen: Eigentum und Bestandsschutz den Umweltschutz - oder umgekehrt?, UPR 1983, S. 33

Söllner, Alfred: Grundriß des *Arbeitsrechts,* 8. Aufl., München 1984

Sölter, Arno: Arbeitslosigkeit und *Tarifautonomie,* Stuttgart 1985

Stern, Klaus: Das *Staatsrecht* der Bundesrepublik Deutschland, Bd. I, 2. Aufl., München 1984

Stettner, Rupert: Die Verpflichtung des Gesetzgebers zu erneutem Tätigwerden bei fehlerhafter Prognose, DVBl 1982, S. 1123

Tettinger, Peter J.: *Rechtsanwendung* und gerichtliche Kontrolle im Wirtschaftsverwaltungsrecht, München 1980

— Grundlinien der Koalitionsfreiheit nach Art. 9 Abs. 3 GG, Jura 1981, S. 1

— Überlegungen zu einem administrativen »Prognosespielraum«, DVBl 1982, S. 421

Umbach, Dieter C.: Das Wesentliche an der Wesentlichkeitstheorie, Festschrift Hans-Joachim Faller, München 1984, S. 111

Wagner, Klaus-R.: Voraussetzungen und Grenzen rechtsfortbildenden Richterrechts, BB 1986, S. 465

Wank, Rolf: Grenzen richterlicher *Rechtsfortbildung,* Berlin 1978

— Die verfassungsgerichtliche Kontrolle der Gesetzesauslegung und Rechtsfortbildung durch die Fachgerichte, JuS 1980, S. 545

— Die freien Mitarbeiter bei den Rundfunkanstalten und das Bundesverfassungsgericht, RdA 1982, S. 363

— Rechtsfortbildung im Kündigungsschutzrecht, RdA 1987, S. 129

Weiss, Manfred: Zur Rechtmäßigkeit des Warnstreiks, in: Dorndorf, Eberhard/Weiss, Manfred, *Warnstreiks* und vorbeugender Rechtsschutz gegen Streiks, Köln, Bayreuth 1983

Wellhöfer, Claus: Das *Übermaßverbot* im Verwaltungsrecht, Diss. Würzburg 1970

Wendt, Rudolf: Der Garantiegehalt der Grundrechte und das Übermaßverbot, AÖR 104 (1979), S. 414

Wieacker, Franz: Geschichtliche Wurzeln des Prinzips der verhältnismäßigen Rechtsanwendung, Festschrift für Robert Fischer, Berlin, New York 1979, S. 867

Witt, Jürgen: *Verhältnismäßigkeitsgrundsatz,* Untersuchungshaft, körperliche Eingriffe und Gutachten über den Geisteszustand, Diss. Mainz 1968

Wohlgemuth, Hans Hermann: *Staatseingriff* und Arbeitskampf, Köln 1977

— Probleme des Warnstreiks, AuR 1982, S. 201

Wolf, Ernst: Das Recht zur *Aussperrung,* München 1981

— *Allgemeiner Teil* des bürgerlichen Rechts, 3. Aufl., Köln, Berlin, Bonn, München 1982

Wolffers, Artur: Neue Aspekte des Grundsatzes der Verhältnismäßigkeit, ZBJV 113 (1977), S. 297

Wolter, Henner: Aussperrung und Verhältnismäßigkeit – Kritik des »obersten Gebots« des Arbeitskampfrechts, in: Bieback, Karl-Jürgen u. a., *Streikfreiheit* und Aussperrungsverbot, Neuwied, Darmstadt 1979, S. 224

Zachert, Ulrich/*Metzke,* Maria/*Hamer,* Wolfgang: Die *Aussperrung,* 2. Aufl., Köln 1978

Ziemer, Wolfgang: Die systematische *Stellung des Arbeitskampfes* in der Rechtsprechung des Bundesarbeitsgerichts, Diss. Regensburg 1975

Zimmerli, Ulrich: Der Grundsatz der *Verhältnismäßigkeit* im öffentlichen Recht, Diss. Bern 1978

Zitscher, Wolfram: Der „verständige Betrachter" als Rechtsquelle - Wege und Grenzen richterlicher Erkenntnisse im Arbeitsrecht, AuR 1977, S. 65

— Der „Grundsatz der Verhältnismäßigkeit" im Arbeitsvertragsrecht als Blankettformel, BB 1983, S. 1285

Zöllner, Wolfgang: Die Zulässigkeit neuer Arbeitskampfformen, Festschrift für Eduard Bötticher, Berlin 1969, S. 427

— Die Rechtsprechung des Bundesverfassungsgerichts zu Artikel 9 Abs. 3 GG, AÖR 98 (1973), S. 71

— Aussperrung und arbeitskampfrechtliche *Parität,* Düsseldorf 1974

— Arbeitsrecht, 3. Aufl., München 1984

— Die Fortentwicklung des Richterrechts zum Arbeitskampf, insbesondere zur Aussperrung, DB 1985, S. 2450

FSC
www.fsc.org
MIX
Papier | Fördert
gute Waldnutzung
FSC® C083411

Kolibri 360 GmbH
Ferdinand-Jühlke-Straße 7
99095 Erfurt, Deutschland
produktsicherheit@kolibri360.de

Druck:
CPI Druckdienstleistungen GmbH
im Auftrag der
Kolibri 360 GmbH
Ferdinand-Jühlke-Str. 7
99095 Erfurt